成都轨道 CHENGDU RAIL TRANSIT

成都轨道交通建设管理实践与创新

成都轨道建设管理有限公司　主编

西南交通大学出版社
·成　都·

图书在版编目（CIP）数据

成都轨道交通建设管理实践与创新 / 成都轨道建设管理有限公司主编. —成都：西南交通大学出版社，2022.12
ISBN 978-7-5643-9088-4

Ⅰ. ①成… Ⅱ. ①成… Ⅲ. ①城市铁路－轨道交通－交通管理－研究－成都 Ⅳ. ①U239.5

中国版本图书馆 CIP 数据核字（2022）第 249006 号

Chengdu Guidao Jiaotong Jianshe Guanli Shijian yu Chuangxin

成都轨道交通建设管理实践与创新

成都轨道建设管理有限公司 主编

责任编辑 周 杨
封面设计 曹天擎

出版发行 西南交通大学出版社
（四川省成都市金牛区二环路北一段 111 号
西南交通大学创新大厦 21 楼）
邮政编码 610031
发行部电话 028-87600564 028-87600533
网址 http://www.xnjdcbs.com
印刷 成都市金雅迪彩色印刷有限公司

成品尺寸 210 mm × 285 mm
印张 18.5
字数 355 千
版次 2022 年 12 月第 1 版
印次 2022 年 12 月第 1 次
书号 ISBN 978-7-5643-9088-4
定价 180.00 元

《成都轨道交通建设管理实践与创新》编审委员会

序

随着我国大中城市交通问题的日益突出，城市轨道交通对改善现代城市交通拥堵现状、调整和优化城市区域布局、促进国民经济发展的作用已是公认的客观现实，优选发展公共交通，大力发展城市轨道交通逐渐成为城市发展的必然选择。城市轨道交通正由“大运量交通”的单一角色向“大运量交通+城市价值链锚固点”的复合角色蜕变，推进轨道交通“四网融合”和产业运行方式变革，以强大的内驱力带动国内大循环高质量发展，是新时代背景下加快建设交通强国，推进以低碳为特征的绿色交通基础设施建设的全新要求。从1953年我国第一次提出修建地铁计划到2021年底，中国内地共有50个城市开通轨道交通运营线路283条，运营线路总长度达9206.8公里，67个城市的轨道交通线路规划获批，在建线路总长度达6988.3公里，标志着我国已成为世界上城市轨道交通发展最迅速的国家。

从2005年首条轨道交通线路开建，到2020年底五线齐发，成都轨道交通建设者历经15年艰难探索、奋力攻坚，实现了成都轨道交通从18.9公里到558公里的跨越，无数建设者用辛勤的汗水和巨大的心血，创造了一个又一个的行业奇迹。成都轨道交通开建至今十余载，借“建轨道交通”之势助力建设“公园城市”，借“加速成网”之诺实现“一脉生活”，走“轨道引领、公交优先”之路打造“交通低碳生活圈”，成都轨道交通建设者以实际行动践行着“轨道交通为人民”的初心。在城市轨道交通建设和发展过程中，广大城市轨道交通建设者艰苦奋斗、积极探索，不断消化、吸收、再创新，丰硕的创新成果在成都轨道交通建设实践中得到了充分印证。《成都轨道交通建设管理实践与创新》一书的成功编纂和出版，是成都轨道交通建设者为城市轨道交通建设管理行业做出的又一重要贡献，该书以工程建设全生命周期管理为遵循，凝练工程技术、总结管理创新经验，将成功的经验和实践中的不足呈现给业界同行，全面体现“乘客优先、安全第一、质量至上、确保工期、节约成本”理念，为今后的城市轨道交通建设提供了参考和借鉴，同时也是我国城市轨道交通建设管理方面的一项重要成果。

随着我国大力推进城市轨道交通建设，城市轨道交通行业已然成为我国基础性行业之一，也是受到国家高度重视和产业政策重点支持的战略新兴产业。十四五期间，城市轨道交通的建设、投资都将继续保持较高水平。希望成都轨道交通坚持创新驱动，为城市轨道交通事业高质量发展贡献“成都力量”。

前　言

城市轨道交通以其安全、快速、便捷、准时、大运量、绿色环保等突出优势，对提升城市公共交通供给质量和效率、缓解城市交通拥堵、引导优化城市空间结构布局、改善城市环境起到了重要作用。特别是进入21世纪以来，优先发展公共交通、大力发展城市轨道交通已成为我国大中城市发展的必然选择。自1965年7月，我国第一条地铁北京地铁1号线开工建设时起，历时50余年，我国城市轨道交通经历了从无到有、从慢到快的发展过程。截至2021年底，我国大陆地区共有50个城市开通城市轨道交通运营线路283条，运营线路总长度9206.8公里，整体规模已位于世界前列，建设和管理水平稳步迈向世界先进行列，正在实现从“城轨大国”向“城轨强国”的历史跨越。

当前我国是最大的城市轨道交通建设中心，拥有世界上最大的城市轨道交通建设市场。城市轨道交通建设具有规模大、周期长、参与单位多、技术要求高、涉及学科广、既受制于环境，同时也对环境影响大等特征，特别是我国城市轨道交通施工条件较为复杂，建设难度更高。为实现城市轨道交通可持续、高质量的发展，全面提高城市轨道交通建设管理水平刻不容缓。

国内目前关于城市轨道交通项目建设全过程管理，并将理论与实践充分结合的书籍较少。为此，成都轨道交通集团在总结成都市轨道交通十五年（2005—2020年）管理和创新经验基础上，广泛吸收国内外同行先进做法，编写了这本《成都轨道交通建设管理实践与创新》，作为该领域的一个重要补充。

全书共10章，涵盖城市轨道交通建设模式、设计管理、前期管理、现场管理、投资管理、财务管理、政策保障等城市轨道交通项目全过程管理，深度融合了成都轨道交通项目管理的具体内容、流程、方法以及实践与创新案例，本书逻辑清晰、内容翔实、案例丰富、实用性强，可为城市轨道交通项目管理单位及从业者提供有益参考和借鉴，也可作为相关行业从业者或大专院校师生参考用书。

由于编者水平有限，加之业内新技术、新方法的不断涌现，书中难免存在纰漏和不足之处，敬请广大读者不吝指正。

编写组

2022年9月

CONTENTS 目录

成都轨道 CHENGDU RAIL TRANSIT

第4章

◇ 前期管理 ◇

第5章

◇ 现场管理 ◇

1 第 1 章

发展历程

第1节 国内外城市轨道交通发展概述

一、国际城市轨道交通发展概述

城市轨道交通凭借其快捷、高效、安全等突出特点，已成为城市交通结构中重要的组成部分。2022年2月发布的《2021年世界城市轨道交通运营与分析综述》中统计数据显示：截至2021年底，全球共有79个国家和地区的541座城市开通了城市轨道交通，运营总里程为36854.20公里。其中，62个国家和地区的188座城市开通地铁，总里程达18952.29公里；35个国家和地区的103座城市开通轻轨，总里程达3273.65公里；51个国家和地区的368座城市开通有轨电车，总里程达14628.26公里[①]。

从洲际层面看，欧亚大陆依旧是全球城市轨道交通的主要分布地，总运营里程占全球的85.2%。从制式来看，亚洲的地铁里程最长，占全球地铁里程的65.9%；北美洲的轻轨里程最长，占全球轻轨里程的45.8%；欧洲的有轨电车里程最长，占全球有轨电车里程的86.4%，详见表1-1。

表1-1 2021年世界各大洲城市轨道交通运营里程汇总（单位：公里）

大洲	地铁里程	轻轨里程	有轨电车里程	总计
亚洲	12484.83	867.32	1058.58	14410.73
欧洲	3671.46	671.02	12637.02	16979.50
南美洲	670.90	75.10	39.90	785.90

① 注：《2021年世界城市轨道交通运营与分析综述》依据国际流行的做法和国家发展改革委相关文件的表述将城市轨道交通划分为地铁、轻轨和有轨电车三大类。其中，市域快轨划分到地铁中；轻轨包括钢轮钢轨的轻轨、单轨、磁浮、中运量APM系统。本书的统计数据源于该文献，涉及的各类城轨交通制式概念与其一致。

续 表

大洲	地铁里程	轻轨里程	有轨电车里程	总计
非洲	107.90	102.80	204.94	415.64
大洋洲	36.00	59.40	251.50	346.90
北美洲	1981.20	1498.01	436.32	3915.53
总计	18952.29	3272.65	14628.26	36854.20

从国家层面看，中国总运营里程达9724.35公里（含港澳台），排名世界第一，占全球总里程的26.4%；德国、美国、俄罗斯、乌克兰分别以3940.59公里、3053.43公里、2068.10公里和1344.66公里的总里程排名第2～5位。分制式看，中国的地铁里程排名居世界第一，占全球地铁里程的43.3%；美国的轻轨里程达1316.01公里，排名世界第一，占全球轻轨里程的40.2%；德国的有轨电车里程达3537.49公里，排名世界第一，占全球有轨电车里程的24.2%。2021年，毛里求斯和越南拥有了本国的首条城轨线路。2021年世界各国家或地区城市轨道交通运营里程排名详见表1-2。

表1-2　2021年世界各国家或地区城市轨道交通运营里程排名（部分）（单位：公里）

排名	国家/地区	地铁里程	轻轨里程	有轨电车里程	总计
1	中国（不含港澳台）	8220.7	482.5	503.6	9206.8
2	德国	403.1	—	3537.49	3940.59
3	美国	1384.1	1316.01	353.32	3053.43
4	俄罗斯	640.2	58.7	1369.2	2068.10
5	乌克兰	114.06	21	1209.6	1344.66
6	法国	362.3	18.4	861.1	1241.80
7	日本	791.2	108.8	220.45	1120.45
8	波兰	35.5	20.1	970	1025.60
9	西班牙	510	146.12	340.79	996.91
10	韩国	837.44	88.31	—	925.75
11	英国	450.5	99.5	229.6	779.60
12	印度	709.49	—	28	737.49
13	意大利	221.7	27.7	361.3	610.70
14	荷兰	143.3	—	416.5	559.80
15	罗马尼亚	78.5	—	384.7	463.20

从城市层面看，截至2021年底，全球有104个城市开通的轨道交通运营总里程超过100公里，其中中国有25个城市（2021年新增1个）；全球共有21个城市开通的轨道交通运营总里程超过300公里，其中中国有9个城市（2021年新增1个）；上海、北京、莫斯科、成都、广州、首尔6个城市开通的轨道交通运营总里程超过500公里，其中上海以936.03公里的总里程居世界第一。地铁、轻轨、有轨电车里程排名前10城市的里程之和，占各自总里程的比例分别为29.3%、31.9%、18.1%，详见图1-1。可知在世界范围内地铁和轻轨的分布相对集中，有轨电车的分布相对广泛。

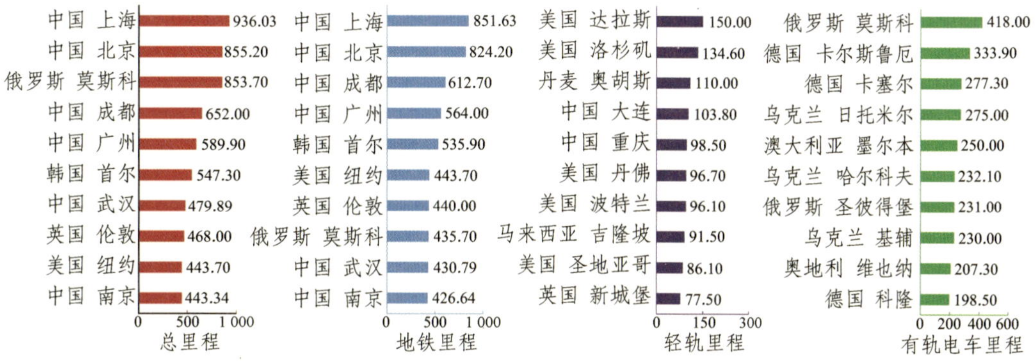

图1-1 各类城市轨道交通运营里程排名前十城市（单位：公里）

二、我国城市轨道交通发展概述

1. 总体发展情况

进入21世纪以来，随着我国大中城市交通问题的日益突出，优先发展公共交通、大力发展城市轨道交通已成为城市发展的必然选择。我国城市轨道交通起步于1965年。1965年，我国第一条地铁——北京地铁1号线开工建设，并于1971年投入运营，这是一条以“战备为主，兼顾交通”的地铁。自此50多年时间里，我国城市轨道交通发展大致经历了缓慢起步阶段（1965—2000年）、快速发展阶段（2000—2016年）和“爆发式”发展阶段（2016—2020年）三个时期。我国城市轨道交通的发展伴随着改革开放的发展进程，与城市经济增长密切相关，对经济的增长有明显的拉动作用，其产生的宏观社会效益大于企业本身的微观经济效益。近年来，通过国家政策和自主创新推动，我国城轨规模已位于世界前列，管理和技术水平也在稳步迈向世界先进行列，正在实现从“城轨大国”向“城轨强国”的历史跨越。

根据中国城市轨道交通协会发布的数据显示，截至2021年底，中国大陆地区（不含港澳台）共有50个城市开通了城市轨道交通运营线路283条，运营线路总长度9206.8公里。其中，地铁7209.7公里，占比78.31%；轻轨219.7公里，占比2.39%；跨座式单轨144.6公里，占比1.57%；市域快轨1011公里，占比10.98%；有轨电车503.6公里，占比5.47%；磁浮交通57.9公里，占比0.63%；自导向轨道系统10.2公里，占比0.11%，电子导向胶轮系统34.7公里，占比0.38%；导轨式胶轮系统15.4公里，占比0.16%，无悬挂式单轨。城市城轨交通运营线路制式结构情况如图1-2所示。随着国家打造“轨道上的都市圈”，推动“四网融合”以及几大都市圈、城市群多层级交通规划政策的出台，助推了市域（郊）轨道交通系统的发展，市域快轨系统制式在建规模的占比也在稳步上升。

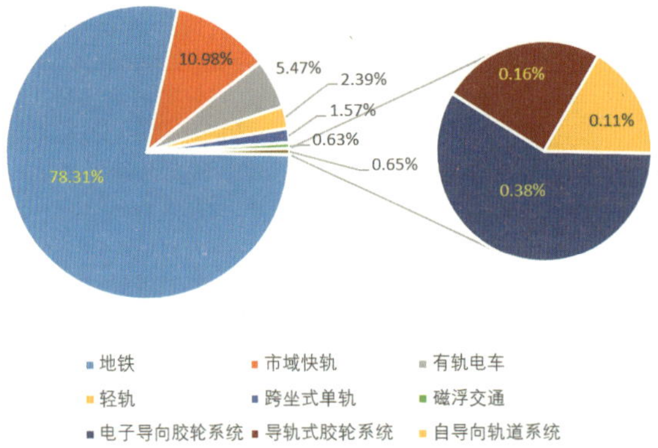

图1-2　2021年城轨交通运营线路制式结构

截至2021年底，共有67个城市（不含港澳台）的城轨交通线网规划获批（含地方政府批复的23个城市），其中，城轨交通线网建设规划在实施的城市共计56个，在实施的建设规划线路总长6988.3公里（不含统计期末已开通运营线路）；56个城市在实施建设规划项目的可研批复总投资额合计为42222.55亿元。2021年，共有3个城市新一轮城轨交通建设规划获国家发改委批复并公布，获批项目中涉及新增线路长度314.6公里，新增计划投资2233.54亿元。55个城市（个别由地方政府批复项目未纳入统计）在建线路总规模6096.4公里（含个别2021年仍有建设进展和投资发生的已运营项目和2021年新投运项目），在建线路253条（段），共有29个城市在建线路3条及以上。

截至2021年底，从累计运营线网规模来看，共计24个城市（不含港澳台）的线网规模达到100公里及以上。其中，上海、北京两市线网规模在全国遥遥领先，已逐步形成超大线网规模；成都、广州运营线路长度均超过500公里；武汉、南京、深圳运营线路长度均超过400公里；重庆、杭州运营线路长度均超过300公里；青岛、天津、苏州、西安、郑州、大连、沈阳7市运营线路长度均超过200公里。宁波、长沙、合肥、昆明、南昌、南宁、长春、无锡8市运营线路长度均超过100公里。

中国城市轨道交通协会发布的统计分析报告认为，“十四五”期间，城轨交通已由重建设转变为建设、运营并重阶段。城轨交通新开通运营线路里程“十三五”期间呈持续上涨势头，“十四五”各年预计呈现波动变化趋势，各年不均衡，新开通运营线路规模在近年达到峰值后有所回落。2022年7月29日，住房和城乡建设部、国家发展改革委联合发布《“十四五”全国城市基础设施建设规划》，提出了城市轨道交通扩容与增效目标，要根据城市规模分类推进城市轨道交通建设，新增城市轨道交通建成通车里程3000公里。

2. 国内典型城市发展情况

（1）北京地铁

北京地铁（Beijing Subway）是服务于中国北京市的城市轨道交通系统，其首条线路——北京地铁1号线也是我国自主设计、自主施工的中国第一条地下铁道。北京地铁1号线按照“战备为主，兼顾交通”的指导思想设计，于1965年7月正式开工建设，1969年10月1日建成通车，1971年1月15日开始试运营。截至2022年7月，北京轨道交通全网运营里程共783公里、车站463座（其中换乘站74座）。

2022年7月8日，北京市轨道交通第三期建设规划（2022—2027年）环境影响评价进行第二次公示。根据环境影响报告书征集意见稿，第三期建设规划共包含1号线支线、7号线三期（北延）、11号线二期等11个项目，规划里程约231.3公里，设站88座。北京市轨道交通第三期建设规划主要面向“十四五”，规划期至2027年，以提高绿色出行比例、提升服务水平为目标，强化规划引导、市场推动，重在高质量落地实施。

2021年12月9日，北京市规划和自然资源委员会对《北京市轨道交通线网规划（2020—2035年）》启动公示。规划草案提出，北京市轨道交通线网由区域快线（含市郊铁路）和城市轨道交通组成，规划线网总规模约2673公里。区域快线包含市郊铁路线路及新建区域快线，里程约1095公里。城市轨道交通包含地铁普线、地铁快线、中低运量、机场专线等，里程约1578公里。轨道交通线网根据京津冀区域及北京市城市空间结构，按照“中心城加密度，外围提速度，跨界留联通度”的思路，形成“内面外廊、以快为先、跨界联动、枢纽锚固”的布局。

（2）上海地铁

上海地铁（Shanghai Metro）是主要服务于中国上海市和上海大都市圈的城市轨道交通系统。上海第一条线路——上海地铁1号线于1990年1月19日正式开工建设，并于1993年5月28

日开通试运营，自此上海成为中国内地第三座开通地铁的城市。截至2021年底，上海轨道交通全网运营里程共831公里，运营线路20条，车站508座（其中换乘车站83座），网络规模位于世界第一位（统计数据均不含金山铁路）。

根据国家发展和改革委员会批复的《上海市城市轨道交通第三期建设规划（2018—2023年）》，上海将新建地铁19号线、地铁20号线一期、地铁21号线一期等9个项目，总长度286.1公里。到2023年，上海将形成包括23条线路在内，全长1154公里的轨道交通网络（含市域铁路342公里）。到2030年，线网总长度约1642公里，其中地铁线1055公里，市域铁路587公里。到2035年，线网总长度约2200公里，其中地铁线1043公里，市域铁路1157公里。

《上海市城市总体规划（2017—2035年）》提出，要在既有市域轨道交通和常规公交系统基础上，构建由铁路、城市轨道、常规公交和辅助公交等构成的多模式公共交通系统，形成城际线、市区线、局域线等3个层次的轨道交通网络，提供因地制宜的公共交通服务，其功能层次见表1-3。

表1-3 上海轨道交通网络功能层次一览表

系统模式		功能定位	设计速度/（公里/小时）	平均站距/公里	设计运能/（万人/小时）	规划里程/公里
城际线	城际铁路 市域铁路 轨道快线	服务于主城区与新城及近沪城镇、新城之间的快速、中长距离联系，并兼顾主要新市镇	100~250	3~20	≥1.0	1000 以上
市区线	地铁	服务高度密集发展的主城区，满足大运量、高频率和高可靠性的公交需求	80	1~2	2.5~7.0	1000 以上
市区线	轻轨	服务于较高程度密集发展的主城区次级客运走廊，与地铁共同构成城市轨道网络	60~80	0.6~1.2	1.0~3.0	1000 以上
局域线	现代有轨电车、胶轮系统等	作为大容量快速轨道交通的补充和接驳，或服务局部地区普通客流、中客流走廊，提升地区公交服务水平	—	0.5~0.8	0.5~1.5	1000 以上

（3）广州地铁

广州地铁（Guangzhou Metro）是主要服务于中国广东省广州市和珠江三角洲的城市轨道交通系统。广州第一条地铁——广州地铁1号线于1993年12月28日正式开工建设，该线首通段于1997年6月28日开通试运营，自此广州成为中国内地第四个开通地铁的城市。广州地铁集团2021年发布的《年报》显示，截至2021年底，广州地铁已构筑了总计15条地铁线路、2条有轨电车线路、2条城际线路，总长672.28公里的大湾区线网，其中地铁线路589.38公里，车站290座。

根据国家发展和改革委员会批复的《广州市城市轨道交通第三期建设规划（2017—2023年）》，广州地铁将新建地铁3号线东延段、地铁5号线东延段、地铁7号线二期等10个项目，总长258.1公里。到2023年，广州地铁累计开通里程将突破800公里。

2020年11月，广州市政府批复的《广州市轨道交通线网规划（2018—2035）》重点规划了160公里/小时等级的高速地铁，即广州都市圈快线网络层次，从广州中心延伸接入佛山、东莞、中山、珠海等广州周边城市中心，构建广州至周边城市中心1小时轨道经济生活通勤圈。同时，通过地铁线网与国铁、城际网络一体化衔接融合，强化广州市作为国家中心城市地位，支撑大湾区核心城市的引领功能。未来广州将构建5+11+37（5条高速地铁、11条快速地铁、37条普速地铁）三个层级，共计2029公里城市轨道交通线网。

（4）深圳地铁

深圳地铁（Shenzhen Metro）是主要服务于中国广东省深圳市的城市轨道交通系统，首条线路深圳地铁1号线开通于2004年12月28日。截至2021年12月28日，深圳轨道交通全网络运营里程共419公里，车站288座（含港铁4号线，不含有轨电车）。

2020年3月26日，国家发展和改革委员会批复了《关于调整深圳市城市轨道交通第四期建设规划方案》，该方案显示，深圳地铁将建设3号线四期、6号线支线二期、12号线二期等9个项目，2022年末累计开通里程将突破500公里。

2021年6月，深圳市规划和自然资源局发布的《深圳市国土空间总体规划（2020—2035年）》（草案）公示读本中提出了建设轨道都市的目标，即建立以轨道交通为主体、客运枢纽为核心、其他公交方式为补充的城市公交体系。建成1000公里以上的地铁网络，实现都市核心区与外围城市功能中心45分钟可达。

第2节　成都轨道交通发展沿革

一、建设发展沿革

20世纪80年代，随着成都经济社会的快速发展，人们的交通出行方式也在逐步发生变化。为了满足人民日益增长的高效便捷的出行需求，成都萌芽了“地铁梦”，开始构思修地铁。1985年起，随着地铁申报进程的加快，成都先后成立了综合交通规划办公室、市地铁建设领导小组和地铁建设办公室，负责地铁的规划申报、立项、设计、资金筹措等前期工作以及工程建设。2004年10月，成都地铁有限责任公司正式成立，如图1-3所示，后于2017年2月更名为成都轨道交通集团有限公司。

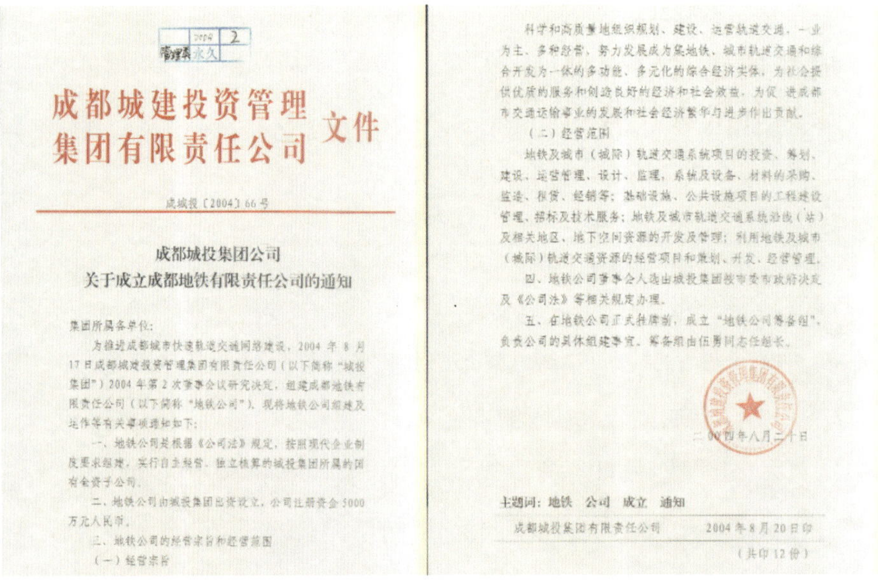

成都城建投资管理集团有限责任公司文件

成城投〔2004〕66号

成都城投集团公司
关于成立成都地铁有限责任公司的通知

集团所属各单位：

为推进成都城市快速轨道交通网络建设，2004年8月17日成都城建投资管理集团有限责任公司（以下简称“城投集团”）2004年第2次董事会议研究决定，组建成都地铁有限责任公司（以下简称“地铁公司”）。现将地铁公司组建及运作等有关事项通知如下：

一、地铁公司是根据《公司法》规定，按照现代企业制度要求组建，实行自主经营、独立核算的城投集团所属的国有全资子公司。

二、地铁公司由城投集团出资设立，公司注册资金5000万元人民币。

三、地铁公司的经营宗旨和经营范围

（一）经营宗旨

科学和高质量地组织规划、建设、运营轨道交通，一业为主、多种经营，努力发展成为集地铁、城市轨道交通和综合开发为一体的多功能、多元化的综合经济实体，为社会提供优质的服务和创造良好的经济和社会效益，为促进成都市交通运输事业的发展和社会经济繁华与进步作出贡献。

（二）经营范围

地铁及城市（城际）轨道交通系统项目的投资、筹划、建设、运营管理、设计、监理，系统及设备、材料的采购、监造、租赁、经销等；基础设施、公共设施项目的工程建设管理、招标及技术服务；地铁及城市轨道交通系统沿线（站）及相关地区、地下空间资源的开发及管理；利用地铁及城市（城际）轨道交通资源的经营项目和策划、开发、经营管理。

四、地铁公司董事会人选由城投集团按市委市政府决定及《公司法》等相关规定办理。

五、在地铁公司正式挂牌前，成立“地铁公司筹备组”，负责公司的具体组建事宜。筹备组由伍勇同志任组长。

二〇〇四年八月二十日

主题词：地铁　公司　成立　通知

成都城投集团有限责任公司　2004年8月20日印

（共印12份）

图1-3　关于成立成都地铁有限责任公司的通知

从2005年首条地铁线路开建，到2020年底五线齐发，成都地铁实现了从18.9公里到558公里（其中地铁线路12条，有轨电车线路1条，不含市域铁路）的跨越，已开通运营的轨道交通线网（截至2020年12月）如图1-4所示。

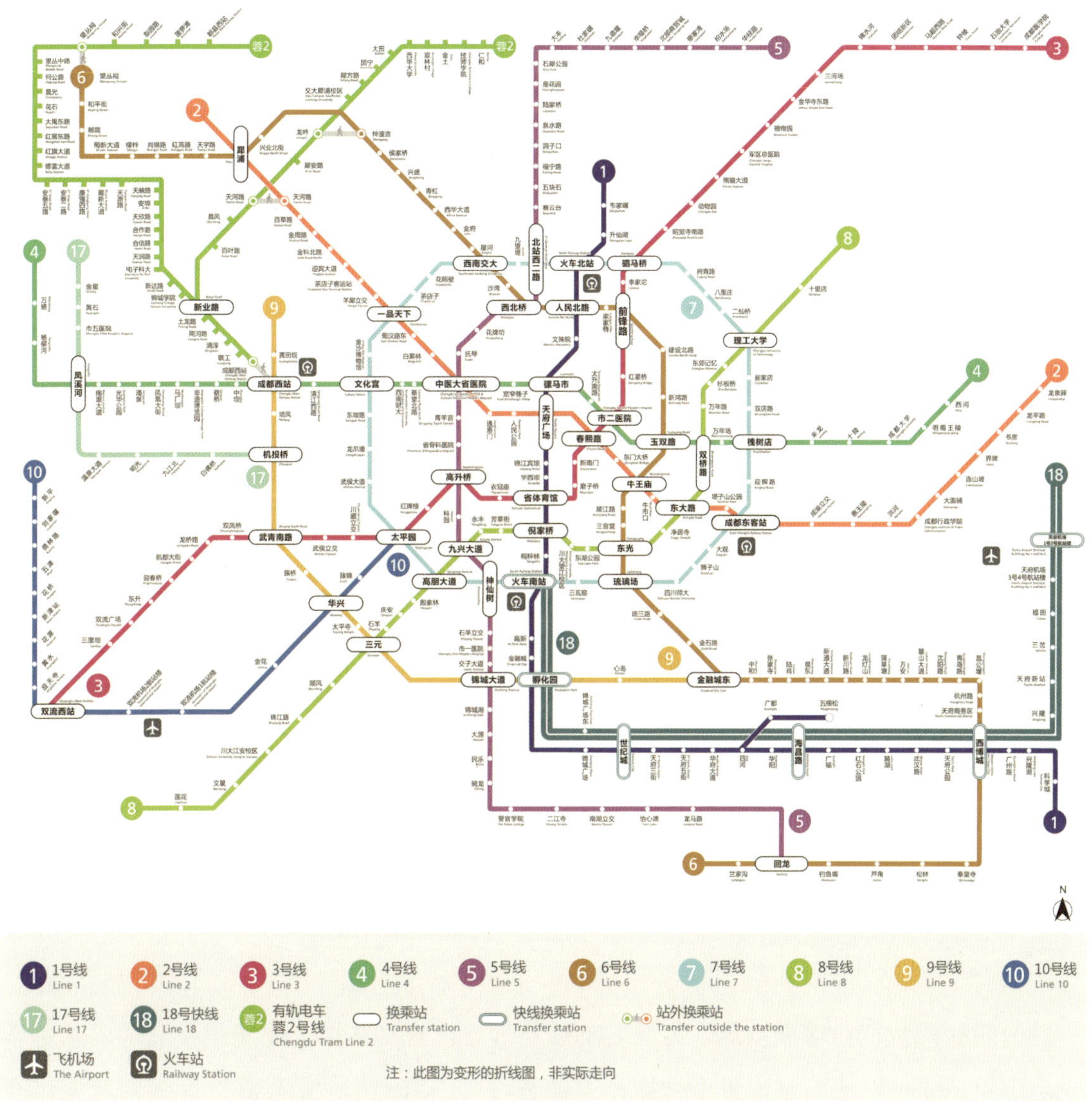

图1-4　成都轨道交通线网图（截至2020年12月）

二、线网规划历程

随着成都市城市空间格局由“单中心”向“多中心”的演变，成都市城市轨道交通线网形态由最初仅支撑中心城区的“十字骨干”完善为引领“一心两翼三轴多中心”发展的“多核多环放射多层次”网络。从2000年至2020年，成都市先后编制了五版城市轨道交通线网规划。

1. 2001年版线网规划

为适应城市发展需要，满足居民交通需求，成都市在2000年即编制完成了第一版由5条线路组成的城市轨道交通线网规划，规模约126公里，如图1-5所示。该线网规划依据

1995年版的2020年城市总体规划，并于2001年9月经成都市政府第65次常务会讨论通过并正式批准。

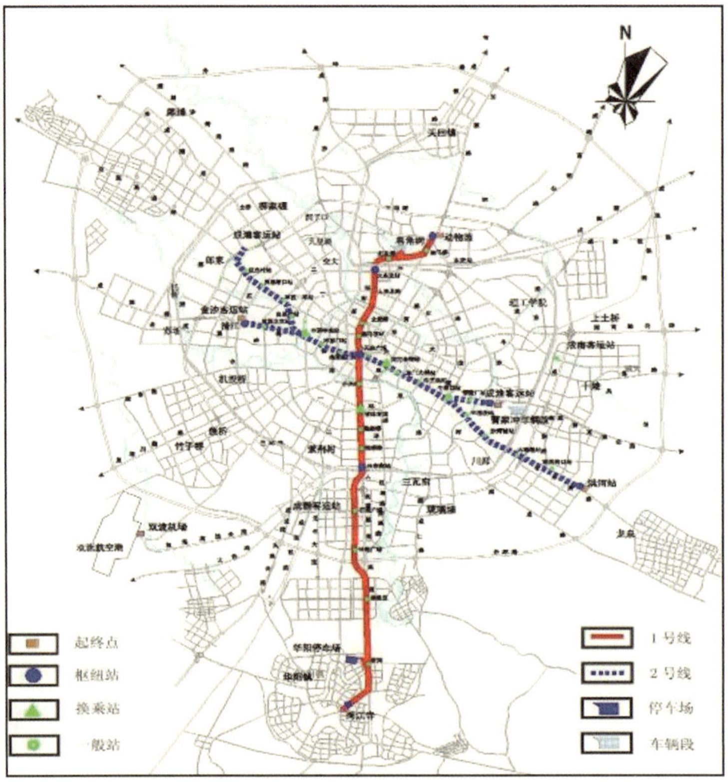

图1-5　成都市2001年版城市轨道交通线网规划

2001版线网特征：遵循以需求为导向的规划理念。规划线路主要集中在三环内，基本确立了我市轨道交通“十”字形骨干结构，支撑城市形态由密集“圈层式”发展向疏密结合的“扇叶式”布局转变。

2. 2005年版线网规划

2005年，随着“全域成都”系列规划编制工作的开展与落实，城市总体规划、综合交通规划进行了修编，成都市轨道交通线网规划也相应地完成了修编工作，提出了由7条轨道交通线路组成的放射形线网，如图1-6所示。主城区内轨道交通线路全长274公里（其中：中心城区内全长186公里），中心城内线网密度达到0.34公里/平方公里，核心区内线网密度达到1.13公里/平方公里。整体线网分为骨干线和辅助线两个层次，其中骨干线4条，辅助线3条。

骨干线：1、2、3、4号线为骨干线，形成线网的基本骨架。骨干线皆为穿越核心区的直径线，两两相交围合地区恰好是CBD和中心商业区，使城市核心区的快轨覆盖面积达到较高的水平。同时，所有的外围组团与中心城的轨道交通连接都用骨干线实现，有力地支持了外围组团的发展。只要基本骨架建成，轨道交通就可以在主城区内达到基本规模，成为客运交通骨干，成为真正意义上的轨道交通线网。

辅助线：5、6、7号线为辅助填充线，在基本骨架线网形成后，在中心区与外围区内，加密线网，扩大轨道交通覆盖范围，提高轨道交通服务水平。除骨干线网外，辅助线网是成都远景发展需要的线网，是轨道交通建设根据城市发展实际情况可以灵活取舍的线网，因此其建设时机应在骨干线网形成之后。

图1-6　成都市2005年版城市轨道交通线网规划

2005版线网特征：遵循以需求为导向和适度超前的规划原则。规划线路主要集中在绕城高速（四环）以内，形成了“米字”骨架，适度延伸，支撑城市空间布局向“一主两次多核”发展。

3. 2011年版线网规划

2011年，在“灾后重建”“天府新区规划要求”等背景下，城市总体规划、综合交通规划又进行了修编，成都市轨道交通线网规划也相应地完成了修编工作，新一轮《成都市城市快速轨道交通线网规划》于2011年3月22日获市政府批复。

新的线网修编在2010年1月原有轨道交通线网及已批复线路的基础上推荐远景线网方案由24条线路组成“环加放射”的线网形态。在城市快速轨道交通层次中，由4条骨干线、4条辅助线组成“1环4主3辅”的城市快速轨道交通网；在市域轨道交通层次中，由2条市域铁路线、10条市域快线组成“1环9放射1连接”的市域轨道交通网。另外，为应对新城组团未来发展风险，还构建了4条区域预留线。

市域范围内轨道交通线路全长937公里（含成灌线、成彭线，不含区域预留线），中心城区线路长度为424.5公里。中心城区内线网密度达到0.76公里/平方公里，核心区内线网密度达1.5公里/平方公里。核心区（一环内）直接覆盖率达到88.2%，间接覆盖率达到100%；中心城区直接覆盖率达到55.6%，间接覆盖率达到84%。

全线网共设车站373座（含成灌线、成彭线，不含区域预留线），其中普通车站290座，双线换乘站75座，三线换乘站8座。

在2011版线网编制过程中，成都市新机场的选址等相关研究尚未稳定，因此在该版线网中并未体现新机场线的方案。在依据此版线网编制的《成都市城市轨道交通近期建设规划（2013—2020年）》报批过程中，成都新机场的选址方案和功能方案基本明确。考虑到新机场对于成都的重要地位，且距离中心城距离较远，有建设新机场线衔接新机场的必要。成都市城市轨道交通近期建设规划（2013—2020年）调整方案的批复中明确了18号线的近期建设，根据发改基础〔2015〕958号文，明确新增新机场线（18号线）。完善后的线网共计规划18条线，4骨干+4辅助+10市域线路，总规模约904公里，如图1-7所示。

2011版线网特征：稳定了“环+放射”的线网结构。构建了“双环+放射”网络，规划多条线路连接近郊，辐射远郊，支撑城市“一主一次多中心，一区两带六走廊”布局的形成。规划层次上出现了快线，实现部分二、三圈城与中心城区的直达功能。

4. 2016年版线网规划

随着城市的发展，新时期的成都正依据“双核共兴、多城一市”的规划理念，逐步从单中心的大城市向多中心的特大城市发展，天府新区的设立与开发，新机场建设以及简阳

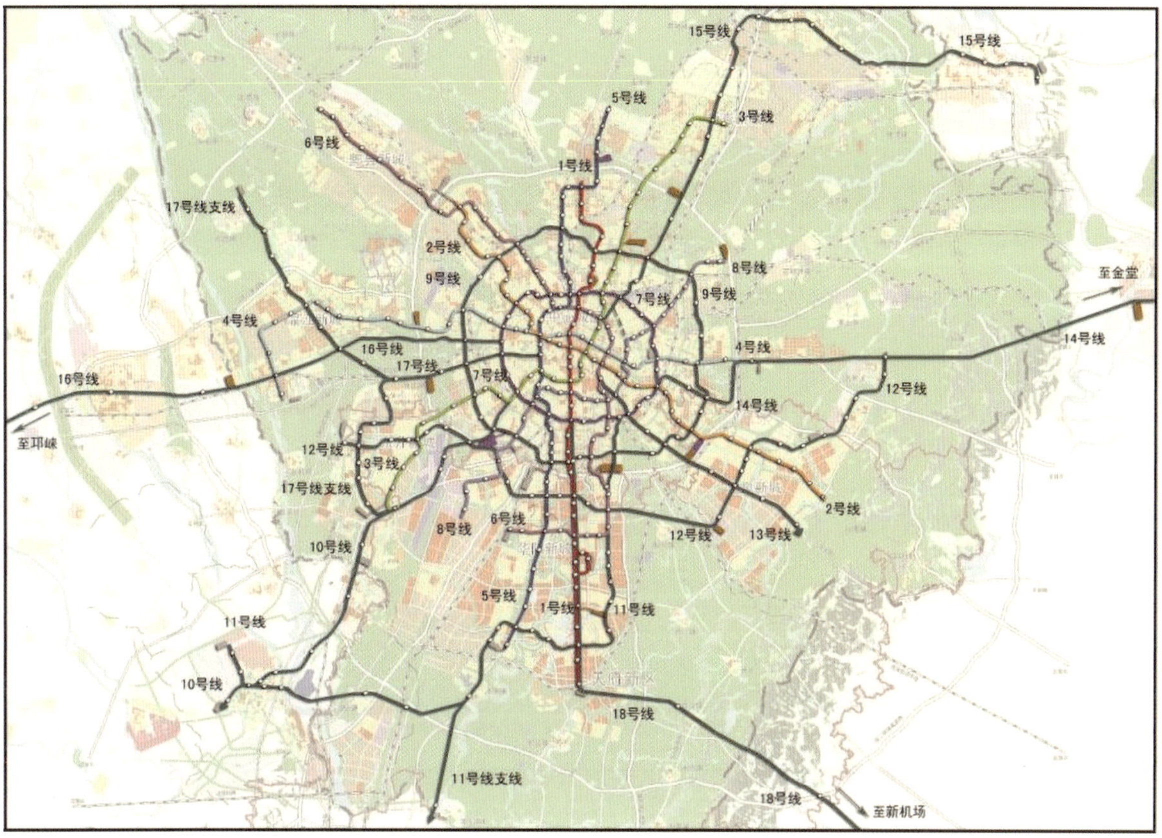

图1-7 成都市2011版城市轨道交通线网规划

纳入成都，中心城与卫星城、区域中心城市的协调同步发展，都迫切需要城市轨道交通这一重要的交通基础设施给予发展支撑。在此背景下，成都市与新版城市总规编制工作同步开展了新版城市轨道交通线网规划工作，以下简称“2016版线网”。2016版线网规划于2016年7月通过省住建厅组织的技术审查，于2016年11月获得市政府批复，且同步纳入当时在编的《成都市城市总体规划（2016—2030）》（总规已于2017年3月由省住建厅组织完成技术审查）。

远期线网由34条线路组成，包含15条普线、14条快线、3条既有市域铁路线、1条市域内控制线线路（简阳线）、1条市域外线路18-1号线（资阳线）组成，总长约1765.56公里，市域范围内线路总长约1 662.49公里，如图1-8所示。其中1、2、3、4、5、6、7、8、11、15、26、27、29、30、33号线为普线；9、10、12、13、16、17、18、19、20、24、34、35、37号线、40号（德阳）线为快线；成灌线、成彭线、成蒲线为既有市域铁路；简阳线为市域范围内控制线，18-1号线（资阳线）为市域范围外控制线（串联资阳、新机场周边区域，可衔接快线联系成都）。

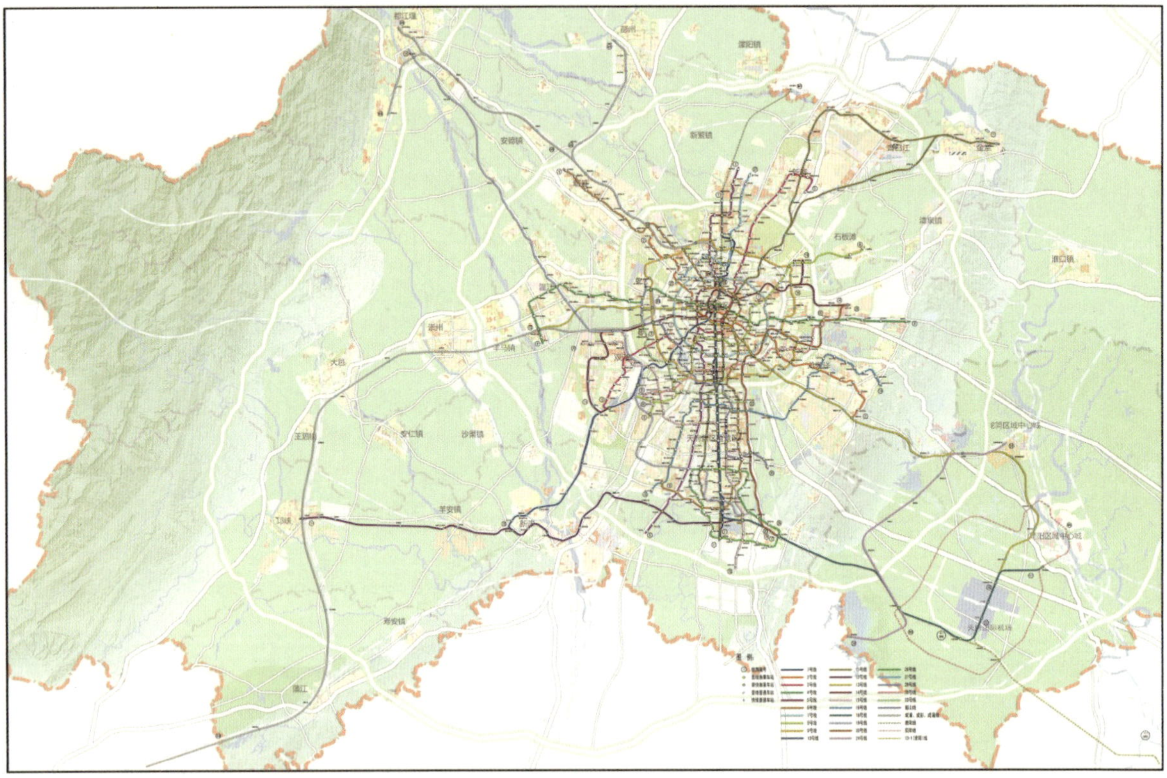

图1-8　成都市2016版城市轨道交通远期（2030年）线网规划

远景线网由46条线路组成，包含23条普线、17条快线、3条既有市域铁路线、1条市域内控制线线路（简阳线）、2条市域外线路18-1号线（资阳线）、39号（眉山）线延伸线组成，总长约2 450.04公里，市域范围内线路总长约2 278.75公里，如图1-9所示。其中1、2、3、4、5、6、7、8、11、14、15、21、22、23、25、26、27、28、29、30、31、32、33号线为普线；9、10、12、13、16、17、18、19、20、24、34、35、36、37、38号线、39号（眉山）线、40号（德阳）线为快线；成灌线、成彭线、成蒲线为既有市域铁路；简阳线为市域范围内控制线，18-1号线（资阳线）、39号（眉山）线延伸线为市域范围外控制线。

2016版线网特征：形成“全域覆盖、双核多环放射”的网络。拓展了城市的规划范围，体现了超大城市同城化的特点；进一步丰富了网络的层次，根据不同需求、不同建设条件和基础条件采用了与之相适应的系统制式，更加关注轨道交通的作用和效益。

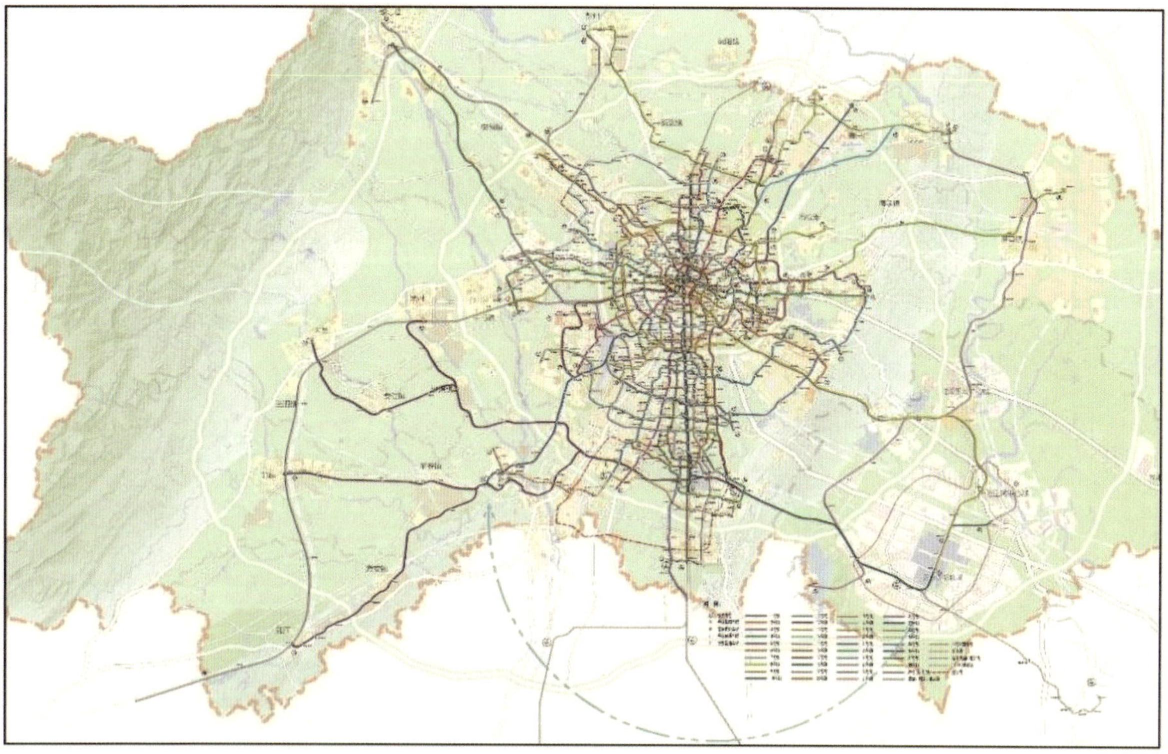

图1-9 成都市2016版城市轨道交通远景线网规划

5. 2020年版线网规划

为落实成渝地区双城经济圈发展战略，强化成、德、眉、资同城化区域轨道联系，支撑成都由大城市向大都市转变，进一步衔接铁路枢纽总图重大调整，适应天府新区、东部新区、大港区空间格局优化与功能调整，实现客流密集区域的轨道精准覆盖，深化产业功能区的轨道交通服务，成都市启动了对2016版线网规划的优化工作，主要从如下方面开展了优化研究：第一，以“城市发展最优”量化线网规模；第二，以“交通体系最优”统筹三铁融合；第三，以“乘客体验最优”精琢线路走向；第四，以“综合开发最优”优化站点布局；第五，以“运营效益最优”强化资源共享。优化后的线网规划方案：精准确定了远期线网规划总体规模；充分满足了成、德、眉、资区域轨道联系；有效引领了成都市空间格局的形成；全面支撑了产业功能区高质量发展；助力实现了城市绿色交通出行目标。

规划远期（2035）线网由36条线路组成，包含29条城市轨道交通线路、7条市域铁路线（其中3条跨市）组成，成都市域范围内线路总长约1666公里，如图1-10所示。其中1、2、3、4、5、6、7、8、9、10、11、12、13、15、16、17、18、19、20、22、23、26、27、29、30、33、D1、D2、D3号线为城市轨道交通线路，S1、S2、S3、S4、S5、S11、S13线为市域铁路线。

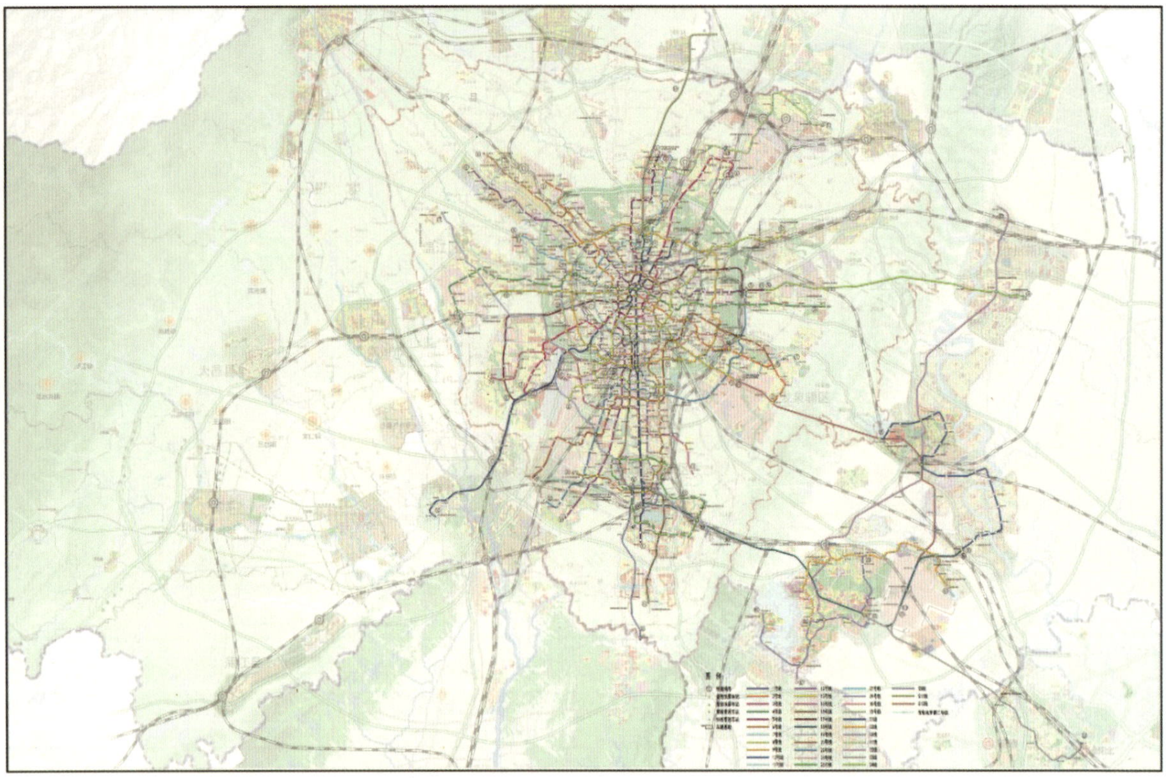

图1-10　成都市2020版城市轨道交通远期（2035年）线网规划

远景线网由55条线路组成，包含36条城市轨道交通线路、19条市域铁路线（其中7条跨市）组成，成都市域范围内线路总长约2379.4公里，如图1-11所示。其中1、2、3、4、5、6、7、8、9、10、11、12、13、14、15、16、17、18、19、20、21、22、23、26、27、28、29、30、32、33、D1、D2、D3、D4、D5、D6号线为城市轨道交通线路；S1、S2、S3、S4、S5、S6、S7、S8、S9、S10、S11（S11支）、S12、S13、S14、S15、S16、S17、S18、S19线为市域铁路线。

2020版线网特征：优化以乘客优先和运营前置为先导，以全面覆盖重要行政区和产业功能区为重点，以“三铁融合”和TOD综合开发为统领，充分借鉴了东京等先进城市轨道交通发展经验，全面体现了“轨道交通引领城市发展格局，TOD开发改变城市形态”的理念。该版线网规划围绕构建“轨道+公交+慢行”绿色出行体系的工作要求，通过科学分析经济人口总量对空间承载力的需求，量化提出了中心城区绿色交通出行结构（其中轨道交通40%，常规公交10%，慢行系统35%，机动车占剩余的15%），以轨道交通占全方式出行比例40%为目标开展线网规划研究，在规划上奠定城市轨道交通在中心城区公共交通中的主体地位，进而从顶层设计上落实了公园城市建设对城市轨道交通系统的要求，宣告了以轨道交通为主要出行方式的绿色交通营城时代的到来。

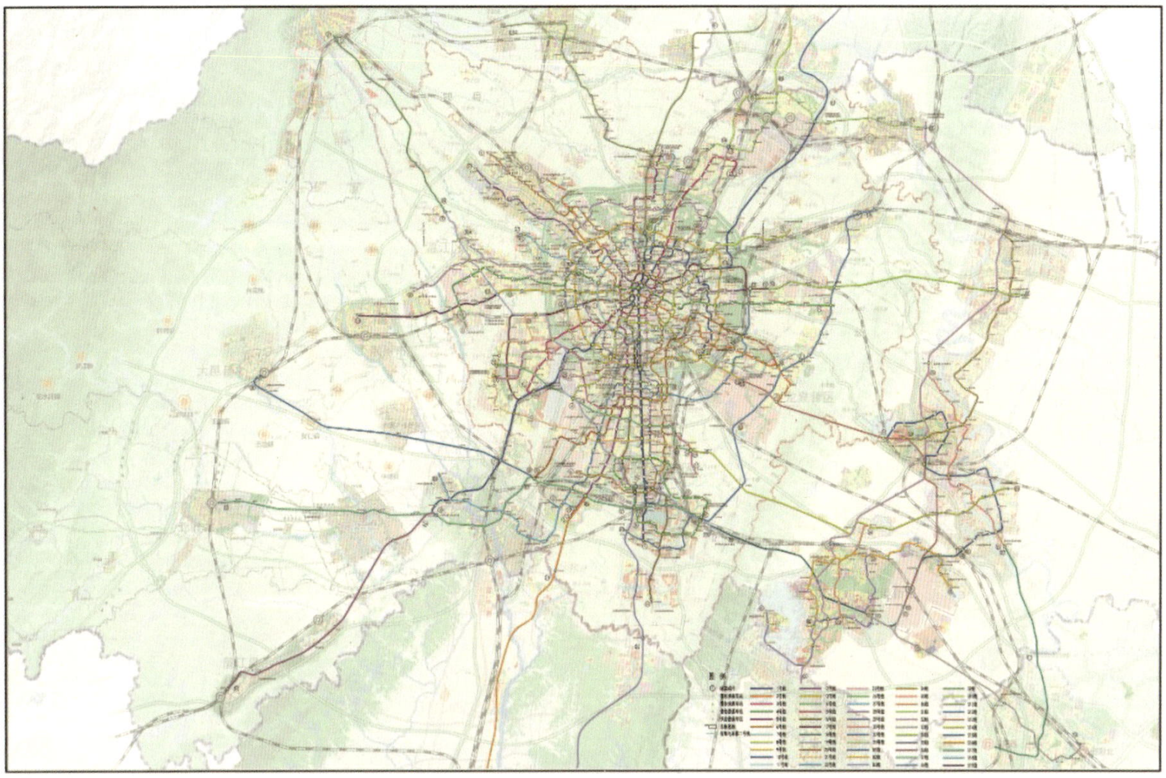

图1-11　成都市2020版城市轨道交通远景线网规划

三、建设规划历程

截至2021年3月，成都市共计四期城市轨道交通建设规划（包括两次优化调整）获得国家发改委批复，规模分别为104.1公里、269.0公里、124.2公里和176.65公里，共计约672.95公里。

1. 第一期建设规划及其调整

依据2001版《成都市城市快速轨道交通线网规划》编制的《成都市城市快速轨道交通建设规划（2005—2015）》于2005年8月获得国家批复，也是成都市第一期轨道交通建设规划。规划批复成都市建设1号线一、二期和2号线一期工程。2009年6月26日，依据2005版线网规划编制的《成都市城市快速轨道交通建设规划（2005—2015）调整》获得国家批复，规划新增2号线西延段（犀浦—成灌客运站）和2号线东延段（经干院—龙泉东）、3号线一期（天回镇南—红牌楼南段）、4号线一期（公平—双林路段）。至此，第一期建设规划及其调整，共批复轨道交通104.1公里，如图1-12所示。

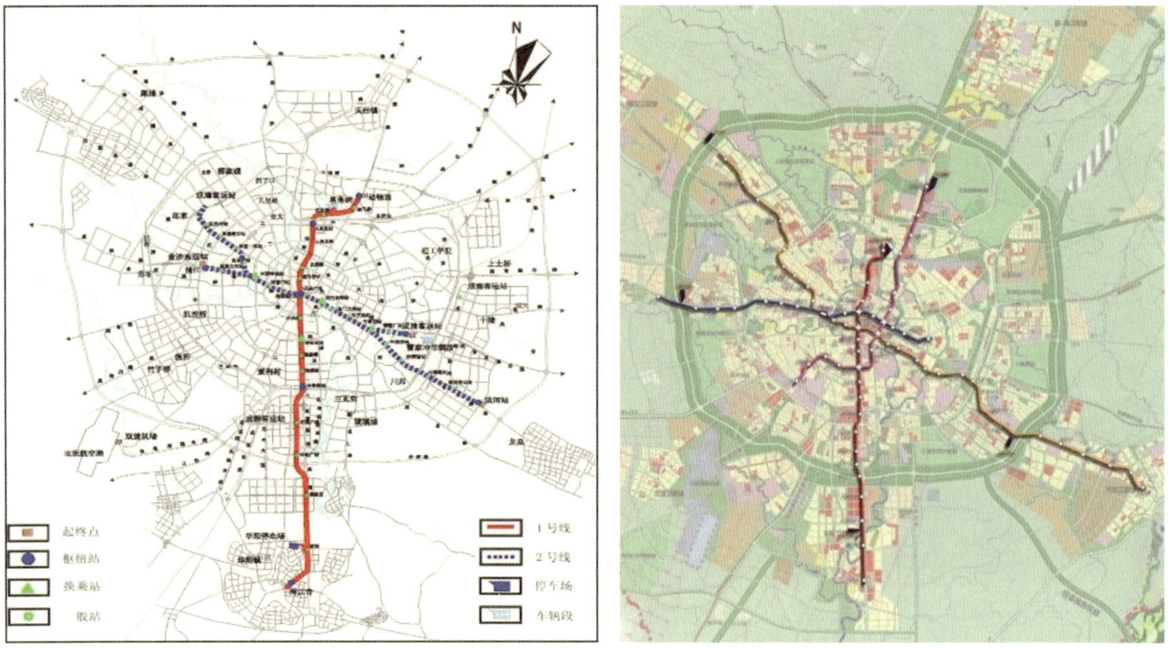

图1-12　成都市第一期轨道交通建设规划方案（左）及其调整方案（右）

第一期建设规划统计及其调整项目分别见表1-4和表1-5。

表1-4　成都市城市轨道交通近期建设规划（2005—2015年）统计表

序号	建设项目	起讫点	线路长度/公里	总投资/亿元	建设期限/年
1	1号线一期	红花堰站—世纪广场站	15.15	64.93	2004—2008
2	2号线东段	中医学院站—洪河站/成渝客运站	18.64	76.99	2007—2010
3	1号线南段	世纪广场站—两江寺站	8.66	18.26	2010—2013
4	1号线北段	红花堰站—动物园站	2.83	6.19	2010—2013
5	2号线西段	成灌客运站/金沙客运站—中医学院站	8.90	30.81	2010—2013
合计			54.18	197.18	

表1-5　成都市城市轨道交通近期建设规划（2005—2015年）调整项目表

批复时间	建设项目	起讫点	线路长度/公里	备注
2005年首轮批复	1号线一期	红花堰—会展中心	18.1	
	2号线一期	成灌客运站—经干院	22.4	
	1号线南延	会展中心—广都	5.8	
	4号线局部	清江路口—中医学院	2.9	原2号线西部支线
	3号线局部	天回镇南—驷马桥	2	原1号线北段

续 表

批复时间	建设项目	起讫点	线路长度/公里	备注
2009年调整批复	2号线西延	犀浦—成灌客运站	7.5	
	2号线东延	经干院—龙泉东	11.0	
	4号线西延	公平—清江路口	8.2	
	4号线东延	中医学院—双林路	7.5	
	3号线南延	驷马桥—红牌楼南	17.7	
合计			104.1	

2. 第二期建设规划及其调整

2013年2月，依据2011版线网规划编制的《成都市城市轨道交通近期建设规划（2013—2020年）》，即成都市城市轨道交通第二期建设规划，获得国家发改委批复。规划批准成都市新建9个项目，共计182.3公里。此外，规划还批准新机场线（18号线）根据新机场选址及前期工作进展择机建设。第二期建设规划统计见表1-6，示意图如图1-13所示。

表1-6 成都市城市轨道交通近期建设规划（2013—2020年）统计表

序号	建设项目	起讫点	线路长度/公里		车站/座	总投资/亿元	建设期限/年
			总长	地下线			
1	1号线三期	广都北站—天府新站，升仙湖站—北三环站	13	5.6	10	58.15	2013—2016
2	3号线二期	红牌楼南站—双流南站	15	9	9	70.26	2014—2016
3	3号线三期	天回镇南站—红星村站	12.7	0.4	8	42.15	2016—2019
4	4号线二期	大学城站—西部新城站，沙河站—十陵站	15.5	15.5	10	80.15	2015—2018
5	5号线一期	商贸城北站—迎宾路站	39.4	31.2	33	238.39	2014—2018
6	5号线二期	迎宾路站—回龙路站	9.6	1.9	6	38.23	2017—2019
7	6号线一期	川师影视学院站—观东路站	29	29	25	189.5	2016—2020
8	7号线	火车北站—火车南站—火车北站	38.6	38.6	31	268.94	2012—2017
9	10号线一期	红牌楼南站—航空港T2站	10.5	10.5	5	52.56	择机建设
合计			182.3	141.8	137	1038.33	
建议新机场线（18号线）结合线网布局优化完善，并根据新机场选址及前期工作进展情况研究建设。							

建议新机场线（18号线）结合线网布局优化完善，并根据新机场选址及前期工作进展情况研究建设。

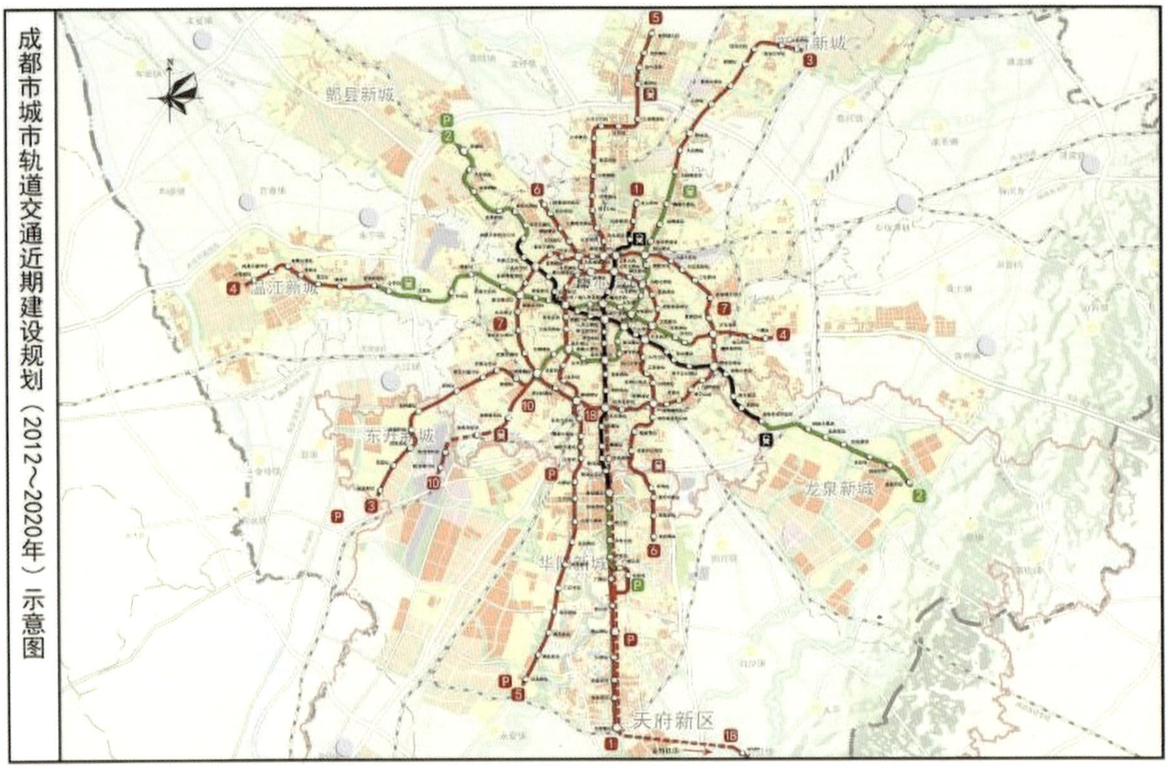

图1-13　成都市城市轨道交通近期建设规划（2012—2020年）示意图

2015年5月，《成都市城市轨道交通近期建设规划（2013—2020年）调整》，即第二期建设规划调整获得国家发改委批复。在第二期建设规划的基础上，规划调整根据城市规划建设和交通发展的最新要求，结合轨道交通近期建设项目前期工作中发现的一些问题进行了项目备案和建设规划的优化调整：从环境保护角度提出调整3号线三期工程部分区段敷设方式；从满足运营需要角度和沿线开发情况考虑同步建设4号线二期工程预留的十陵东站和西河镇站；根据客流需求调整5、6号线车型方案；根据郫都区的轨道交通急迫需求将6号线二期工程纳入近期建设；落实稳定原建设规划提出的18号线的工程方案并纳入建设规划。第二期建设规划调整项目见表1-7，示意图如图1-14所示。

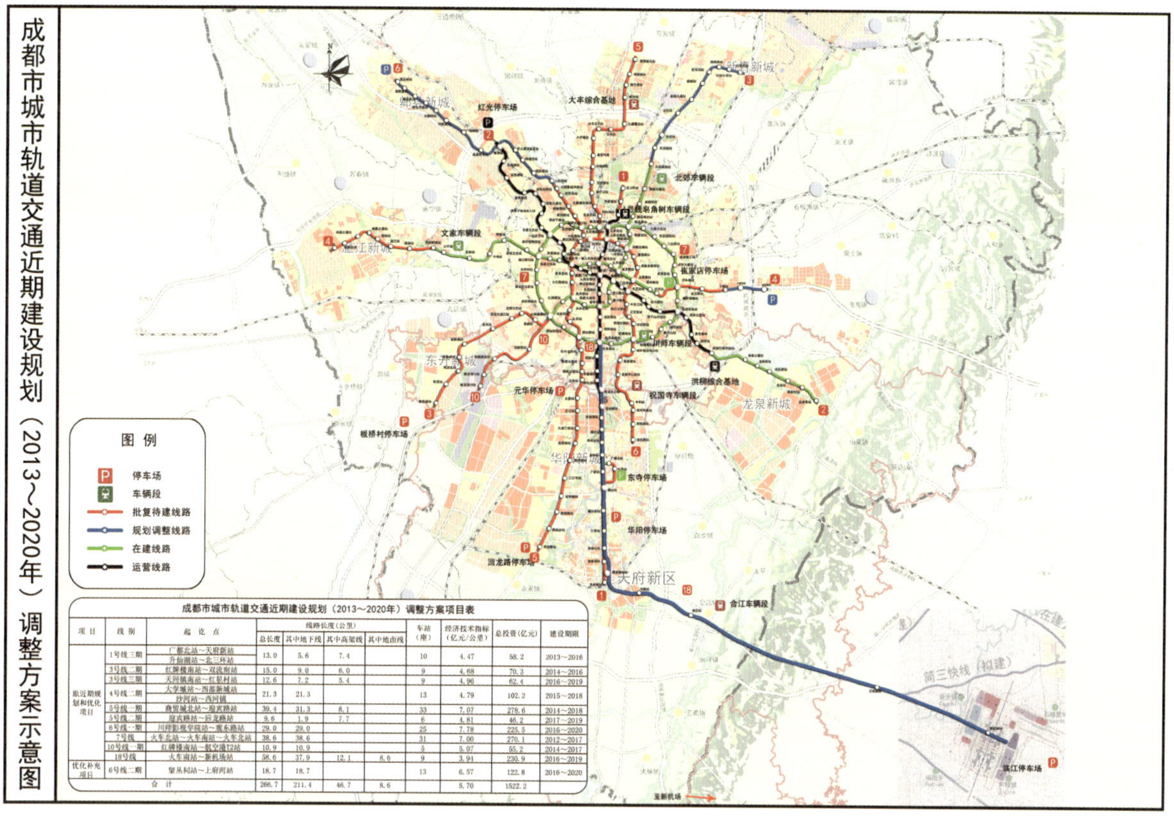

图1-14　成都市城市轨道交通近期建设规划（2013—2020年）调整方案

表1-7　成都市城市轨道交通近期建设规划（2013—2020年）调整项目表

类别	建设项目	起讫点	线路长度/公里				车站/座	总投资/亿元	建设期限/年
			总长度	地下线	高架线	地面线			
原近期规划和优化项目	1号线三期	广都北站—天府新站，升仙湖站—北三环站	12.0	5.6	7.4		10.0	58.2	2013—2016
	3号线二期	红牌楼南站—双流南站	15.0	9.0	6.0		9.0	70.3	2014—2016
	3号线三期	天回镇南站—红星村站	12.6	7.2	5.4		9.0	62.4	2016—2019
	4号线二期	大学城站—西部新城站，沙河站—西河镇	21.2	21.2	0.0		12.0	102.2	2015—2018
	5号线一期	商贸城北站—迎宾路站	39.4	31.2	8.1		32.0	278.6	2014—2018
	5号线二期	迎宾路站—回龙路站	9.6	1.9	7.7		6.0	46.2	2017—2019
	6号线一期	川师影视学院站—观东路站	29.0	29.0	0.0		25.0	225.5	2016—2020
	7号线	火车北站—火车南站—火车北站	38.6	38.6	0.0		31.0	270.1	2012—2017
	10号线一期	红牌楼南站—航空港T2站	10.9	10.9	0.0		5.0	55.2	2014—2017
	18号线	火车南站—新机场站	58.6	37.9	12.1	8.6	9.0	230.9	2016—2019

续 表

类别	建设项目	起讫点	线路长度/公里				车站/座	总投资/亿元	建设期限/年
			总长度	地下线	高架线	地面线			
优化补充项目	6号线二期	望丛祠站—上府河站	18.7	18.7	0.0		12.0	122.8	2016—2020
合计			266.7	211.4	46.7	8.6		1522.2	

注：由于1号线三期工程存在批复图与文字说明不一致的问题，因此，二期及调整规划实际批复线路长度为269.0公里。

3. 第三期建设规划

2016年7月，依据2011版线网规划编制的《成都市城市轨道交通第三期建设规划（2016—2020年）》获得国家发改委批复（发改基础〔2016〕1493号）。规划批复成都市新建5个城市轨道交通项目，合计124.2公里，总投资约831.41亿元。第三期建设规划统计见表1-8，示意图如图1-15所示。

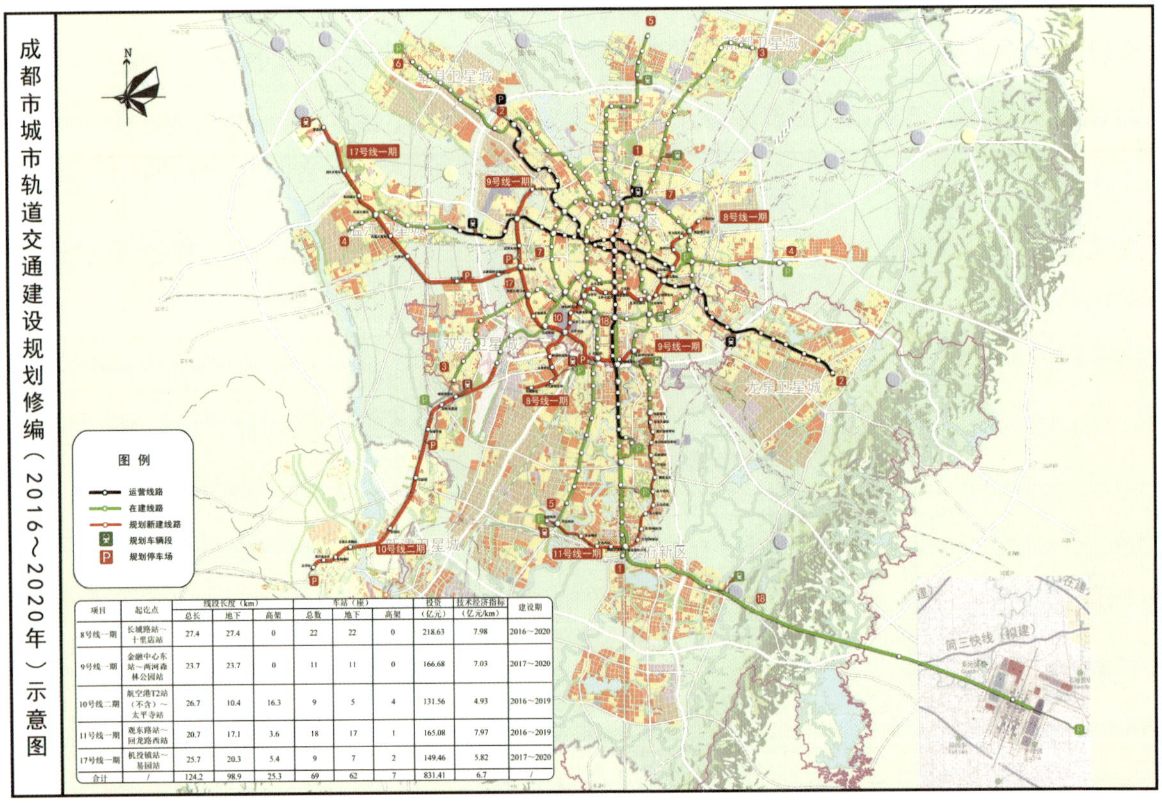

图1-15　成都市城市轨道交通第三期建设规划（2016—2020年）示意图

表1-8 成都市城市轨道交通第三期建设规划（2016—2020年）统计表

<table>
<tr><th rowspan="2">序号</th><th rowspan="2">建设项目</th><th rowspan="2">起讫点</th><th colspan="3">线路长度/公里</th><th rowspan="2">车站/座</th><th rowspan="2">总投资/亿元</th></tr>
<tr><th>总长度</th><th>地下线</th><th>高架线</th></tr>
<tr><td>1</td><td>8号线一期</td><td>长城路—十里店</td><td>27.4</td><td>27.4</td><td>0</td><td>22</td><td>218.63</td></tr>
<tr><td>2</td><td>9号线一期</td><td>金融中心东—两河森林公园</td><td>22.7</td><td>22.7</td><td>0</td><td>11</td><td>166.68</td></tr>
<tr><td>3</td><td>10号线二期</td><td>航空港T2（不含）—太平寺</td><td>26.7</td><td>10.4</td><td>16.3</td><td>9</td><td>131.56</td></tr>
<tr><td>4</td><td>11号线一期</td><td>观东路—回龙路西</td><td>20.7</td><td>17.1</td><td>2.6</td><td>18</td><td>165.08</td></tr>
<tr><td>5</td><td>17号线一期</td><td>机投镇—易园</td><td>25.7</td><td>20.3</td><td>5.4</td><td>9</td><td>149.46</td></tr>
<tr><td colspan="3">合计</td><td>124.2</td><td>98.9</td><td>25.3</td><td>69</td><td>831.41</td></tr>
</table>

4. 第四期建设规划

2019年6月17日，《成都市城市轨道交通第四期建设规划（2019—2024年）》获国家发展改革委批复。批复成都市建设8号线二期、10号线三期、13号线一期、17号线二期、18号线三期、19号线二期、27号线一期、30号线一期等8个项目，共计176.65公里，总投资1318.32亿元。第四期建设规划统计见表1-9，示意图如图1-16所示。

表1-9 成都市城市轨道交通第四期建设规划（2019—2024年）统计表

<table>
<tr><th rowspan="2">序号</th><th rowspan="2" colspan="2">建设项目</th><th rowspan="2">起讫点</th><th colspan="2">线路长度/公里</th><th rowspan="2">车站/座</th><th rowspan="2">总投资/亿元</th></tr>
<tr><th>总长度</th><th>地下线</th></tr>
<tr><td rowspan="2">1</td><td rowspan="2">8号线二期</td><td>东北延</td><td>十里店站（不含）—龙潭寺东站</td><td>6.51</td><td>6.51</td><td>6</td><td rowspan="2">74.52</td></tr>
<tr><td>西南延</td><td>莲花站（不含）—西航港客运中心站</td><td>1.22</td><td>1.22</td><td>1</td></tr>
<tr><td>2</td><td colspan="2">10号线三期</td><td>太平园站（不含）—人民公园站</td><td>5.50</td><td>5.50</td><td>4</td><td>37.16</td></tr>
<tr><td>3</td><td colspan="2">13号线一期</td><td>七里沟站—龙华寺站</td><td>28.85</td><td>26.3</td><td>19</td><td>236.44</td></tr>
<tr><td>4</td><td colspan="2">17号线二期</td><td>机投桥站（不含）—龙潭寺东站</td><td>27.60</td><td>27.60</td><td>17</td><td>200.14</td></tr>
<tr><td rowspan="2">5</td><td rowspan="2" colspan="2">18号线三期（含三站一区间）</td><td>火车南站（不含）—火车北站</td><td>11.01</td><td>11.01</td><td rowspan="2">8</td><td rowspan="2">146.56</td></tr>
<tr><td>天府机场1号2号航站楼站（不含）—天府机场北站（含），孵化园站、福田站</td><td>2.28</td><td>2.28</td></tr>
<tr><td>6</td><td colspan="2">19号线二期</td><td>九江北站（不含）—天府新站</td><td>45.60</td><td>45.6</td><td>10</td><td>284.25</td></tr>
<tr><td>7</td><td colspan="2">27号线一期</td><td>栗子湾站—龙咀村站（含）</td><td>22.20</td><td>12.2</td><td>20</td><td>148.13</td></tr>
<tr><td>8</td><td colspan="2">30号线一期</td><td>航枢大道站—洪家桥站</td><td>24.78</td><td>24.78</td><td>24</td><td>191.12</td></tr>
<tr><td colspan="4">合计</td><td>176.65</td><td>165.10</td><td>109</td><td>1318.32</td></tr>
</table>

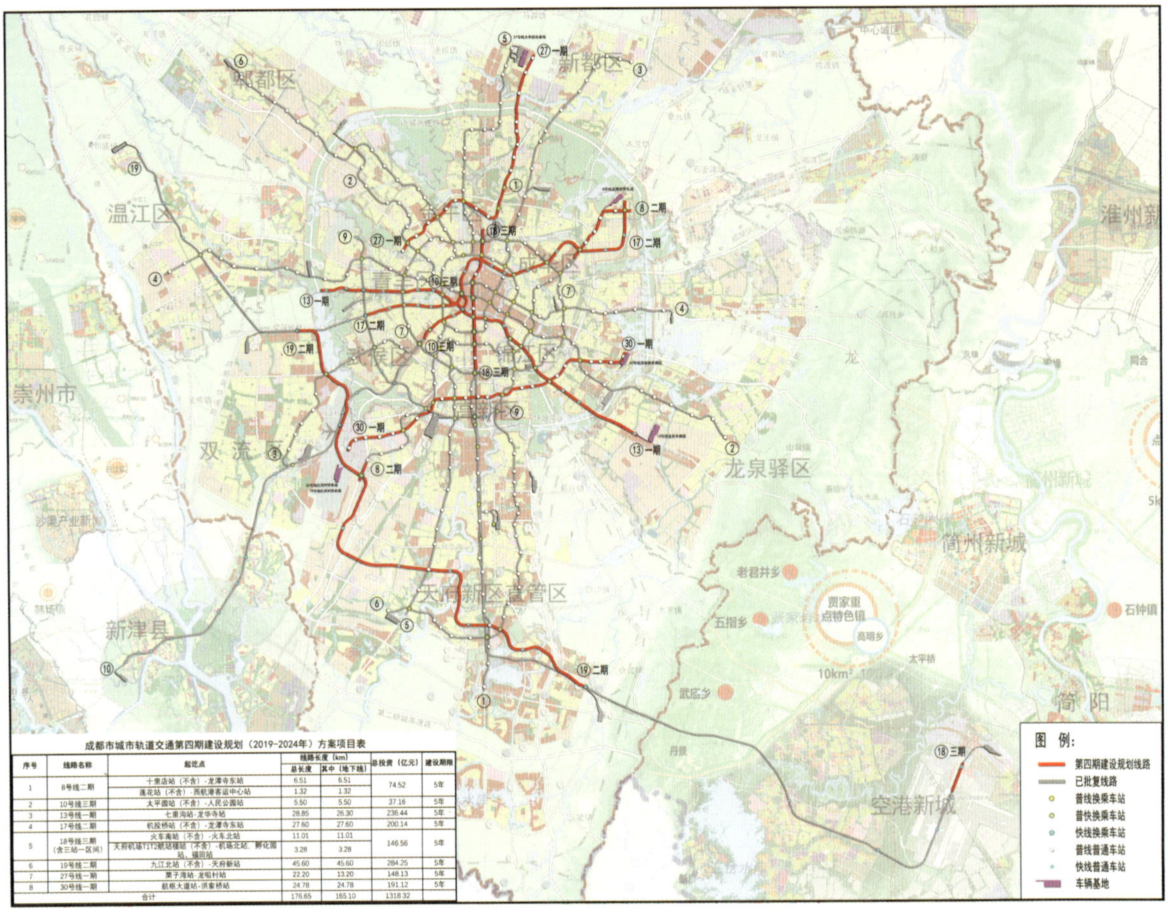

成都市城市轨道交通第四期建设规划（2019-2024年）方案项目表

序号	线路名称	起讫点	线路长度（km）		总投资（亿元）	建设期限
			总长度	其中（地下线）		
1	8号线二期	十里店站（不含）-龙潭寺东站	6.51	6.51	74.52	5年
		莲花站（不含）-西航港客运中心站	1.32	1.32		
2	10号线三期	太平园站（不含）-人民公园站	5.50	5.50	37.16	5年
3	13号线一期	七里沟站-龙华寺站	28.85	26.30	236.44	5年
4	17号线二期	机投桥站（不含）-龙潭寺东站	27.60	27.60	200.14	5年
5	18号线三期（含三站一区间）	火车南站（不含）-火车北站	11.01	11.01	146.56	5年
		天府机场T1T2航站楼站（不含）-机场北站、孵化园站、福田站	3.28	3.28		
6	19号线二期	九江北站（不含）-天府新站	45.60	45.60	284.25	5年
7	27号线一期	栗子湾站-龙咀村站	22.20	13.20	148.13	5年
8	30号线一期	航枢大道站-洪家桥站	24.78	24.78	191.12	5年
合计			176.65	165.10	1318.32	

图1-16　成都市城市轨道交通第四期建设规划（2019—2024年）示意图

第3节 成都轨道交通发展战略

成都轨道集团坚持以习近平新时代中国特色社会主义思想为指导，深入贯彻落实中央、省、市历次党代会精神，全面学习领会习近平总书记对四川及成都工作系列重要指示精神，立足新发展阶段，完整、准确、全面贯彻新发展理念，服务和融入新发展格局，坚持和加强党对国有企业的全面领导，以推动高质量发展、创造高品质生活、实施高效能治理为导向，抢抓“双城记”“都市圈”“幸福城”等多重城市发展战略机遇，聚焦城市轨道交通主责主业，优化拓展国有资本布局，持续深化企业改革创新，不断增强公司的竞争力、创新力、控制力、影响力和抗风险能力，切实为成都全面建设践行新发展理念的公园城市示范区贡献更大的轨道力量。

一、使命愿景

发展使命：加速轨道营城，通向美好生活。

发展愿景：打造世界一流轨道交通综合运营商。

核心价值观：奉献、奋进、专业、廉洁。

二、战略目标

立足轨道营城理念，全力推动轨道交通高质量可持续发展。以“三个跨越”为战略路径，在成功实现从单一轨道交通投资建设运营企业到轨道交通综合运营商的跨越基础上，全面实现从政府全额补贴的公益型企业到具备良好自我造血能力的效益型企业的跨越，加快实现从大型国有企业到世界一流企业的跨越。

至2035年，全面建成“绿色出行”“TOD营城”“轨道生活”“轨道产业”四位一体的可持续发展生态体系（见图1-17），跃升成为服务卓越、品牌卓著、创新领先、治理现代的世界一流轨道交通综合运营商。形成与世界级城市地位相匹配的超大线网格局，轨道引领的城市绿色出行体系全面建成。

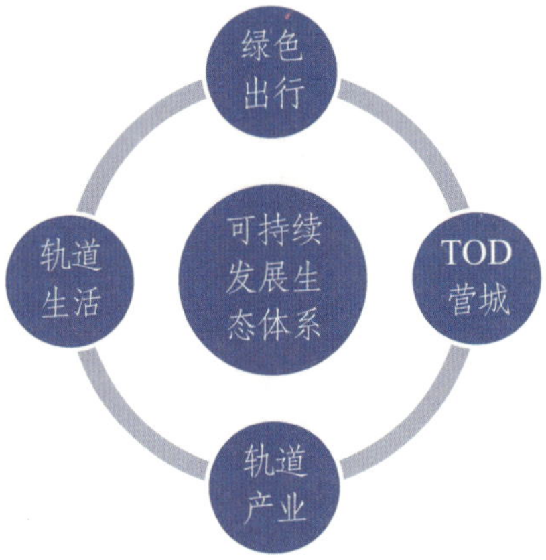

图1-17 四位一体可持续发展生态体系

1. 高质量推进轨道交通项目建设

严格落实“乘客优先、安全第一、质量至上、确保工期、节约成本”建设理念，优化项目推进工作机制，提升建设管理效能，严守安全生产底线，强化项目群统筹和连续性施工，着力打造百年精品工程。统筹推进第四期建设规划项目，确保“十四五”期间8个项目全部开通运营；有序推进市域铁路及第五期规划建设项目，计划成资S3线2024年开通运营，成眉S5线、成德S11线2022年开工建设，S13线2023年开工建设，力争到2025年地铁新开工建设里程超160公里。到2025年，力争“十四五”期间轨道交通建设项目累计投资额达到1600亿元以上。

2. 高规格拓展工程建设细分领域

系统总结前四期轨道交通建设领域实践经验，从业务标准、管理模式、工作规范等方面形成一批可借鉴、可复制、可推广的成果体系，打造具有成都轨道特色的工程建设管理力量和品牌。依托现有布局，逐步积累市场化业务经验，系统提升市场化业务能力，持续做优做强建设管理既有业务。结合自身禀赋，围绕工程建设领域上下游产业，积极开拓全过程工程咨询和勘察、设计、监理等工程服务业务，力争在“十四五”期间获得2类以上专业资质，并具备相关业务承揽能力。借助集团资源，以承接集团内部TOD项目相关细分业务为起点，陆续探索布局非本地城市轨道交通、TOD项目建设、市政公服配套等业务领域，整合央企等合作单位资源，逐步实现业务和地域双突破，形成新的营收利润增长点。

2 第 2 章

建设模式

城市轨道交通作为一种公共交通方式，其社会效益远大于项目本身的经济效益，政府承担一定的建设资金是必然的，但这并不意味着所有建设资金都由政府提供。对城市轨道交通而言，融资相当重要，选择合理的筹措资金的方法较为关键，如何配置和优化好资金显得相当重要。

第1节　建设管理模式概述

一、城市轨道交通投融资的相关概念

“投融资”通常包括投资和融资。投资是特定投资主体为了获取预期收益而将现有的一定收入转化为资本的活动，即投资主体进行的一种有目的的经济活动或交易行为。融资是投资主体为了一定的投资目的，如城市轨道交通项目，除了投资主体提供的项目资本金外，向其他投资者或金融市场、金融机构融入资金的活动，通常表现为向银行贷款、发行债券或股票上市融资等。

城市轨道交通建设项目投资属于公共投资范畴，实则是一个决策到生产到获得公共物品（城市轨道交通）的资金运动过程。在这个资金运动过程中，可能需要项目融资，即以城市轨道交通建设项目的资产、预期收益或权益作抵押取得一种无追索权或有限追索权的融资或贷款活动。

二、城市轨道交通投融资特点

1. 造价高、资金需求量大

制约我国城市轨道交通发展的首要问题就是项目所需要的巨额投资，一般投资都要以百亿计。

2. 建设周期长

目前国内轨道交通线路平均建设时间为5年，与其他交通设施建设相比，城市轨道交通建设周期长、资金成本高。

3. 投资资金回收慢

城市轨道交通投入运营后，不会立即产生显著经济效益，城市轨道交通运营票务收入随着轨道交通路网规模完善才会逐步提高，导致资金回收慢。

三、城市轨道交通常见投融资模式

1. 自建模式

自建模式由业主单位筹集资金并直接进行项目管理，通过招投标选择设计及施工单位，组织进行项目实施，项目建成竣工验收合格后由施工单位按标段合同移交给业主单位的管理模式。自建模式主要出现在一些城市早期的地铁建设中，地铁线路项目的设计、建设以及后期经营全部由政府财政出资。这种模式的优点是项目本身不需要考虑承贷利息的支出；缺点是这种政府性质的财政资金比较少，无法较大范围运用。

2. 投融资+施工总承包模式

BT（Build Transfer）模式，即建设-移交模式，指政府或授权单位作为BT项目发起人，经过法定程序选择拟建基础设施或公用事业项目的BT项目主办人，并由该项目主办人在工程建设期内组建BT项目公司进行投资、融资和建设，在工程竣工后按合同约定进行工程移交并从政府或其授权单位收回投资。其中，将政府或其授权单位，即出面与主办人签订BT投资建设合同并按该合同进行支付的一方称为BT项目发起人；将与BT项目发起人签订投资建设合同并负责组织建设的一方称为BT项目主办人；将BT项目主办人为了融资、建设和管理BT项目而在项目所在地设立的公司称为BT项目公司。

3. PPP模式

PPP（Public Private Partnership）模式，即公共-私营-合作机制，指为了建设基础设施项目，或为提供某种公共物品和服务，政府按照一定的程序和方式，与私人组织（社会力量）以政府购买服务合同、特许经营协议为基础，明确双方的权利和义务，发挥双方优势，形成一种伙伴式的合作关系，并通过签署合同来明确双方的权利和义务，以确保合作的顺利完成，由社会力量向公众提供市政公用产品与服务的方式，提高质量和供给效率，最终实现使合作各方达到比预期单独行动更为有利的结果。

4. 施工总承包模式

EPC（Engineering Procurement Construction）模式，即设计、采购、施工一体化的工程总承包模式，是由业主通过工程招标的方式，将工程整个生命周期的所有工作均交给一个总承包商或联合体完成，总承包商提供设计、采购、施工及交付使用的全过程服务，并按合同对工程质量、进度、安全等向业主负责。

5. “轨道交通+土地”综合开发模式

这是基于城市轨道交通及土地综合利用而发展起来的一种经营及资源利用模式。在城市轨道交通给社会提供运输供给、提高周边地区的交通可达性进而使地价增值的同时，公共交通稳定通勤客流和地价相互作用势必改变土地利用内容，进一步改变运输需求，产生运输需求与运输供给间新的互动关系，从而构成运输设施建设与地价之间的循环关系。

四、国内外轨道交通典型投融资概况

1. 伦敦模式

伦敦地铁由伦敦地铁公司拥有所有权和运营权，它是伦敦运输局的全资子公司，具有国有性，1863—1996年，伦敦地铁所有权经历了私有到公有、市政府到国有政府的不断变化。伦敦地铁在地铁建设的初期主要是依靠政府财政投资，但这样长时间大量的资金需求对政府来说也是难以承受的，为了弥补资金不足，提高系统的可靠性，英国政府开始推出PFI/PPP

（Private Finance Initiate，即私人融资倡导，PFI提倡由私有化渠道筹集，它是PPP在英国发展过程中的一个特定阶段）。伦敦PPP模式下，日常运营管理工作由轨道交通负责，但维护与升级的工作则赋予了民营公司，专门负责其基础设施。英国是最早在地铁建设项目中使用PPP模式的国家，在地铁竣工验收后，投资者享有特许经营的机会，在规定的时限内，政府在政策与财政上给予其足够的支持，确保投资者能够顺利收回投资并且取得一定的收益。在特许经营时限到期时，政府可以无偿回收这部分的建设。

2. 新加坡模式

新加坡轨道交通始建于1987年，公共交通由新加坡地铁公司和新捷运营公司联合运营。两家公司分别运营地铁的几条线路，同时也都运营公交巴士和出租车，这样就达到了公交服务的充分整合。由这两家运营公司通过联合成立的企业Transitlink负责票价的整合、公交信息的提供，并报送主管部门批准。

新加坡政府全额出资对地铁基础项目进行建设，但在地铁投入运营后则不再对地铁的运营亏损进行补贴，这就要求新加坡地铁经营机构按照纯粹的市场经营模式对地铁进行营运和管理，进而带动地铁产业的发展，形成经济和物流中心。但地铁营运机构在进行商业化运营的同时，政府仍要提供相应的政策予以支持和约束。这样的政策扶持和市场竞争结合的方式，使得新加坡地铁能成为地铁行业里少有的盈利企业。

3. 北京模式

在北京地铁建设初期，地铁项目均是政府全额投入建设资金，投入运营后由政府补贴的一体化方式。从2001年开始，为了顺应北京地铁的高速发展，北京市地铁建设的投融资体制、建设与运营模式都发生了变化。北京市成立了北京地铁集团有限责任公司，其下设地铁建设管理和地铁运营两个公司，分别负责地铁建设的融资和地铁建成后的运营工作。2003年北京地铁集团进一步将地铁业务细分，将地铁项目建设投融资、新线的建设管理和线路建成后的运营管理职责分配到三家公司各司其职。至此，北京地铁将融资、建设和运营三个环节分开，使团队更加专业、职责更加明晰。

北京地铁1号线建设处于计划经济时代，地铁建设纯粹依靠北京市政府投资；到1号线延伸线建设时期，在依靠政府投资的同时政府通过担保贷款等多形式进行建设资金的筹措；再到多方投资、股份制操作、市场化管理，公私合作的4号线PPP模式（4号线建设分为两个部分，第一部分占总投资70%，包括前期的土地整理开发、土建部分和轨道建设部分，这部分的投融资和项目建设的委托由项目业主单位负责；第二部分占总投资30%，全权由北京市政府合作的项目公司负责，包括地铁车辆、AFC系统、通信设备、信号设备等系统的采购和安装。北京市政府同时将4号线30年特许经营权赋予项目公司，但4号线投入运营后的票价制定仍受政府监管）和10号线部分的BT模式（地铁10号线奥运支线分为BT部分和非BT部分，BT部分按照国家招投标管理办法，对投标单位进行选择，确定进行BT模式合作的投资和建设单位，项目建设资金则由专门的投资公司负责。政府将地铁项目的BT部分工程委托给中标的建设单位进行投资和建设。在北京地铁10号线建设投融资过程中，第一次采用利率期权的方式进行了项目贷款，所签订的人民币和外汇贷款合同中明确了该地铁建设项目将享受现行政策下的最优惠利率），北京地铁已逐步由计划经济体制下的单纯依靠政府性投资发展成为以政府投资为主导的投融资模式。

4. 广州模式

广州市政府为了轨道建设项目资金筹集成立了地铁工程办公室，主要负责项目资金的前期筹集和后期的管理，同时还具有监管项目资金使用的职责。广州地铁1号线的建设资金全部由广州市政府自筹解决。和传统的政府投资途径相似，广州市政府也是主要依靠财政投资，并成立城市轨道建设专项资金，积极对地铁沿线土地进行开发，所得收益用于轨道项目建设和国外贷款融资等手段，对地铁1号线的建设提供资金保障。到广州地铁2号线开始建设时采取了政府财政投入与银行贷款相结合的方式，但是财政投入仍占总投资的大部分（60.35%）；余下的39.65%则通过商业银行贷款加以解决。这种方式在很大程度上缓解了资金的短期压力，但是却增加了建设成本。已开通的其他线路政府投资占总投资的60%以上，其他部分由银行贷款解决。

五、成都轨道交通建设模式

成都轨道交通自2005年开建以来，根据不同阶段的建设规模和管理要求，先后采用了自主建设、投融资+施工总承包、PPP、施工总承包等建设管理模式，从单线项目组管理发展到多线项目群管理。

1. 采用自主建设模式，先后建成1号线一期、2号线（一期、西延线、东延线）、4号线一期工程。

2. 采用“投融资+施工总承包”建设模式，先后建成了1号线（南延线、三期）、3号线

（一期、二三期）、4号线（二期）、7号线、5号线（一二期）、6号线（一二期、三期）、8号线一期、10号线（一期、二期）。

3. 采用PPP模式，先后建成了18号线一二期、9号线一期、17号线一期。

4. 采用施工总承包模式，建设8号线二期、10号线三期、13号线一期，17号线二期、18号线三期、19号线二期、27号线一期、30号线一期、资阳线。

六、成都轨道建设公司发展历程

1. 探索起步（2005—2010年）

2005年是成都地铁的建设元年，12月28日，1号线一期工程破雾开工（见图2-1），拉开了成都地铁建设大幕。2010年9月27日，1号线一期正式开通运营，成为西部第二条开通运营的地铁线路。这一时期是成都地铁的探索起步时期，主要承担1号线一期工程的建设工作。地铁公司职能机构也较为单一，主要分为事业部时期和合资过渡时期。

图2-1 成都地铁1号线开工

（1）事业部时期。2004年10月，成都市国资委批准成立成都地铁有限责任公司，负责一体化推进地铁的投资、筹划、建设、运营管理。在成立之初，根据工程建设的特点，地铁公司按照“事业部制”的思路，成立了综合部、建设事业部、运营事业部、合约部、财务部、安质部等部门，各部门分别从事工程建设、合约管理、安全质量管理、运营筹备等工作，如图2-2所示。

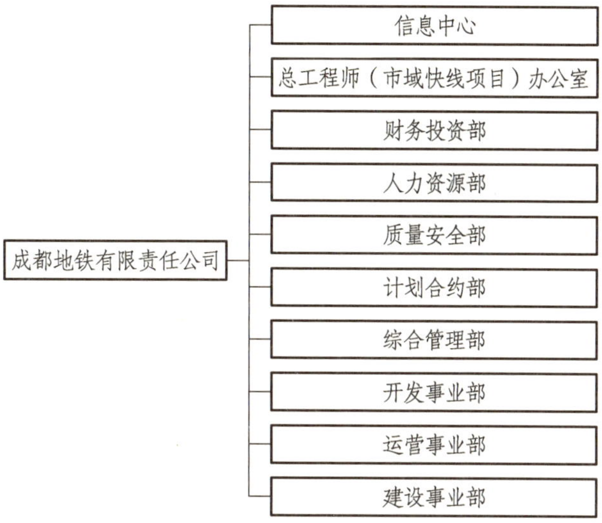

图2-2 “事业部制”组织机构

随着工程建设的推进，地铁公司内部职能部门逐步完善，2008年后基本形成了较为完善的组织架构体系，设10个部门，分别为建设事业部、运营事业部、开发事业部、综合管理部、计划合约部、质量安全部、人力资源部、财务投资部、总工程师（市域快线项目）办公室、信息中心。其中，建设事业部下设前期工作室、土建工作室、总体室、车站设备室，主要负责1号线一期工程建设工作。

（2）合资过渡时期。为构建全域成都综合轨道交通体系，2010年9月16日，成都铁路局与成都地铁有限责任公司合资成立成都轨道交通有限公司，负责成都市轨道交通项目的建设、运营管理。在合资过渡时期，地铁公司设置7个部门，分别为运营部、装备保障部、建设与开发部、总工程师办公室、人力资源部、计划财务部、综合部，并下设建设公司、运营公司。

其中，建设公司负责地铁工程初步设计完成后，从施工图设计开始的全过程的建设管理工作。建设公司下设7个分部，分别为：土建分部、设备装饰分部、总体分部、前期工作分部、质量安全分部、计财合约分部、综合分部，如图2-3所示。

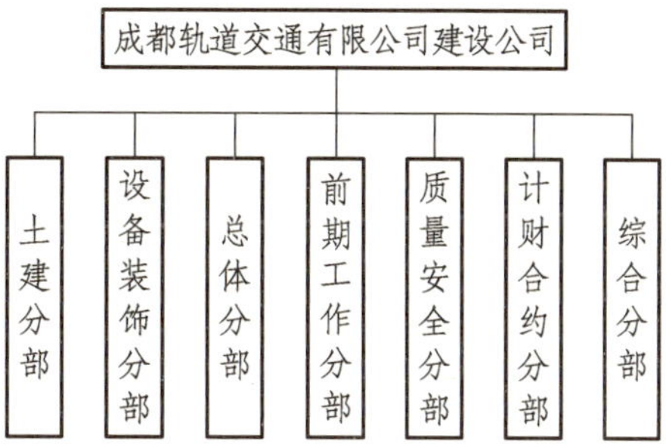

图2-3 合资过渡时期组织机构

2. 发展提速（2010—2015年）

随着成都地铁1号线一期工程的建成开通，第二轮建设规划9个项目183.3公里项目也随之启动。这一时期，地铁2号线一期、4号线一期工程也同步加快建设，为满足多线路、多体制建设管理要求和精细化管理需要，2013年1月，成都地铁有限责任公司成立建设分公司，建设分公司按照“公司领导—部门—室”的三级管理模式，设置了工程一部、工程二部、设备与装饰一部、设备与装饰二部、设计管理部、计划调控部、前期工作部、安全质量部、财务与结算部、综合管理部共10个部门。

后期，为满足大规模、多线路、超大体量的建设需要，建设分公司实行“项目部”制，内部机构也进行了优化调整。下设3个项目中心（分别设工程部、设备与装饰部）和8个部门（包括计划调控部、安全质量部、征拆工作部、财务管理部、合同结算部、技术部、综合管理部、党群纪检部）。

3. 加速成长（2015年至今）

2015年9月，成都市提出加速成网计划，明确到2020年要实现地铁运营里程达到500公里以上的宏伟目标。这一时期，成都轨道第三期建设规划项目获批，建设高峰期有11条线路13个项目共400余公里同时在建。

（1）“职能部门+项目部”模式。按照集团公司深化改革转型发展的总体部署，为加快建立健全专业化建设管理体系，全面提升建设管控效能，2018年4月，集团公司将原建设分公司、集团公司PPP项目管理中心、成都现代有轨电车有限公司建设业务整合，组建了全资子公司——成都轨道建设管理有限公司，主要负责轨道交通建设项目（不含车辆、信号、AFC和车辆段工艺设备建设项目）从施工图设计开始到工程验收移交完成之间的全过程建设管理工作，以及代建项目建设管理工作。

建设公司下设16个一级机构，即11个职能部门和5个项目中心。其中：

11个职能部门：办公室、工程管理部、组织人事部、财务管理部、合约管理部、设计管理部、安全质量部、前期工作部、资产与档案管理部、党群宣传部、纪检监察审计部。

5个项目中心：土建项目一/二/三中心，机电项目一/二中心。

（2）“小本部+专业化分公司”模式。2018年12月，为全面优化建设管理工作流程，提升建设管理工作能级和质效，建设公司内部进行组织架构改革，全面贯彻“小本部+专业化分公司”的管控模式，整合公司本部职能部门，组建轨道交通项目（不含车辆、信号、AFC

和车辆段工艺设备建设项目）从施工图设计到工程验收移交完成之间的全过程建设管理工作的专业分公司，新成立以代建、咨询、TOD综合开发建设管理等拓展市场业务为主的专业化经营分公司，实现业务下沉、赋能提效。

公司本部共有内设机构7个：办公室（董事会办公室、党委办公室）、合约管理部、财务管理部、技术与工程管理部、安质与档案管理部、党群人事部、纪检监察审计部；设下属单位4个：建设一分公司、建设二分公司、建设三分公司、建设四分公司。

（3）“小本部+专业化分公司”优化调整。2020年2月，为适应建设现场管控和“走出去”需要，圆满完成515公里以上地铁线路目标任务和顺利推进第四期建设规划项目建设，建设公司对内部组织架构进行了优化调整。建设公司本部设置9个职能部门：办公室（董事会办公室、党委办公室）、计划管理部、前期工作部、财务管理部、合约管理部、设计管理部、安全质量监督管理部、党群人事部、纪检监察审计部（监事会办公室）；4个下属分公司：建设一分公司、建设二分公司、建设三分公司、建设四分公司。

第2节　自建模式

一、成都轨道交通自建模式应用

自2005年成都地铁开工建设至2011年期间，成都轨道集团先后自主建设了1号线一期、2号线、4号线一期工程，这些项目均已建设运营。通过自主建设、自主调试、自主运营，成都轨道集团积累了丰富的建设管理经验，培养、锻炼了一支高素质的地铁建设管理团队。

截至2010年6月，成都地铁1号线一期、2号线一期项目资本金到位56.5亿元，期中：财政出资18.19亿元、国家开发银行资本金贷款（软贷款）35.5亿元（1号线12.5亿元、2号线23亿元），剩余资金主要通过国家开发银行发起组建银团以项目贷款方式获得，见表2-1。

表2-1　成都地铁1号线、2号线融资情况表（单位：亿元）

线路	总投资	项目资本金	到位资本金	银行项目贷款额度	
		财政	贷款		
1号线一期	76	36	11.98	12.5	40
2号线一期	109.59	47.59	6.21	23	62
合计	185.59	83.59	18.19	35.5	102

由此可见，成都地铁1号线一期、2号线一期项目建设资金主要由政府性质的财政投资和银行贷款两部分组成。

二、自建模式经验总结

自主建设模式适用于建设规模较小，只有少量线路在建的情况。自主建设模式通常标段划分比较零散，参与单位多且各单位不属于一个系统，导致工作接口多，分歧也多，业主协调工作量大、协调难度大，管理效率相对较低。

第3节 投融资+施工总承包模式

一、成都轨道交通投融资+施工总承包模式应用

1. 投融资+施工总承包模式应用

2012年至今，为了充分发挥央企的资金、技术和人才优势，加快轨道交通建设，根据市政府与相关央企签订的战略合作协议精神，按照投融资+施工总承包的建设模式，成都轨道集团先后与中国中铁（1号线南延线、三期，3号线一、二、三期，7号线、8号线一期）、中国铁建（10号线一期、二期、5号线一、二期、6号线一、二期）、中国电建（4号线二期）、中国建筑（6号线三期）签订投融资合同实施地铁建设。为了确保后续运营系统的稳定性、可靠性，其中，与运营密切相关的车辆（含牵引）、信号、AFC、综合监控、通信系统等关键系统设备由成都轨道集团自主实施建设和联调联试。

2. 投融资+施工总承包模式案例

成都地铁1号线南延线、三期、3号线一、二、三期、7号线、8号线一期采用投融资+施工总承包模式建设，中国中铁是项目的承办人，成都轨道集团为项目业主，是项目回购人。

成都轨道集团负责按照投融资+施工总承包合同约定付款；按照政府投资项目基本程序开展项目建议书、可行性研究报告、规划、用地、环评等前期工作；负责征地拆迁、管线迁改、绿化迁移等准备工作并承担费用；确定监理单位、第三方监测、质量监测单位对工程工期、安全、质量等进行全方面监管；并成立专门的部门负责项目的建设管理、工程监管和项目回购等工作。

中国中铁负责地铁项目建设的设计文件、建设标准、工期进度、资源配置等要求，对项目设计、施工、质量安全等进行全面负责；负责筹集项目建设资金，满足项目建设资金需求；接受政府审计及工程质量安全等监督检查；做好工程竣工验收、移交等工作，负责项目竣工资料的收集、整理、管理及移交等工作，确保竣工资料的真实完整。

二、投融资+施工总承包模式经验总结

投融资+施工总承包模式可在一定程度上缓解业主及地方政府的轨道交通建设资金压力，也可充分利用施工总承包单位的管理力量（尤其是行政管理力量），对一个系统内的单位进行有效管理，大大减轻了业主的协调工作量及协调难度。同时，标段体量相对较大，减少了协调工作量，有利于施工单位合理调配资源，进行统筹管理，管理效率较高。

第4节 PPP模式

一、成都轨道交通PPP模式应用

1. PPP模式应用

2016年，为拓宽政府融资渠道，吸引社会资本进入基础设施领域，市政府采取PPP模式并授权市建委作为实施机构通过公开招标方式选择社会资本开展轨道交通建设，通过公开招标采购确定了18号线一二期工程由中国电建、9号线一期工程由中国中铁联合体、17号线一期工程由中国交建联合体为社会投资人。这些项目共吸引社会资本580亿元（其中项目公司市场化债务融资494亿元），均已开通运营。根据市政府批复的《PPP项目实施方案（暨特许经营权出让方案）》，由成都轨道集团作为政府方代表与社会投资人按3：7的出资比例组建项目公司（社会资本方控股），项目公司负责项目范围内全部资产的投资、设计、建设、运营管理等，特许经营期26年（建设期4年、运营期22年）。

2. 成都地铁18号线一二期工程

成都地铁18号线一二期工程是成都市最先开通的采取全口径PPP模式建设的轨道项目，线路全长67.93公里，总投资额约为347亿元，其中资本金比例为总投资额的20%，成都轨道交通集团有限公司作为政府方代表出资30%，中国电力建设股份有限公司投资占股比例为70%，债务资金占总投资额的80%，来源于中国农业银行牵头的融资银团。

成都地铁18号线一二期采用的是后补偿融资模式，市政府在运营期对项目进行补偿。在PPP项目运作过程中，成都轨道集团代表政府方与社会资本方中国电建共同成立PPP项目公司，由PPP项目公司进行具体的资金筹集活动以及项目的建设和运营，在特许经营期结束后将项目移交给政府或者有关机构。负责授予PPP项目公司一定期限的特许经营权的具体部门是成都市建委，成都市财政局负责提供可行性缺口补贴，成都市政府有关职能部门负责对PPP项目进行监督和管理。

成都地铁18号线PPP项目采取的是“使用者付费+可行性缺口补贴”的回报机制，回报来源如下：

（1）客运收入

PPP项目公司在客运收入处于–50%至0%的变化范围内自负盈亏，当实际客运收入超过预测客运收入时，政府将享有超额部分的分成权益，剩余客运收入全部归PPP项目公司所有，若实际客运收入低于预测客运收入的50%，差额收入部分将由政府予以专项补偿。

（2）非客运收入

除客运收入之外，项目公司可借助广告、物业开发及租赁业务等增加收入，以填补投资成本。特许经营合同对非客运收入的基准值做出了约定，对于超过基准值的非客运收入，政府将和PPP项目公司按比例分成，其余超额非客运收入属于PPP项目公司。另外，对于非客运收入未达基准值的情况，由PPP项目公司自行承担。

（3）财政补贴

由于成都地铁18号线一二期工程途经多个区域，能提升沿线地区的土地及商业价值，还能带来就业增加等延伸效益，因此成都市政府采取多级财政共担方式对项目进行财政补贴。在本项目中，成都市级政府和地铁沿线郊县政府按照区域内运营里程共同分担财政补贴支出。

（4）激励收入

为了激励PPP项目公司在计划工期内按时完成建设任务以及在运营期内实现PPP项目的良好运转，从而更好地满足政府对PPP项目公司的监管要求，推动地铁18号线一二期PPP项目实现效益最大化，PPP项目公司在达到政府相应标准时，成都市政府会对其给予一定奖励，由成都市财政局发放奖励资金，这一部分奖励收入成为PPP项目公司的浮动收入。

二、PPP模式经验总结

PPP建设模式可充分吸引社会资本，能够极大地缓解成都轨道集团及地方政府的轨道交通建设资金压力。同时，在PPP建设模式下，社会资本方为建设及运营的责任主体，轨道集团管理风险大大降低，成都轨道集团只需在政府方授权范围内，代表政府方履行非行政职能的权利义务（主要开展前期协调及建设过程管理等）。在该模式下，因各参建单位与轨道集团无合同关系，成都轨道集团相关管理要求的执行较其他模式有所削弱。

第5节 施工总承包模式

一、成都轨道交通施工总承包模式应用

2019年，第四期建设规划及资阳线共9个项目采用施工总承包（联合体）模式建设，采用清单模式招标，以央企在蓉机构为联合体牵头人，各工区作为联合体成员直接分配与承担相应的合同权利与义务。成都轨道集团以线路为单位，以“概算下浮一定比例后总价包干+资金占用费”方式将土建及常规机电系统建设整体发包，择优选择实力更强、技术力量更优的央企承担施工任务，施工过程中工程费用分阶段、分批次支付。该建设模式一是充分发挥了央企在资源调度、工程协调等方面的优势，从而进一步加快工程建设速度；二是工程费用分阶段、分批次支付，一定程度上缓解了公司融资压力，为更大规模实施轨道交通建设创造了条件。

成都地铁四期建设规划获批的8条线路已全部完成施工总包招标。中国建筑中标27号线一期（成都轨道交通27号线一期工程，线路全长24.86公里，高架线约7.51公里，地下线17.35公里，共设车站23个，其中高架站6个，地下站17个）施工总包项目，总价93.59亿。中国中铁中标8号线二期（成都轨道交通8号线二期工程线路包括西南延段及东北延段，西南延段主要沿西航港大道敷设，东北延段主要沿成华大道与新增规划道路敷设，线路长约7.61公里，均为地下线，设车站7个，其中换乘站3个，设龙潭寺停车场1个，龙潭寺主变电所1个）、10号线三期（成都轨道交通10号线三期工程线路为人民公园站至10号线一期太平园站，线路长约5.8公里，均为地下线，共设车站5个）、13号线一期（成都轨道交通13号线一期工程线路为七里沟站至龙华寺站，线路长约29.07公里，均为地下线，设车站21个、车辆段1个、主变电所2个）三条线路施工总包项目，总价共计256.2亿。中国铁建中标17号线二期（成都轨道交通17号线二期工程线路始自双流西站，止于龙泉驿区香炉山站，线路长约24.76公里，均为地下线，设车站18个、车辆段1个、主变电所2个）、18号线三期（成都轨道交通18号线三期工程线路全长约16.715公里，共设车站8个、临江停车场、主变电所2个）工程施工总包项目，共计222.201亿。中国电建中标19号线二期（成都轨道交通19号线二期工程线路为九江北站（不含）至合江站（预留），线路长约43.17公里，均为地下线，设车站12个、停车场1个、主变电所2个），总价180.92亿元。中国交建中标30号线一期（成都轨道交通30号线一期工程线路长约26.28公里，均为地下线，设车站23个，其中换乘站14个，高碑坝车辆基地和洪

家桥停车场，高碑坝主变电所和洪家桥变电所），总价129.306亿元。

二、施工总承包模式经验总结

成都轨道交通第四期建设规划项目均采用施工总承包建设模式，且施工总承包方为联合体牵头方，工区施工单位作为联合体成员方（均为合同主体），解决了其他模式下轨道集团与央企下属公司（项目实施单位）没有直接合同关系的问题，更有利于轨道集团开展项目管理。同时，第四期建设项目采用清单计价方式，并在施工图出图前增加了施工图联合审查和设计深化环节，设计深化调整纳入工程量情况更新，可有效控制工程变更及投资，减少合同争议，降低审计风险。

3 第 3 章

设计管理

第1节　线网规划和建设规划

城市轨道交通线网规划依据城市总体规划、综合交通规划编制，建设规划依据线网规划编制，均服务于城市发展战略。随着成都市城市空间格局由“单中心”向“多中心”的演变，成都市城市轨道交通线网形态由最初仅支撑中心城区的“十字骨干”完善为引领“一心两翼三轴多中心”发展的“多核多环放射多层次”网络。从2000—2020年，成都市先后编制了五版城市轨道交通线网规划和四期城市轨道交通建设规划，每一期规划的编制均在保留上期规划核心内容的基础上优化，确保线网功能的实现，服务于城市发展，使“城市轨道”演变为“轨道上的城市”。

一、线网规划编制流程

由成都市规划和自然资源局牵头，成都轨道集团具体负责线网规划相关编制工作。在收到市规划和自然管理局下达给成都轨道集团的编制任务函之后，规划与技术部（总工办）按照程序开展招标和相关编制工作。具体编制工作流程如下：

1. 收集分析规划基础资料，包括区域规划、发展规划、国土空间总体规划、分区规划、综合交通规划、交通调查数据和各专项规划等。

2. 组织现场勘查和调研，对研究范围内的重要区域、重点项目、重要交通枢纽、重要客流集散点、主要客流通道、已运营和在建轨道交通项目等进行现场勘查；对研究范围内的区（市）县规划、交通部门进行调研，汇总各区县市主要发展意图和交通需求等内容。

3. 研究讨论后形成线网规划初步方案，主要包括线网规模和结构形态。经集团公司审查同意后报市规划和自然资源局审查，修改形成初步推荐方案。

4. 根据市规划和自然资源局确定的线网规模、结构形态和编制原则，深入开展编制工作，形成方案中间稿。

5. 市规划和自然管理局牵头征求区（市）县政府意见，主要为车辆基地选址、线站位方案和敷设方式等。

6. 规划与技术部（总工办）牵头征求集团公司相关部门和总工程师团队意见。

7. 修改完善后报成都轨道集团审查。

8. 报市规划和自然资源局审查。

9. 配合市规划和自然管理局向市政府分管领导汇报，经过修改通过后形成中间报告成果送审稿。

10. 由市规划和自然管理局组织，对中间报告成果送审稿进行专家评审，修改后形成推荐方案。

11. 配合市规划和自然资源局将推荐方案上报成都市规划委员会主任会议（以下简称“市规委会”）审议，并根据审议意见进行修改，形成最终报告成果送审稿。

12. 市规划和自然管理局将方案报省住建厅，省住建厅组织专家对最终报告成果送审稿进行技术审查，并出具技术审查意见，根据审查意见进行修改，形成最终报告成果。

13. 市规划和自然管理局组织对最终线网规划成果进行公示，征求公众意见。

14. 市规划和自然管理局将最终报告成果报市政府审批，获得批复后，纳入国土空间总体规划。

二、建设规划工作流程

1. 编制流程

由市轨道办牵头，成都轨道集团具体负责相关编制技术工作。在收到市轨道办下达给成都轨道集团的编制任务函之后，规划与技术部（总工办）按照程序开展招标和报告编制等相关工作。具体工作流程如下。

（1）成都轨道集团根据交通需求、城市财政能力、既往建设规划及已批复项目实际执行情况等综合研究，确定初步上报规模和拟建项目，开展工程方案研究，稳定线路、车站、车场方案及主变选址，明确技术标准及资源共享方案。

（2）报市轨道办，市轨道办牵头视情况征求相关区（市）县意见。

（3）市轨道办在征询相关区（市）县意见后提出建设方案建议，成都轨道集团根据建议完善建设规划方案，然后配合市轨道办上报市规委会审议或市轨道交通建设和TOD综合开发领导小组会议审议，确定拟上报方案。

（4）根据市政府确定的拟上报方案，组织设计单位深入开展工程方案研究，并编制主报告、规划环评和稳评报告。

（5）工程方案研究完成和主报告编制形成后，由规划与技术部（总工办）组织征求成都轨道集团相关部门和总工程师团队意见。

（6）按公司部门及总工程师团队意见修改完善后报成都轨道集团审查。

（7）将通过成都轨道集团审查的方案报市轨道办、市规划和自然管理局审核（此阶段市轨道办以及市规划和自然管理局会牵头视情况再次征求相关区县意见）。

（8）根据相关区县意见，修改完成主报告中间稿。

（9）将主报告中间稿开放给各个支撑性文件编制单位。

（10）将环评、稳评完成后的主要结论和意见统筹纳入建设规划主报告，形成报批稿。

2. 报批流程

（1）成都轨道集团将主报告报批稿上报市轨道办（市住建局）和市发改委申请转报省级部门。

（2）市轨道办（市住建局）、市发改委联合向省发改委、省住建厅报送申请预审主报告。

（3）省发改委、省住建厅组织专家进行初审，出具初审意见。

（4）根据预审意见修改完善报告，省发改委连同预审意见、环评批复和稳评审查意见一并上报国家发改委，申请审批。

（5）国家发改委委托评估单位组织建设规划专家审查，评估单位出具专家审查意见，成都轨道集团根据意见修改完善报告。

（6）国家发改委根据审查意见和报告报批稿，请相关部委会签同意后批复建设规划。

第2节　设计管理

本节主要对实施阶段设计管理的发展及工作内容进行介绍。实施阶段设计管理主要分为两阶段：初步设计和施工图设计管理阶段。初步设计阶段为自可研批复至初步设计修编完成（含概算）；施工图设计阶段为自初步设计批复至工程验收完成。

一、设计管理发展概述

成都地铁在建设管理中不断总结经验，对组织构架和管理职能进行动态调整，设计管理也相应进行了调整，主要分为以下几个阶段：

1. 自主招标阶段的设计管理

（1）组织管理

地铁建设初期的项目（地铁1号线一期工程、2号线一二期工程和4号线一期工程）均采用自主招标模式建设，勘察设计招标工作由成都轨道集团总工办负责，设计总体总包单位、工点、系统设计单位、勘测单位均与成都轨道集团直接签合同。总体总包单位仅负责全线技术类工作和进度管理，对工点和系统设计单位没有考核权，由业主负责对内对外的主要协调工作。勘察设计分初步设计和施工图设计两阶段，两阶段分属不同部门进行管理。

初步设计由成都轨道集团总工办负责管理，总工办有充分的初步设计和方案论证时间，初步设计质量较高，且后期变更方案由总工办审查，变更较少，对于控制投资较为有利。但是总工办不熟悉施工，设计与施工匹配度不佳，先进施工工艺和设备引入困难。

施工图设计阶段分三部门、五个室来进行管理，故在地铁1号线一期工程建设时期，形成了施工图设计管理例会制度，由成都轨道集团建设事业部领导主持，成都轨道集团各部门参加，协调明确施工图设计阶段的各项设计和施工事宜。施工图设计阶段虽分多个室进行管理，但由于有施工图设计管理工作例会，能及时协调各方问题，设计单位获得的指令均从例会纪要中下达，是单一非多方的，从而保证了管理指令的有效性和及时性。不足之处在于：施工图设计管理例会是协调会议，无法审核具体方案和设计细节内容，故各方案和细节内容均由各分管的科室进行审查，造成了不同科室、专业之间接口存在差错和遗漏；同时，设备招标和设计联络开始时间较晚，造成土建预留预埋常出现位置不合适、基础无法与设备相匹配等问题。

（2）管理调整

在这一阶段，成都轨道集团在不同线路建设过程中也根据实际情况进行了调整以优化管理方法。例如，地铁2号线一期工程在地铁1号线一期工程的基础上进行了如下改进：运营事业部管理的强、弱电系统设计和施工管理职能划转到建设事业部总体室和机电室负责，减少了工作界面和接口错漏率。地铁1号线一期工程管理分工见表3-1，地铁2号线一期工程管理分工见表3-2。

在此基础上，地铁2号线二期工程和地铁4号线一期工程再次进行了管理分工调整，具体见表3-3。地铁4号线一期工程详勘工作划到总体室管理，总体室可统筹管理详勘工作计划，提前安排详勘单位向设计单位提交中间成果，设计单位获得关键数据即可同步开展施工图设计工作，等详勘成果通过专家评审后，设计单位再核查一遍数据的前后一致性，并在图册说明中明确使用的详勘正式资料版本，即可送审送签，工作有序搭接，减少时间；同时，总体室土建专业人员更清楚详勘大纲、详勘参数等工作要求，提前开展相关审查工作，明确详勘工作大纲和详勘编制要求，确保详勘成果质量。

表3-1　地铁1号线一期工程管理分工

内容	部门					备注
	总工办	建设事业部			运营事业部	
		前期室	总体室	机电室		
招标	明确勘察设计单位			明确机电（风水电+电扶梯）设备及机电和装修施工单位	明确强、弱电系统、AFC、信号、车辆设备和施工单位	
管理内容	负责可行性研究、初步勘察、初步设计、和施工图设计阶段方案审查	负责详细勘察、规划报建、管线综合设计和施工	负责土建专业施工图和机电专业施工图管理、施工图强审备案、负责人防报审和人防工程施工	负责机电专业施工图方案、负责消防报审和验收	负责所管专业的施工图设计和施工	

表3-2 地铁2号线一期工程管理分工

内容	部门					备注
	总工办	建设事业部			运营事业部	
		前期室	总体室	机电室		
招标	明确勘察设计单位			明确机电（风水电+电扶梯）设备及机电和装修施工单位	明确强、弱电系统、AFC、信号、车辆设备和施工单位	
管理内容	负责可行性研究、初步勘察、初步设计、和施工图设计阶段方案审查	负责详细勘察、规划报建、管线综合设计和施工	负责除AFC、信号、车辆以外所有专业施工图、负责人防、卫生、消防等行政审查和施工图强审备案	负责机电（风水电）、强、弱电系统设计联络和施工图方案、负责机电专业消防验收	负责AFC、信号、车辆的施工图设计和施工	

表3-3 地铁2号线二期和4号线一期工程管理分工

内容	部门					备注
	总工办	建设事业部			运营事业部	
		前期室	总体室	机电室		
招标	明确勘察设计单位			明确机电（风水电+电扶梯）设备及机电和装修施工单位	明确强、弱电系统、AFC、信号、车辆设备和施工单位	
管理内容	负责可行性研究、初步勘察、初步设计、和施工图设计阶段方案审查	负责规划报建、管线综合设计和施工	负责详细勘察和除AFC、信号、车辆以外所有专业施工图、负责人防、卫生、消防等行政审查和施工图强审备案	负责机电（风水电）、强、弱电系统设计联络及施工	负责AFC、信号、车辆的施工图设计和施工	

（3）阶段特点

① 总体总包单位仅负责全线技术类工作和进度管理，总体总包单位对工点和系统设计单位没有考核权，业主负责对内对外的主要协调工作。

② 初步设计和施工图设计分两阶段管理，有充分的初步设计和方案论证时间初步设计质量较高，且后期变更方案由总工办审查，变更较少（一条线不足20项），对于控制投资较为有利。

③ 设计单位专注设计和技术工作，对专业研究较为精深。

④ 业主协调工作量大，设计管理难度比较高。

2. 勘察设计总承包模式下的设计管理

（1）组织管理

成都轨道集团招标总体总包设计，设计总包单位招标确定单项设计，由总体总包单位对单项设计进行管理。成都轨道集团主要负责对总体总包设计的管理。本阶段成都轨道集团对施工图设计的管理经历了从移交投融资单位管理到自己直接负责管理的转变；本阶段主要涉及的地铁线路为：1号线南延线、3号线一期、7号线、3号线二三期、5号线一二期、6号线一二期。地铁3号线一期初步设计管理初期在由成都铁路局组建成立的成都轨道公司总工办，路局退出成都轨道交通建设以后，初步设计管理工作移交当时的成都地铁总工办。

（2）阶段特点

① 由于初步设计的深细度与施工图设计有较大的差异，施工图移交投融资单位组织开展施工图设计存在各线的技术标准不统一、同期建设换乘站设计接口协调难度大等问题。同时，又由于规划报建、用地手续办理均在成都轨道集团，为统一建设标准和对外协调工作，建设公司统一进行设计方案变更管理和规划报建、用地手续办理以及消防、人防报审等工作。

② 初步设计概算是投融资项目合同费用签订的依据，多数设计单位仍按照以前初步设计文件编制的要求开展设计，对后续可能发生的设计方案变化、方案的可实施性、文件的深细度、概算的缺项没有进行及时的调整。

③ 对于投融资项目，应尽量给予充分的时间进行施工图设计后再进行招标，落实后续实施过程中可能发生的工作内容，施工图与现场实施情况尽量吻合，避免漏项、缺项和工程数量有较大的调整。

④ 由于投融资项目建设合同中存在模糊空间，个别线路初步设计的工程量与施工图工程量存在较大的差异，在建设过程中需及时发现，并进行及时调整。

⑤ 投融资项目因采用初步设计概算进行合同费用结算，存在投融资单位在上报工程变更时注重正变更、忽略负变更等弊端，故第四期建设项目进行调整，按照工程量清单据实计价，对建设业主和具体的施工方都相对公平。

⑥ 投融资项目按照合同施工图的管理职责主要为投融资方，但建设过程中为确保设计质量和进度，施工图设计的进度管理和质量管理实质上全由成都轨道集团负责。

3. 第三个发展阶段的设计管理

（1）组织管理

本阶段勘察设计管理模式为勘察设计总承包模式。成都轨道集团主要负责对总体总包设计的管理，本阶段初步设计及施工图设计均由成都轨道集团直接负责；主要涉及的轨道交通线路为：8号线一期、9号线一期、10号线二期、6号线三期、17号线一期、18号线一二期。为适应加速成网的要求，2016年成都轨道集团成立了设计管理部，统筹开展8号线一期、9号线一期、10号线一二期等线路的初步设计和施工图设计工作，配合施工工作由建设公司技术部组织开展。该期间，由于PPP项目建设的特点，初步设计管理工作由集团公司组织开展，施工图管理由PPP项目建设主体承担。

（2）阶段特点

① 勘察设计总承包模式有效避免了“设计总体+单项设计”模式设计单位之间协调难度大的弊端，但同时也带来了因工点和单项设计单位由勘察设计总承包单位确定，工点单位和单项设计单位设计力量参差不齐等问题。

② 由于PPP项目合同没有对设计变更是否进行投资调整进行规定，没有对相关规模、标准、范围进行详细界定，造成项目建设、结算过程中大量的设计变更是否应进行投资调整存在较大的争议。

③ “勘察设计总承包+施工总承包”模式相较于“勘察设计总承包+PPP”模式和“勘察设计总承包+投融资模式”而言，其设计变更和投资控制风险相对较小。

4. 管理模式对比总结

三个不同的设计管理发展阶段，既经历了投融资模式的改变，也经历了公司内部分工不同带来的管理职责变化，主要是初步设计、施工图设计的管理职责在成都轨道集团、建设公司、项目管理部门之间的变化。就设计管理内部分工不同而言，优缺点如下：

（1）成都轨道集团（总工办、设计管理部）负责初步设计+建设公司负责施工图设计

① 优点：成都轨道集团负责初步设计更能统筹集团的技术标准和平衡功能和可实施性间的关系。

② 缺点：建设公司、运营公司、轨道城市集团和资源公司前期参与度不够，使得具体方案的可实施性、运营需求、TOD详细方案及资源开发的具体方案落地性稍差，后期变更较多。初步设计与施工图管理部门不同，设计管理连续性稍差，不利于变更管理和投资控制。

（2）成都轨道集团设计管理部统一负责初步设计和施工图设计管理

① 优点：成都轨道集团负责全过程勘察设计管理工作能更好地统筹各线的技术标准；更好地平衡功能、可实施性、TOD和资源开发间的关系；同一部门负责建设规划、工可和勘察设计管理工作，能更好地落实规划和工可的相关要求；同一人负责初步设计和施工图设计管理能确保设计的连续性，有利于控制设计变更和控制投资。

② 缺点：因成都轨道集团不直接管建设，与后期施工衔接较差，设计方案的可实施性不够；对施工的预见性不足，容易造成现场催图、等图的现象。

（3）建设公司设计管理部负责初步设计、项目管理部门负责施工图设计管理

① 优点：因施工图由项目管理部门管理，设计与现场结合更紧密，能更好地落实设计方案的可实施性；能更好地了解现场对施工图的需求，及时提供现场服务。

② 缺点：分阶段管理，设计管理连续性稍差，不利于变更管理和投资控制；各项目管理部门分别管理不同的线路，各线的标准不统一。

（4）建设公司设计管理部统一负责初步设计和施工图设计管理

① 优点：建设公司负责全过程勘察设计管理工作能更好统筹各线的技术标准；能更好地落实设计方案的可实施性；同一人负责初步设计和施工图设计管理能确保设计的连续性，有利于控制设计变更和控制投资。

② 缺点：运营公司、轨道城投和资源公司如果初步设计时参与度不够，对运营需求、TOD详细方案及资源开发的具体方案落地性不够，容易造成后期设计变更。

5. 设计管理经验总结

（1）稳定设计单位和设计人员

设计工作是一项创造性的工作，需要专业技术和经验的积累，最为关键的是人的因素，一定要落实好设计单位具体设计人员的技术水平、经验以及责任心。同时，地铁每个项目虽各有自身特点，但所面临的问题是类似的，对好的经验需要继承和发展，对存在的问题需要

总结和提高。因此，设计管理核心的内容是做好设计人员的管理，要把通过考核后的设计人员固化下来并进行日常考勤。

（2）加强设计考核

应加强合同管理和对设计单位及设计人员的考核，确保主要技术人员和管理人员的稳定性，充分调动设计人员的积极性和主动性。

“无规矩不成方圆”，现场工作的推进和施工质量的提升，必然与背后的设计管理息息相关。严肃设计氛围，加强对人员出勤、设计成果时效性以及设计成果质量水平的考核，以便更好地服务现场，形成更加快捷、高效、高质的设计管理链条。通过考核规范设计单位的管理，提升设计质量和服务水平。

（3）树立项目全寿命周期的设计理念

工程的实施不可避免地会对周边用地、房屋建筑、绿化、交通疏解、市政设施、地下环境等造成一定的影响。在整个项目全寿命周期，如何合规、合法、有序地完成建设，也是设计工作重点考虑的内容。如果设计工作不考虑如何实施、如何及时办理好依法合规手续、工程建成后如何运行和维护、与城市运转的结合和融入情况以及可能产生的经济效益情况，是很难做好设计和设计管理工作的。需严格落实“无规划不设计、无设计不实施”。

（4）落实勘测和协调工作

要做好管探及构建筑物调查，对地下管线采取现场实测、拍照备查等方式确保构建筑物调查的准确性。加强岩土工程勘察、地形测量、市政管线接驳、重大风险源、用地及拆迁、环评报告、水土保持报告、风景名胜区及文物保护、水源保护区保护的管控工作。提前征求高速公路、铁路、机场、涉军用地、水务等产权单位和相关权属单位的意见。确保工程设计方案具备可实施性，风险可控，功能及造价合理。

同时，需做好沟通协调。轨道交通工程是个庞大的系统工程，专业构成复杂，外部输入资料众多，从地质、水文、气候条件到市政管网的迁移，再到设计成果是否满足各方的专业性审查、政府合规性审查等，以及在整个设计过程中，设计工作须与众多政府行政管理部门、技术管理部门、市区县各级管理部门、供货厂商等进行不断地沟通协调。因此，为了使工程进展如期实现规划目标，满足规划功能和使用功能，需要注重设计的全方位沟通协调交流，从中寻找最有效可行的方案。

（5）做好总结，完善技术标准体系

成都轨道集团多年来陆续发布了较多的企业标准，但标准相对不完善。同时，相关标准与TOD设计、资源开发、运营品质提升、公园城市建设、历史文化名城建设等结合不够，新技术、新规范和标准的要求等也未进行及时更新，这使得设计单位无法系统采用。比如，原设计单位在5号线卫生间采用了设置卫生间门的设计，后续结合运营品质提升关于空气质量的要求，按照公司相关纪要取消了卫生间门。设计单位在执行公司纪要时，未完全理解公司的精神，认识片面，造成已完成土建施工的卫生间私密性出现了问题。

在对前三期建设规划项目主要的勘察设计问题总结的基础上，形成系统性的设计标准文件，经集团公司各部门组织审核，报集团公司领导审议通过后，各项目统一执行，既统一了各线的技术标准，也能避免后续因设计标准和要求变化造成的设计变更。

（6）强化内部管控

早期轨道交通一个项目往往由一个人进行管理，由于设计过程中需要协调众多的单位和政府部门，大部分线路由于设计工期较短，设计管理人员往往主要把精力放在程序管理和进度管理工作上，对设计质量、标准管控做得不到位，设计质量和进度出问题以后责任追究也不到位。

为了确保地铁设计的系统性、整体性，设计管理工作中应做到承上启下。对上应积极对接成都轨道集团规划与技术部（总工办），并做好与运营公司、轨道城投集团、资源公司的相关技术标准统筹等相关工作，向下积极配合解决各项目管理部门在施工图阶段提出的技术及方案相关问题。在以每个项目为纵向管理的同时，成立以专业技术为统领的横向管理，形成有机矩阵管理模式，推动各线路设计工作正常开展的同时，也确保各专业技术标准的一致和统一。

同时，统筹建设公司各个层面的资源和专业背景，积极做好对外协调，落实好征地拆迁、用地、交通疏解、管线迁改、绿化及附着物、市政设施、景观等影响设计的外部条件，更好地提前稳定设计方案，落实方案的可实施性。

及时跟踪规范的编制和颁布时间情况，尽量在初设阶段执行新规范，避免新规范颁布后引起较大的设计变更。

尽快培养建设公司的技术团队，深入介入设计方案和标准的审查，要求设计单位严格按照成都轨道集团、建设公司的要求落实施工图设计。要求设计人员真正站在实施的角度思考

方案的可实施性问题，确保功能性和可实施性统筹兼顾，设计管理人员要深度介入设计图纸质量管理。设计图纸质量管理的内部和外部均责任到人。

目前无设计监理对设计图纸进行审查和把关，尽量整合建设公司的技术力量，组织建设公司技术团队逐步开展图纸的相关审查工作，目的在于做好质量标准管控和培养人才队伍，同时加大复合性人才培养。

（7）机电设备采购前置，为精准预留提供条件

机电设备的提前采购或预定非常重要，需要提醒后续线路高度重视。在设计环节中，往往是工可阶段制定大的技术标准、系统选型和投资规模，论证通过后进入工程设计阶段，也就是初步设计阶段。在初步设计阶段，土建会根据机电设备系统专业提供的选型方案进行土建初步设计，从而论证系统规模的可实施性和投资的可控性。在这个阶段即应组织系统设备专业着手用户需求书编制和审查，一旦初步设计评审通过，立即开展设备招标采购和设计联络。合理的设计工期安排是待设备系统采购招标确定后再开展土建设计，但实际的操作过程往往是土建等不及设备招标环节的完成就已开始施工，待土建施工完毕后，发现招回来的设备与土建预留有差别，甚至差别很大，需要对土建工程进行改造。在前三期建设规划项目中，由于设备招标采购滞后而导致的土建改造问题相当突出，应该引以为戒。

（8）提高运营联调问题的解决效率

运营联调阶段，往往是后期最紧张也是最关键的时间段，设计作为满足功能与否的责任方，仍需时时跟踪现场进展，配合解决联调过程中遇到的各类问题，属于产品问题、安装问题、调节问题还是设计原理性问题？并要及时找出问题发生的原因，整改到位，确保按期开通。

（9）提前落实运营开通及后续手续的办理

应组织设计单位设立专门机构和人员负责勘察设计成果文件的立卷归档，制定立卷归档制度以及档案归档计划，及时完成资料的组卷及归档工作。形成完整的轨道交通建设规划控制区图纸和电子文件（包括车站和出入口、通道和风亭等附属结构的规划控制区范围、区间的规划控制区范围），满足规划和自然资源部门、住建、交通、城管等部门对轨道交通工程构建筑物进行有效的安全管理及维护要求。

组织设计单位及时完成规划和自然资源、住建、人防、消防、卫生等相关部门的验收，

为运营开通提前办理好相关审批手续。编制竣工验收报告中有关设计方面的所有内容；完成国家竣工验收报告中设计相关内容的编写，并协助建设公司完成最终竣工报告，以及配合完成审计工作。

二、设计管理内容

设计管理主要包括进度计划管理、质量安全管理、设计方案和投资控制管理、合约管理、信息管理、协调管理、技术交底以及成果管理。设计管理按阶段可分为初步设计阶段和施工图设计阶段。两阶段均包含以上所有设计管理内容。初步设计和施工图设计阶段在任务目标、设计文件、设计方案和投资控制管理以及行政审批手续方面有较大不同，具体在本节第三、四点阐述。

1. 设计进度计划管理

勘察设计总承包单位应制订设计进度计划管理办法，对各工点设计单位进行管理，并根据建设公司发布的勘察设计任务，分解目标节点，制订完成任务的详细节点，并报设计管理部门审批通过予以执行。对于未按审批后的计划节点执行的，若无客观原因，则根据勘察设计合同和《勘察设计管理办法（试行）》考评与奖惩管理相应条款予以考核。

设计计划管理实行三级管理，即业主、勘察设计总承包单位和工点设计单位。业主主要负责工程的总筹划、设计计划的批复等；勘察设计总承包单位负责设计工作的总筹划、设计计划的编制，负责设计单位计划的审查和管理、计划执行情况的检查及其他管理工作；工点设计单位负责所承担项目的计划编制、计划的落实、项目内计划落实情况的检查、情况汇报等。

2. 设计质量安全管理

勘察设计总承包单位应按照国家省市有关要求建立设计质量控制保障体系，制定质量方针、质量目标，在设计的全过程中贯彻执行。应编制《设计质量管理办法》《总包管理办法》《设计接口管理规定》等技术管理文件和《技术要求》《文件组成与内容》《文件编制统一规定》《概算编制办法》，以及各专业设计参考图等总体技术指导文件，确保各阶段设计文件的总体性、系统性、统一性、安全性、经济性。

所有技术管理文件和技术指导文件均应送业主知晓和备案，当业主审查后发现深细度达不到业主要求时，勘察设计总承包单位应修改完善后发布。尤其技术管理文件《接口管理规定》对各专业之间的接口关系应做出具体规定，编制设计接口表、设计资料互提单和技术工作联系单，作为接口工作的重要记录。

3. 设计方案和投资控制管理

初步设计阶段主要审查技术标准、技术接口的协调、方案设计、系统构成与功能配置、工程筹划、工程概算等方面。施工图设计阶段主要审查初步设计审查意见的落实与方案优化、技术接口的落实与确认、机电设备系统功能配置与选型等方面。勘察设计总承包单位应严格控制工程规模及标准，实行限额设计；审查平衡各专业、各系统的投资限额。

4. 设计合约管理

勘察设计总承包单位应理清与各分包单位间的合同界面，及时签订各项合同，发布合同管理办法或制度，理顺管理程序，有相应的检查落实手段，强化勘察设计总承包单位对勘察设计单位的管理，建立定期工作检查制度，及时协调、通报、处理合同执行过程中发生的问题，建立合同支付台账、执行跟踪台账。合同台账按项目进行编制，及时对合同执行进度进行更新，合同终止后剔除，并按年度编制成册存档备案。

5. 设计信息管理

勘察设计总承包单位应建立信息管理制度，对收发文、图纸会签、审查意见等进行管理，确保信息上传下达的及时、准确和正确性，保障各项技术性文件往来资料的可追溯性。

6. 设计协调管理

勘察设计总承包单位通过对勘察设计过程的跟踪，及时发现问题，积极参与组织各项设计协调工作，包括对勘察、设计外部与勘察、设计内部的协调两个方面。应积极协助业主与外单位进行协调，包括市政府部门、工程沿线各单位、外部各设计单位等，协调工作中出现的有关矛盾，解释设计意图，掌握现场各种制约设计的因素，为设计工作扫除障碍、稳定设计边界条件和设计输入条件；积极协调处理总体单位与工点设计单位以及工点设计单位间的技术标准、工作范围、设计界面、技术接口等各方面的分歧或争议问题。

7. 设计技术交底

设计技术交底是保证工程质量的重要环节，是保证工程质量的前提，也是保证工程顺利施工的主要步骤之一。

8. 设计成果管理

勘察设计单位应及时提交初勘报告、初步设计、初步设计修编、初步设计概算、招标设计、详勘报告、施工图设计、变更设计等设计成果，并及时向建设公司档案归口管理部门进行移交。

各类周报、月报、半年报、年报等工作报告以及技术标准、分析报告、各类技术总结等，均提交建设公司设计管理部门，由设计管理部门进行管理，并视重要性程度和类别向建设公司档案归口管理部门进行归档办理。

其余中间设计成果，包括各类交底、会签资料、互提资料单等，由勘察设计总承包单位制定相应管理办法进行管理。

三、初步设计管理

1. 初步设计阶段任务目标

初步设计深度应能控制工程投资，满足编制施工图设计、主要设备订货、招标及施工准备的要求。在满足可研规定的功能定位、基本走向、系统制式的前提下，对可研批复内容进行深入研究，落实外部边界条件、稳定线站位和线路敷设方式，确定工程规模、设计原则和标准，控制工程投资，明确各系统功能及设备配置、运营管理模式和服务水平。确保设计方案功能完善、合理经济、技术先进、实施性强、风险可控。

2. 初步设计文件

初步设计文件应包括：设计说明书、设计图纸、主要工程数量、主要材料设备数量和工程概算。

3. 设计方案和投资控制

初步设计阶段主要审查技术标准、技术接口的协调、方案设计、系统构成与功能配置、工程筹划、工程概算等方面。各设计单位应进行多方案比选，报勘察设计总承包单位审查通过后，由勘察设计总承包单位报设计管理部门组织完成各层级方案审查，各设计单位根据审查意见修改深化设计方案，在此基础上完成初步设计。

初步设计阶段需提交设计管理部门审查的设计方案有：行车组织、系统运输能力和运营设计；限界设计；线路平面和纵断面；各车站站位、结构型式、工法、规模、设计方案；区间工法、区间隧道设计方案；各系统设计原则、系统功能、系统构成及主要技术参数；车辆段设计方案；控制中心设计方案；工程筹划；工程概算；线网层面需纳入初步设计中的项目方案等。

初步设计概算不得突破国家批准的建设规划投资匡算的120%，并且应对超出建设规划匡算或可研投资估算部分予以详细分析说明。

4. 初步设计行政审批手续

（1）初步设计前置要件

轨道交通建设涉及规划、国土、建设、发改、消防、人防、水务、交管、城管、生态环境等十多个部门。在设计阶段需协调政府各相关部门，充分征求各部门的意见，并办理相关规划、国土、消防、环保、文保、水保等手续。

在设计过程中若涉及铁路、机场、高速公路、地块、管线等，还要提前征求各产权单位的意见，尽量在初步设计阶段取得相关产权单位的意见，以确保设计方案的落地性，减少后期的设计变更。初步设计阶段需落实的有关外部手续见表3-4。

表3-4 初步设计前置要件表

序号	名称	上报组织审查单位	批复方式	完成时限
1	轨道交通线站位规划方案	市规自局、区市县规自部门	回函、会议纪要	初步设计报政府审查前
2	沿线市政配套工程规划方案	市规自局	市规自局局审会纪要	初步设计报政府审查前
3	用地地籍、地类调查、基本农田、生态红线、林地及权属单位意见征求	市地籍中心、权属单位	取得书面地籍及地类材料、取得书面回函	初设开展1个月内
4	区间穿跨越高速公路、铁路、桥梁、隧道、综合管廊等专项设计	相关主管部门审查	征求意见或回函	初设方案稳定后1个月内
5	控制性管线（110 kV电力通道、长输高压燃油气管线等）保护及迁改设计	相关主管部门审查	征求意见或回函	初设方案稳定后1个月内
6	客流预测报告（初设阶段）	专家审查	专家评审意见	初设方案稳定后1个月内
7	岩土勘察报告（初勘）	专家审查	专家评审意见	线站位稳定后1个月内
8	防洪防涝专题研究报告	组织专家审查	专家审查意见	初设方案稳定后1个月内

续 表

序号	名称	上报组织审查单位	批复方式	完成时限
9	行洪论证专题报告	水务部门组织审查	批复	初设方案稳定后2个月内
10	抗震设防专项论证	组织专家审查	专家审查意见	初设方案稳定后1个月内
11	安全质量风险评估	组织专家审查	专家审查意见	初设方案稳定后1个月内
12	重大风险源专项设计	组织专家审查	专家审查意见	初设方案稳定后1个月内
13	工期造价专项论证	组织专家审查	专家审查意见	初设方案稳定后1个月内
14	人防设计标准	人防部门组织审查	批复	初设方案稳定后1个月内
15	安全预评价报告	专家审查	登记表	初设方案稳定后1个月内
16	地质灾害危险性评价报告	专家审查	专家评审意见	初设方案稳定后1个月内
17	职业病危害预评价报告	市安监局	登记表	初设方案稳定后1个月内
18	车站交通衔接规划设计	专家审查	专家评审意见	初设方案稳定后2个月内
19	交通疏解专项设计	市交管局、区（市）县交管部门	/	初设方案稳定后2个月内

（2）审批经验总结

① 用地预审

在成都轨道交通工程建设过程中，2001—2016年的15年间，国家和省市关于《建设项目用地预审管理办法》共修订了4版，相关要求也逐渐严格，尤其对基本农田和矿产资源的占用和报批要求愈加严格。从政策层面也反馈了国家对永久基本农田、矿产等重要国家战略资源的保护力度。2020年，四川省自然资源厅转发了《自然资源部关于提高用地审批效率的通知》（〔2020〕-326），更是明确提出，占用永久基本农田的重点建设项目必须经国务院批准。故后期的新建项目工可和初步设计过程要尽量避免占用永久基本农田和生态红线用地。尤其是工可阶段不占用永久基本农田和生态红线用地的，初步设计和施工图设计涉及方案变化时，一定要关注方案变化是否引起用地性质发生变化，一般情况不应占用永久基本农田和生态红线用地。

② 林地许可

根据《中华人民共和国森林法实施条例》，占用或者征收、征用防护林林地或者特种用途林地面积10公顷以上的，用材林、经济林、薪炭林林地及其采伐面积35公顷以上的，其他林地面积70公顷以上的，由国务院林业主管部门审核；占用或者征收、征用林地面积低于上述规定数量的，由省、自治区、直辖市人民政府林业主管部门审核。占用或者征收、征用重点林区的林地的，由国务院林业主管部门审核。

当轨道交通项目线路延伸出成都主城区后，需注意是否占用林地。尤其在工可和初步设计阶段，应避免占用或者征收、征用重点林区的林地。在工可和初步设计时应到市公园城市局查询是否占用林地，若占用林地需及时办理林地许可，以免影响开工建设。当初步设计和施工图设计涉及方案变化时，一定要关注方案变化是否引起林地性质发生变化，一般情况不得占用重点林区的林地。

当不能避免占用林地时（不含重点林区的林地），需提交项目使用林地可行性报告和采伐作业设计（成果），报送县-市-省级林业主管部门审核审批，具备规定权限的林业主管部门审核后出具森林植被恢复费缴款通知，用地单位缴纳费用后取得使用林地审核同意书，再办理采伐林木许可手续，确保项目开工的合法性。

③ 压覆矿产

根据《中华人民共和国矿产资源法》，在建设铁路、工厂、水库、输油管道、输电线路和各种大型建筑物或者建筑群之前，建设单位必须向所在省、自治区、直辖市地质矿产主管部门了解拟建工程所在地的矿产资源分布和开采情况。非经国务院授权的部门批准，不得压覆重要矿产。建设项目压覆重要矿产资源的，需按国土资源部《关于进一步做好建设项目压覆重要矿产资源审批管理工作的通知》（国土资发〔2010〕137号）及四川省自然资源厅《关于转发<国土资源部关于进一步加强建设项目压覆重要矿产资源审批管理工作的通知>的通知》（川国土资发〔2011〕15号）要求办理压覆审批手续。

由于轨道交通项目设计方案变动较多，调查单位的工作反复进行，往往导致压覆矿产的审批手续难以获得。为减少审批时间，一方面，在工可阶段，可让已查明重要矿产资源的线路相关单位协助设计在线站位选择时调整避让；另一方面，初步设计和施工图设计阶段应尽可能少地调整线路范围，尽量不要超出压覆矿产的评价范围，否则需进行重新调查。比如，6号线二期工程施工阶段因方案调整后压覆了地下温泉矿，进行了第二次评估，虽经多次评审通过了压覆审批手续，但后续线路在初步设计和施工图阶段应尽量避免此类情况发生。建设公司应介入工可阶段的线站位选择，并将沿线相关压覆矿产情况在工可阶段调查清楚。

④ 行洪论证

在成都轨道交通工程建设过程中，行洪论证经历了从无到有再到逐步完善的过程。成都地铁1号线一期工程因行洪论证专题尚未普及，未开展行洪论证专题工作。随着水利主管部门监管力度加强，地铁建设程序完善化，开始点对点地提供水文计算数据，并逐渐开展线路节点桥梁、渠道迁改工程的行洪论证工作，针对拦河、跨河建筑物进行行洪专题论证，并报主管部门审查批复。

根据河道归属管理部门的不同，分为部级、省级、市级、县级河道，上报不同部门审批，比如，成都轨道交通10号线二期工程上跨金马河大桥上报长江水利委员会审批；地铁5号线跨毗河大桥上报水利厅审批；地铁5号线回龙停车场改移青兰沟、5号线九道堰站改移牟珠堰等上报区水务局审批。

但在轨道交通工程建设工作实践中，每年汛期发生的行洪问题及洪水带来的洪灾损失频繁发生，如：2018年6、7月份成都市连续遭遇三次大暴雨，1号线华府大道站由于车站临近锦江，此段锦江河道防洪标准低，导致洪水翻岸，天府大道路面积水严重（经地铁工作人员用沙袋拦阻，积水未漫入车站），威胁地铁1号线运营安全；2号线行政学院站因倒虹渠设计不满足排水要求，车站旁边驿都大道曾发生道路严重积水漫入地铁行车区间事件，严重威胁地铁行车安全；5号线回龙停车场曾因青兰沟河道迁改所含的涵洞过流能力不足，导致上岸翻水。

随着城市化进程和洪涝灾害的频发，地铁行洪论证工作引起成都轨道集团的高度重视，省水利厅于2020年发布《四川省水利厅关于加强河道管理范围内有关活动管理的通知（川水函〔2020〕288号）》，对河道整治类、工程利用类、河道利用类、其他类等四大范围的河道管理活动按照河道管理权限实行分级受理和审批。

成都轨道第四期建设规划项目不再点对点而是全面开展了行洪论证与河势稳定评价工作。根据工程线路走向，确定车站、区间沿线所涉穿河、跨河、临河等项目为评价对象，包含上跨桥梁、隧道下穿、渠道迁改、线路上跨渠道等。按评价河道所属行政区划和管理权限上报成都市各区（市）县水行政主管部门进行审批。同时，公司也编制了《防洪防涝设计导则》将历年的经验总结形成标准固化下来，确保轨道交通工程在200年一遇洪水和内涝的情况下也能确保安全。

⑤ 人防审查

成都地铁1号线修建时，由于当时国家统一的《地铁设防标准》尚未颁布施行，国内各城市设防标准存在差异。为明确成都地铁的设防标准，地铁公司与成都市人防办于2006年组织了“地铁兼顾人防设计相关问题调研组”，对北京、天津、沈阳、杭州、广州、深圳等6个城市进行了调研。调研组将全国已建或在建地铁城市的设防情况归纳为四种模式：北京模式、上海模式、深圳模式、天津模式，并做出了深刻分析和详细对比。调研组认为，北京模式投入偏大、设防等级较高，不太适合成都的经济发展水平；上海模式基本按预留实施，临战转换困难较大；深圳模式标准较高，但设防难度太大。最终确定以天津模式为参照，结合部分深圳模式特点，形成了具有成都特色的设防标准，即：采用一步到位与预留相结合，抗力设防等级6级，防化等级丁级或丙级，区分重点站与次要站。重点站战时为二等人员掩蔽部，按丙级防化，有清洁、隔绝、滤毒式三种通风方式，次要站战时为紧急人员掩蔽部，按丁级防化，有清洁和隔绝两种通风方式。

本次设防标准确定后，在后续十五年的建设中，此设防标准均没有大的改变，一致沿用至今。

人防设计的审查工作，经历了由市人防办审查到人防办委托专门的咨询机构审查的变化。但无论审查机构如何调整，人防设计的审查从1号线一期工程起就与市人防办达成了一致，对于审查内容和图册进行了明确，分批审查，分批出意见，而不用所有专业图纸齐全后再审，这样保证了出图进度和现场需求的一致性。

四、施工图设计管理

1. 施工图设计阶段任务目标

根据行政主管部门批复的初步设计进行深化和细化设计，其设计文件应能满足施工、安装、加工及编制施工图预算的要求。

2. 施工图设计文件

施工图设计文件应包括：设计说明书、设计图纸、工程数量、材料设备表、施工图预算。

3. 设计方案和投资控制

施工图设计阶段主要审查初步设计审查意见的落实与方案优化、技术接口的落实与确认、机电设备系统功能配置与选型等方面。

施工图设计阶段需提交设计管理部审查的设计方案有：根据初步设计审查意见，需要对初步设计方案进行重大修改、调整的；车站围护结构、区间隧道；各系统的设备技术规格书、用户需求书；车站装修设计方案；车站出入口、风亭设计方案；车站综合管线布置方案；根据施工实际情况，需要对原设计方案进行重大修改变更的；设计联络过程中对设计接口、主要设备参数、系统功能进行重大调整的。

施工图设计预算不得超过初步设计概算批复投资。

4. 施工图审查备案

成都地铁建设中严格执行施工图审查制度，按照《房屋建筑和市政基础设施工程施工图设计文件审查管理办法》（中华人民共和国住房和城乡建设部令第13号）和《成都市城乡建设委员会关于进一步加强我市市政基础设施工程施工图设计文件审查监督管理的通知》（成建委发〔2011〕265号）等指导文件开展轨道交通施工图审查工作。所有已开通的地铁线路及在建线路均进行了施工图审查，已开通线路在完成了全线施工图技术审查后，按规定在成都市住建局办理了施工图审查备案手续。

2004年9月1日，四川省建设工程施工图设计文件工作由审批制改变为备案制。地铁1号线建设时期，由于成都市是首次建设地铁，在市住建局的大力支持下按批次进行施工图备案。

随着地铁2号线一期工程进入实施阶段，施工图出图批次加大，给市住建局的强审备案工作带来了极大的挑战。为确保工程进度和审查质量的完整性，经公司与市住建局多次沟通，明确了地铁行政审查、施工图强审备案、施工许可证办理的成都模式，开创了成都独有的施工图技术和行政分批审查、一次备案的模式，同时对审查程序进行了如下优化：

（1）地铁站点和区间的施工图审查按市政基础设施建设程序办理，因地铁工程的特殊性，仍采取线下出具合格书，完成相关审查后线下备案。

（2）车辆段、控制中心和涉及地铁物业开发建筑施工图审查备案按建筑工程程序办理，实行线上审查。

（3）车辆段、控制中心和涉及地铁物业开发建筑的施工图审查线上办理的前提条件之一是规划设计条件及红线无法按时取得，经轨道办同意由审查机构线下出具《技术咨询意见书》代替施工图审查合格书进行施工验收。

（4）根据建设工程消防行政审批制度，将依法应当进行消防设计审核的建设工程的消防设计文件委托施工图审查机构审查。

5. 施工图设计行政审批手续

（1）施工图设计前置要件

施工图设计阶段需落实的有关外部手续见表3-5。

表3-5 施工图（招标图）前置要件表

序号	报告名称	上报组织审查部门	批复形式	完成时限
1	环境影响评价报告	省生态环境厅	批复	土建工程动工前
2	水土保持方案报告	省水利厅	批复	土建工程动工前
3	文物保护专题报告	国家、省、市文物主管部门	批复	土建工程动工前
4	补充用地预审	自然资源部（涉及基本农田）、省自然资源厅	批复	土地报征组卷前
5	占用林地手续办理	省林草局	批复	土地报征组卷前
6	运营服务专篇	市交通局组织专家审查	评审意见	土建工程动工前
7	公共安全专篇	市公安局组织审查	评审意见	土建工程动工前
8	未压覆矿证明	省自然资源厅	证明	土建工程动工前
9	市政管线综合	市规自局（市管道路）、区（市）县规自部门	盖章、会议纪要	土建工程动工前
10	外部供电咨询报告	主所属地电力公司	供电方案通知书	施工招标图前
11	外部供电环评报告	市生态环境局	批复	施工招标图前
12	主变电所选址	区（市）县规自部门	书面回函	施工招标图前
13	外电通道方案	市规自局（市管道路）、区（市）县规自部门	书面回函	施工招标图前
14	车辆基地、主所外立面方案	区（市）县规自部门	会议纪要、专家审查意见或回函	相应土建工程动工前
15	地上车站外立面方案	市规自局（市管道路）、区（市）县规自部门	会议纪要、专家审查意见或回函	相应土建工程动工前
16	车站公共区装修方案	市规委会、市轨道办、市文广旅局、市规自局	会议纪要、回函	完成招标后3个月内
17	规划方案调整	市规自局（市管道路）、区（市）县规自部门、相应权属或管理单位	纳入控规一张图	调整区域土建工程施工前
18	规划用地手续（包含征地范围、配合下达征拆任务书等）	市规自局（市管道路）、区（市）县政府及规自部门	相关批复要件	空载前
19	道路恢复方案	市轨道办、市城管委、市规自局及区（市）县相关部门	会议纪要、专家审查意见或回函	明挖结构封顶前
20	绿化恢复方案	市轨道办、市园林局、市城管委、市规自局及区（市）县相关部门	会议纪要、专家审查意见或回函	道路恢复前
21	职业病危害防护设计专篇	市卫健委组织审查	备案回执	市卫健委

（2）审批经验总结

①环境影响评价

环境影响评价主要分为两个阶段，一是规划环境影响评价，二是建设项目环境影响评价。成都自首次编制城市轨道交通建设规划起，便严格按照国家要求开展规划环评。2006—2017年，国家环境保护部分别发布四次文件，对成都的建设规划及线网规划出具了审查意见，从宏观层面保障了成都轨道交通建设的环境可行性。建设项目环境影响评价是在落实规划环评要求的基础上，对沿线环境进行详细调查和监测，采用科学的环境影响预测方法，进一步提出有针对性的环境保护措施，确保建设项目的实施符合国家和地方环境保护要求、污染物排放满足标准限值要求等。2013年以前，城市轨道交通建设项目环境影响报告书由环境保护部负责审批。2013年后推进简政放权，成都轨道交通建设项目环境影响评价均由四川省生态环境厅负责审批。

a．审批经验

为保障前期研究工期短、开工压力大的部分重点轨道交通项目顺利审批落地，成都轨道集团多次积极向四川省生态环境厅汇报沟通，得到生态环境厅的大力支持及评估中心在技术方面的悉心指导，在报告书上报审批之前已解决主要问题。同时，在行政方面也得到大力支持，为项目环境影响报告书开通“绿色通道”，受理即评估、评估与审查同步，进一步压缩审批时间。以上举措为19号线二期、13号线一期、27号线一期、8号线二期、30号线一期等项目的顺利开工奠定了坚实基础。

b．规划期环境保护经验教训

城市轨道交通建设规划是对城市未来几年规划期内轨道交通建设内容和时序的前瞻性安排。在城市建成区，城市建设已经完成，规划过程中可以充分考虑轨道交通建设对周围环境的影响，将轨道交通建设的环境保护影响降到最低。但在城市规划区，由于轨道交通建设规划阶段存在规划线路走向不精确，规划地块用地性质不稳定，地块建设布局不明确等因素，在后续的轨道交通建设中可能存在环境问题，主要表现在以下几个方面：

轨道交通规划期无法准确判断轨道交通建设对周边的环境影响，在规划实施过程中存在环境保护等问题隐患。在城市规划区，规划线路沿规划或建成的城市道路敷设，由于阶段的局限性，在规划阶段只能明确轨道交通敷设的廊道、线路的具体线位，如路侧、路中敷设、拐弯处和地块的位置关系等细节问题将在下一步规划实施的设计中细化明确，且城市规划地块的建筑类型、建筑布局等也尚未确定，待地块开发时公众对此区域建设轨道的交通意见无法判断。

规划期线路方案存在不确定性，导致项目建设期环评手续不完善等问题。轨道交通建设是长期的过程，从项目纳入建设规划到项目建成需要8~10年的时间，在这个长期的设计和建设过程中，虽然在前期的规划和项目可研、初步设计中进行了论证，但由于后期城市建设和规划的调整、外部接驳条件变化、施工图设计的深入等原因，仍然可能会导致线路在施工图阶段方案发生变化和调整，产生项目建设期环评手续不完善等问题，比如因城市建设要求，线路起终点变化，导致新增部分区段需重新办理环评手续。

c．建设期环境保护经验教训

风亭、冷却塔等环控设备噪声处理

轨道交通工程中对声环境造成影响的环控设备主要有风亭和冷却塔，根据各自的功能和进出方式，声环境影响较大的是排风亭和活塞风亭，冷却塔对声环境的影响主要表现在顶部风机。

影响风亭噪声的因素比较复杂，主要表现为：设备与敏感建筑的位置关系，排风亭、活塞风亭的风道结构长度，活塞风亭出风口与轨道的距离短导致轮轨噪声外泄等。根据目前的环境影响评价导则和相关规范，环境影响评价阶段，风亭和冷却塔的噪声源强采用类比，受设计深度和风道种类繁多的影响，源强类比数据就无法细致到风亭结构的类比，因此，在评价预测中，对风道较短、出风口距离轨道较近的风亭噪声预测值可能偏小，在轨道交通运营时，就可能出现风亭噪声投诉等问题，如在地铁6号线梓潼宫傲城和阳光里小区位于区间活塞风亭附近，由于活塞风亭风道较短，地下轨道交通轮轨运行噪声从风道传至出风口传至敏感建筑，此路段虽为地下线，实则主要为轨道交通轮轨噪声影响较大。

冷却塔顶部风机噪声影响也不容忽视。冷却塔噪声是指冷却塔运行时风机的进排气和减速噪声、淋水噪声及电动机在运行时水泵、配管、阀门、塔体向外辐射的噪声，其中尤以风机的进排气和减速噪声对周围环境影响较大。地铁3号线医学院站冷却塔距离小区100米，冷却塔所在位置为主干道旁，但由于风机噪声引起了居民投诉。

声屏障、轨道减振等环境保护措施的合理性和有效性有待提高

轨道交通建设对环境的影响公众比较关注的主要为两个方面：一是高架线路轮轨噪声影响；二是地下线路振动和二次结构噪声影响。因此，处理好高架线轮轨噪声、地下线振动和二次结构噪声的环境影响就显得尤为重要。但是在实际实施过程中，由于受线路方案不稳定、轨道交通和敏感建筑建设时序、城市规划和建设变化、施工质量、公众的感受度差异或减振降噪措施不合理等因素综合影响，轨道交通运营引起的高架线路轮轨噪声、地下线振动和二次结构噪声影响的投诉构成环保投诉大且难处理的板块。究其原因，主要有以下几方

面：一是环评和设计中未充分论证并考虑细节，采取措施仍不能达到降噪效果要求，比如声屏障；二是二次结构噪声影响考虑不足，未采取减振措施，在2019年以前，二次结构噪声评价范围为隧道上方至外轨中心线两侧10米，2019年之后，随着研究的深入和实际运行的实测值表明，二次结构噪声的影响范围实际大于振动影响范围，才将10米调整为50米；三是轨道交通建设和城市建设时序的不一致，导致减振降噪措施前瞻性考虑不足。轨道交通减振降噪措施的设计根据项目环境影响报告书确定，而环境影响报告书在项目施工前就已经批复，轨道交通线路的施工期约3~5年，在施工过程中，由于城市建设在线路两侧可能会新增敏感建筑，导致环评阶段措施不足，在设计过程中，如相关专业未及时按照新增敏感建筑补充减震降噪措施，可能会导致新增敏感建筑居民入住后受到轨道交通噪声或振动影响，引起居民投诉，而由于技术等各方面原因，后期整改困难。如地铁5号线一二期工程九道堰站—幸福桥站高架区间噪声影响引起的投诉问题。

d. 提升措施

前三期建设规划已有部分项目因上述原因被环保部门处罚，后续的项目处罚力度将更大。但处罚不是目的，提升才是根本，后续线路在设计中要以人民满意为前提开展环评设计，充分考虑地铁沿线现状情况及沿线规划情况，对地铁沿线附近规划有学校、医院、居住等噪声敏感的地块，以及小曲线减振地段均相应提高减振降噪措施。

同时，应力促建设主管部门出台相关减振降噪管理政策，尤其对于地块规划或规划调整在轨道交通建设之后的项目，应在其地块招拍挂出让前，就明确其自身应做到的减振降噪要求。

② 水土保持

《中华人民共和国水土保持法》和《四川省〈中华人民共和国水土保持法〉实施办法》在2011年修订版实施前，因成都市地处平原区，水行政主管部门未将平原区的地铁建设项目纳入《水土保持方案编制》的范围，故地铁1号线一期、2号线一期工程无须开展此项工作，在施工阶段对水土流失的保护工作基本停留在不抛洒滴漏、不扬尘的要求，仅限于施工排水三级沉淀、渣土营运、开挖回填等作业环节中。2011年后，成都市的轨道交通建设全部纳入了水土保持工作的监管项目，依法开展水土保持工作并且接受水行政主管部门监督、检查、审批，公司招标择优确定单位开展专项服务，以满足行政部门的监管和地铁项目建设工作中引起的水土流失的专项治理的需要。但对水土保持工作的理解基本停留在《水土保持方案》的编制和取得水利厅的批复基础上，对于水土保持监测、监理、验收等工作未予以重视。直至2009年，根据《关于规范生产建设项目水土保持监测工作的意见》（水保〔2009〕187号），要求各工程需要专门开展水土保持监测工作，以及《水利部办公厅关于贯彻落实国发

〔2015〕58号文件进一步做好水土保持行政审批工作的通知》《水利部加强水土保持监测工作的通知》《生产建设项目水土保持设施自主验收规程（试行）》的通知》等一系列文件的出台，一些项目被主管部门抽查，如10号线一期屡次接受长江水利委员会的督查，主要原因是建设期间未开展专门的监测，完工后未验收。鉴于此，公司对第三期建设的水土保持工作高度重视，根据法律法规对已完工和即将完工的项目进行水土保持监测、监理、验收工作的专项招标工作，确定专业的单位来监管，并在第三期建设项目经验的基础上，将第四期建设项目的水土保持工作前置，从工程开工建设就做到水土保持在实施、监管、验收等环节均全程介入，切实落实水土保持工作，改善成都市生态环境。

水土保持工作的管理，需要从水土保持方案编制、水土保持监测、水土保持监理、水土保持验收、水土保持专项设计等几个方面，贯穿轨道交通建设事前、事中和事后的各个过程，确保落实到位。

③ 文物保护

根据《中华人民共和国文物保护法》《中华人民共和国文物保护法实施条例》《中国文物古迹保护准则》等相关法律法规，在文物保护单位的保护范围内不得进行其他建设工程或者爆破、钻探、挖掘等作业。但因特殊情况需要在文物保护单位的保护范围内进行其他建设工程或者爆破、钻探、挖掘等作业的，必须保证文物保护单位的安全，并经核定公布该文物保护单位的人民政府批准，在批准前应当征得上一级人民政府文物行政部门同意；在全国重点文物保护单位的保护范围内进行其他建设工程或者爆破、钻探、挖掘等作业的，必须经省、自治区、直辖市人民政府批准，在批准前应当征得国务院文物行政部门同意。

在成都轨道交通已运营的线路中，主要开展了2处全国重点文物保护单位和1处省级文物保护单位的文物保护专题工作，分别是《成都地铁7号线工程金沙遗址段建设及地铁运营对金沙遗址安全影响评价报告》《成都地铁5号线建设及运营对青羊宫安全影响评价及文物保护措施专题报告》和《成都地铁6号线建设及运营对郫县望丛祠的安全影响评价及文物保护措施专题报告》。这些专题报告均是从可研阶段就开始介入开展，多番进行论证，最终以初步设计阶段设计成果作为工作依据进行评价并获得批复。

现成都轨道交通工程沿线还有全国重点文物保护单位包括武侯祠、杜甫草堂、辛亥秋保路死事纪念碑、四川大学早期建筑群等文物，均已获批。这些项目的顺利获批，得益于文物行政主管部门对轨道交通建设的大力支持和公司对文物价值的重视，无论是在保护方案编制、还是在施工期中的监测、施工期对文物的保护等，均实现了对文物的保护。

第3节 技术管理

城市轨道交通工程多位于城市建成区或市郊，周边环境复杂，涉及专业多，技术要求高，管理难度大。为了较好地把控工程项目的安全和质量，高标准、高效率地建设城市轨道交通工程项目，需加强对各个专业的管理并在管理规程、工程技术等方面进行不断学习和创新。成都地铁建设15年以来在多个技术领域取得了一定的创新实践经验。

一、运营组织

1. 概 述

轨道交通运营组织是运营企业为了有效完成乘客运输任务，通过计划、组织、指挥与控制等过程，运用人力、设备和运能等资源所进行的一系列活动。运营组织的目标是提高运输生产效率，取得最佳服务水平与企业经济效益。成都地铁建设15年来，根据客流需求以及城市发展规划总结了相关运营组织的有关要求并完成了多条极具特色线路的运营组织创新。

2. 创新案例

（1）2号线西延线

地铁2号线西延线末端为了与国铁成灌铁路形成同台同方向的便捷换乘方式。2号线西延线首次尝试采用了换边（即通过区间隧道立体交叉，使地铁右侧行车变成左侧行车）的行车组织方式，这在国内地铁设计中属首次，为其他类似工程积累了设计经验和运营经验。

根据客流预测资料，国铁成灌铁路与2号线西延线在换乘站犀浦站2030年将达到22.5万人次/日左右，其中80%为两线（三个方向）互换客流，而这80%中又有60%是由国铁成灌铁路都江堰（青城山）方向与地铁2号线市中心方向的互换客流。由此可见，犀浦站做好国铁与地铁的顺向换乘服务功能是十分必要的。而国铁与地铁在行车制式上一个是“左侧行车制”，另一个是“右侧行车制”，如要实现便捷的同台换乘这就要求国铁或地铁要在区间进行一次换边设计才能实现这一设想。

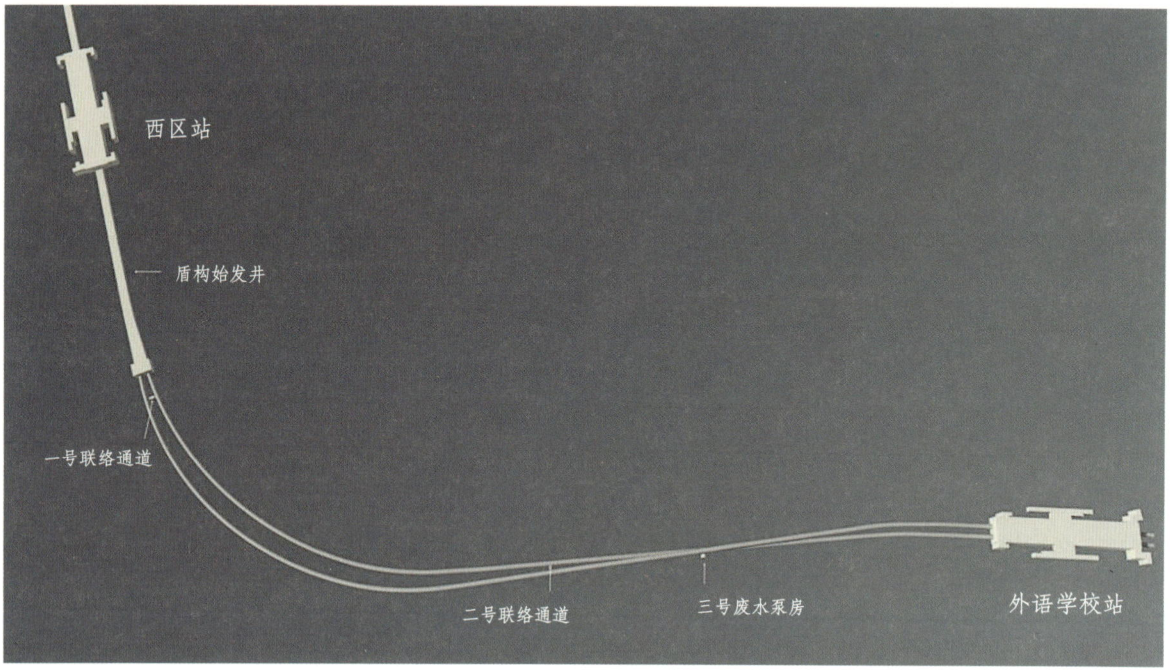

图3-1　地铁2号线换边点区间线路空间布置效果图

对区间工程的影响主要是需要较好地处理交叉段隧道立交处的施工方案，以及做好换边区间的联络通道、泵房及排水工程、区间疏散平台和限界设计等。对犀浦站和西区站的建设设计的影响主要在于车站建筑导向系统设计。在信号系统、行车指挥系统的设计方面，由于地铁2号线西延段大部分是在地下运行，尽管左、右线实施了立体换边、从右行制改为左行制，但地铁的信号机装置仍应设置在线路的右侧，以满足地铁司机的操作习惯，尽量避免驾驶员的不适。但在犀浦站，地铁线路从地下转为高架，行车制式的改变对驾驶人员和乘客会在感官上形成影响，设计上采用了通过加强车站乘客导向标志标线和司机上岗培训等措施加以解决。

从目前运营多年来的效果看，无论是系统设计、驾驶员操作习惯、乘客乘车方便感等均未发生不适反应，运营效果良好。

（2）9号线一期工程

9号线为成都轨道交通的首条全自动运行线路，全线按照全自动运行GoA4级标准设计、建设，相关运营管理也满足相应要求。设一主一备控制中心，主、备控制中心分别位于武青车辆段和元华停车场。根据全自动无人驾驶的特点，针对性地设立了匹配的运营组织管理队伍，例如新增乘客调度、车辆调度，设立备用控制中心等。

采用GoA4级模式，车上无司机进行引导，9号线列车长度较长，采用端门疏散效率低且乘客自行操作打开端门难度大，因此采用侧向疏散模式，区间需设置疏散平台。当运行中的无人驾驶车辆出现危及乘客安全的火灾、爆炸等险情时，控制中心通过列车综合监控对险情发生点进行判断，通过列车及隧道广播对乘客进行疏散引导。全自动驾驶综合监控增加功能实现列车上无线紧急对讲、火灾、紧急拉杆与CCTV、PIS、PA的联动；增加数据采集量（车辆的故障信息、车载设备报警信息）；若发生列车故障，在OCC远程重启无法正常运行后，由后车采用司机驾驶模式推送故障列车退出运营。

9号线初期采用有人值守的无人驾驶模式（DTO），近、远期逐步过渡为无人值守的无人驾驶模式（UTO），为了提高系统的安全可靠性，全自动驾驶系统的后备模式尽量涵盖GoA0~GoA2级。考虑国内对无人自动驾驶的接受需要时间，同时缺乏全自动驾驶的管理及运营经验，一般都会在正式启动全自动驾驶前以有人驾驶的方式进行过渡运营，一方面可以通过实际运营来验证系统的可靠性，另一方面也给公众一个接受新事物的缓冲时间。9号线为后续全自动运行线路的设计建设运营奠定了良好的基础。

（3）18号线一二期工程

依据国家发改委对成都市轨道交通近期建设规划第二期和二期调整（2013—2020）的批复意见，要求结合线网布局的优化完善，根据成都新机场选址及前期工作进展情况，研究建设自中心城区至成都新机场的快速轨道交通线，应尽量考虑深入城市中心、快速通达、设立城市航站楼以及与公路统筹规划建设。

根据18号线的规划功能定位，18号线行车组织设计需同时满足以下多种客流需求：新机场快速直达客流、沿线中长距离通勤客流以及新、老机场转场客流。如何在一条轨道交通线路上实现多种运营功能，为行车组织设计提出了巨大的挑战。通过广泛调研和科学论证，18号线创造性地提出了多编组、多交路、快慢车混跑、长距离跨线运营模式：18号线在本线采用8A编组、大小交路、快慢车混跑模式；同时预留在天府新站—天府国际机场段（约35公里）与19号线跨线运营的条件，19号线双机场直达专列采用160公里/小时的4A编组，形成不同列车编组、不同速度列车的长距离跨线运营模式。该运营模式和理念在国内为首创，保证了18号线工程快慢车混跑快速联系老城区和机场的构想，通过建设一条轨道交通线路实现了同时服务机场、市域两种乘客需求的复合线功能。

二、车站建筑

1. 概　述

成都轨道交通从2005年开始建设，车站建筑的发展经历了四个大的阶段，分别为初期建设阶段——1、2号线；发展调整阶段——3、4号线；转承调整阶段——7号线；提升优化阶段——三期建设规划项目。通过15年的社会经济发展，成都地铁在车站规模、服务功能以及文化艺术方面均得到了极大的提升，跃居全国轨道交通建设的前列。

2. 创新案例

（1）天府广场站——成都首座换乘站，地下空间应用的先例

天府广场位于成都市市中心，不仅是成都市南北地面干道和东西地面干道的交汇点，同时，也是地铁骨干线东西向地铁2号线和南北向地铁1号线的交汇换乘车站，交通位置极为重要。1、2号线换乘站天府广场站首次在国内地铁设计中采用了“一岛两侧混合式站台-岛式站台”换乘的方式，在保证良好换乘功能的条件下，既解决了大客流换乘的需要，又有效控制了车站规模，相比类似工程投资节省约1500万。

工程总占地约50000平方米，总建筑面积约100000平方米。地下部分共四层，广场地下一层作为地下商业层和公共交通层；地下二层作为小汽车停车场和地铁站厅层；地下三层为地铁1号线站台和设备管理用房；地下四层为地铁2号线站台层；地下三层和地下四层之间设有地铁1、2号线的联络线。地面部分主要为人员出入口、停车库出入口及出风口。地下四层为2号线站台层，2号线站台宽16米。站台层两端为地铁设备及管理用房区，如图3-2所示。

图3-2　天府广场站站型图

天府广场站既承担地铁交通换乘的功能，也集大型商业、娱乐等设施于一体，形成交通与区域服务并举的综合性功能。枢纽内部采用“无缝接驳”方式，使乘客在“不知不觉”中换乘其他交通工具，或者便捷地到达目的地，体现了“以人为本”的设计理念。

（2）中医大省医院站（中医学院站）——首次实现了成都地铁三线换乘，并为先桥后站建设模式提供了实际案例

中医大省医院站是地铁2、4、5号线三线换乘的枢纽站，为成都乃至西南地区首座三线换乘的地铁车站。车站位于蜀都大道与一环路西二段的“+”字交叉路口处，站址周边环境条件复杂，施工过程中交通疏解是直接影响方案是否成立的关键。采用“上桥下站”的一体化设计、地铁车站上方布置有东西向的成温立交桥，按照成熟的常规理念，一般均采用“先站后桥”的设计和建设顺序，但成都市要求先解决东西向的道路立交，让道路交通特别是温江进出城方向的道路交通解决后，才能够开挖地铁车站，因此我们通过分析研究，实现了“先桥后站”的施工顺序，成功解决了地铁建设与城市交通的矛盾，这在中国地铁建设史上尚属首次。

通过设计创新，优化车站轨面埋深，在为乘客提供便捷乘车和换乘条件的同时，节约工程投资。2号线和4号线站台位于地下二层同层平面，采用同站台平行换乘；5号线位于地下一层，沿下穿道两侧设置，采用分离式侧式站台，与2、4号线站厅同层直接侧—岛换乘；为节约工程投资，2、4号线车站同步设计、土建工程同步施工。车站建筑布置尽量利用了联络线上部空间，如图3-3~图3-5所示。

实施方案既实现了三线之间便捷的换乘功能，也很好地适应了城市复杂环境条件，可为类似工程提供参考和借鉴。

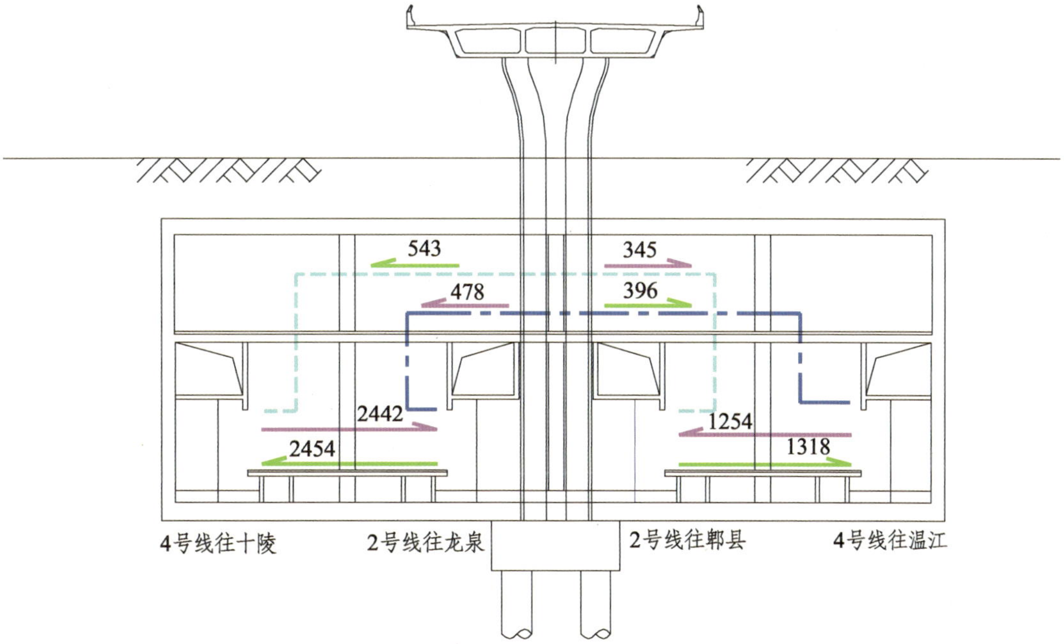

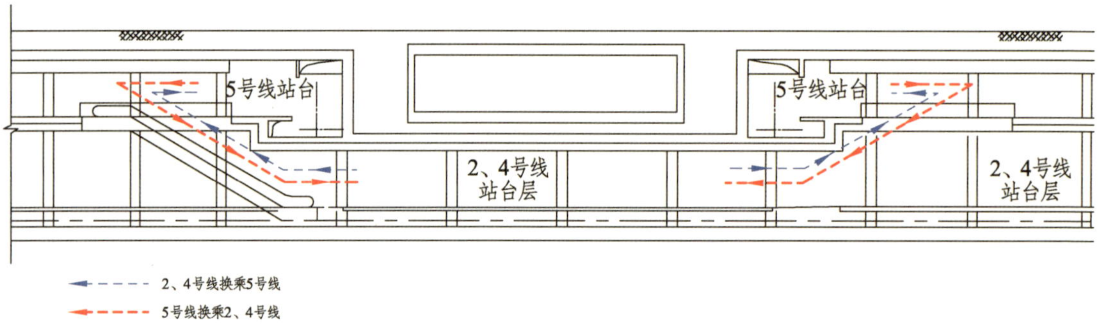

图3-3　中医大省医院（中医学院站）车站换乘关系

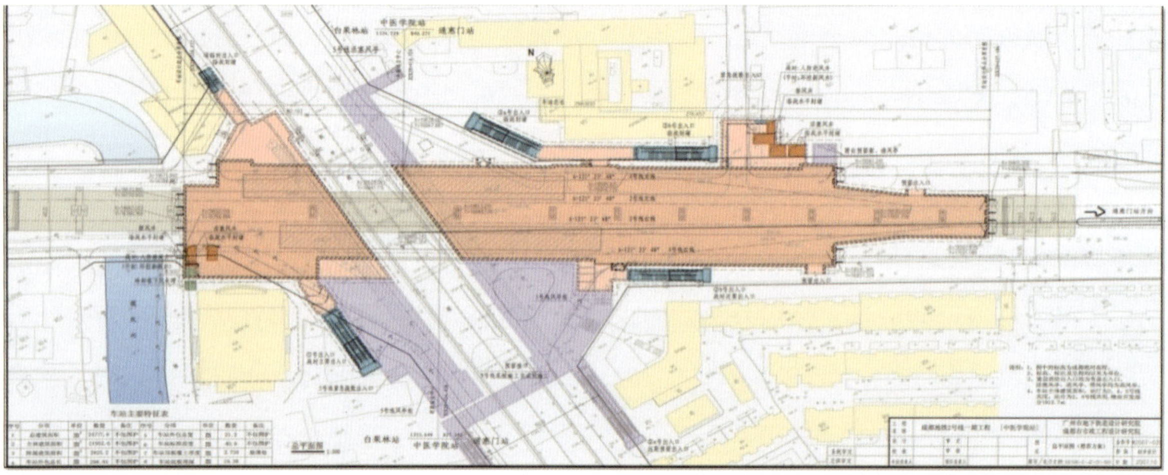

图3-4　中医大省医院站（中医学院站）总平面图

图3-5　中医大省医院站（中医学院站）效果图及站厅实景

（3）成都东客站——大型铁路客运枢纽与地铁站的便捷换乘

成都东客站由成昆线既有沙河堡车站原址改建而成，是成都市总体规划的大型公交枢纽之一，为成都地区办理高速动车作业的主要铁路站房，其规模也是西南地区最大的。

成都东客站为地铁2、7号线与铁路的换乘综合枢纽车站，地铁车站位于铁路西侧股道与西站房下方，2号线车站呈东西向布置，位于铁路站房中轴线下方；7号线南北向布置。2、7号线站台均为岛式站台，采用“岛—岛”节点换乘并预留站厅换乘的方式。2号线为地下二层三跨15米岛式站台车站，7号线为地下三层三跨14.8米岛式站台车站。站厅层位于地下一层，与铁路车站的出站层共用，并在铁路功能上预留了铁路在地下一层的直接进站功能，如图3-6和图3-7所示。

成都东客站提出地铁2、7号线的站厅层与铁路客站出站层共用、地铁换乘铁路的客流与铁路出站客流共同利用铁路快速出站厅的思路，使地铁的站厅层较传统设计方式提高了一层，减少了换乘提升高度，并结合站厅层预留的铁路进站系统，使地铁换乘铁路的客流不用上到铁路高架二层即可进站，真正体现了“以人为本”，突出了方便乘客换乘的新思路，客流流线组织的创新居国内领先水平，实现了地铁与铁路无缝换乘、换乘路径短且便捷的目标。

图3-6 成都东客站（沙河堡站）效果图

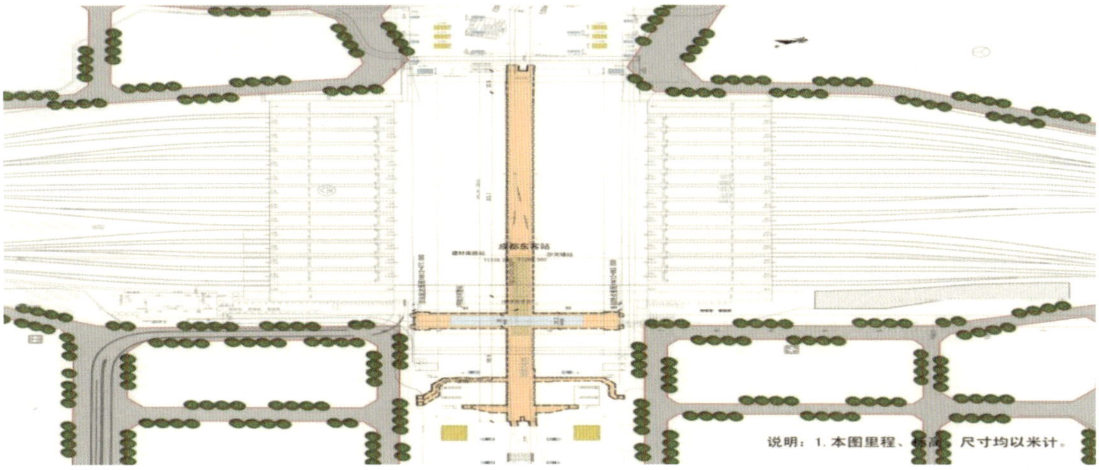

图3-7 成都东客站（沙河堡站）总平面图

（4）犀浦站——地铁与城铁的同台同向“零距离”换乘的枢纽站

犀浦站与成灌铁路犀浦站采用同站台换乘，是国内第一个地铁与国铁实现真正意义上同台“零距离”换乘的交通枢纽，为后期统一票制的无障碍换乘创造了条件。

2号线车站与成灌铁路之间采用高架同站台平行换乘。车站为高架双岛式站台，两条线站台位于同一标高，地面双站厅，地铁与城铁的乘客均能通过两个站厅的公共区到达站台层。2号线位于内侧，成灌铁路位于2号线两侧，2号线与城铁的换乘在同一个站台即可实现最小距离换乘，如图3-8~图3-10所示。

该换乘模式为全国首创，为今后国内国铁和地铁的高架换乘模式提供了一个新的成功范本，达到了国内领先水平。目前由于城铁票制尚未统一为地铁票制，但犀浦站的设计为统一票制、实现无障碍便捷换乘创造了条件。

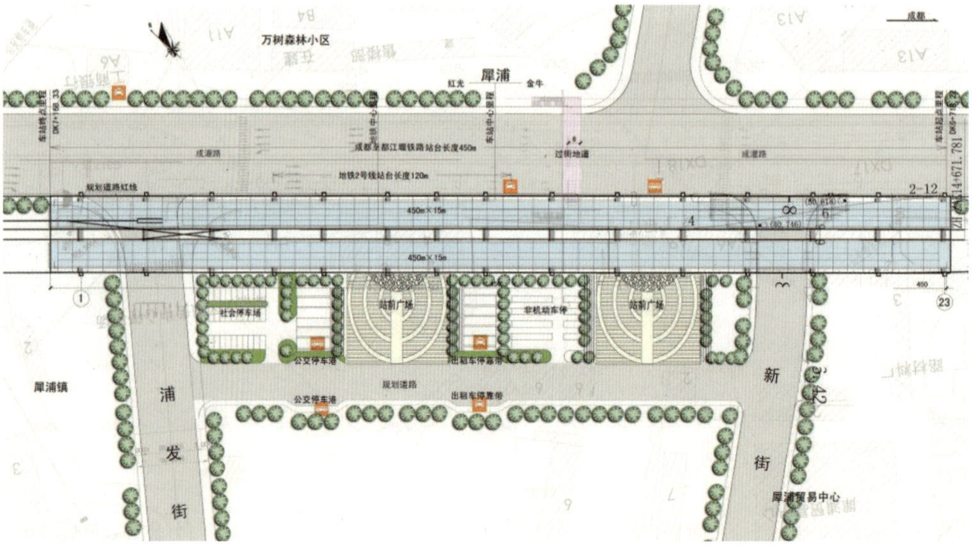

图3-8　犀浦站总平面图

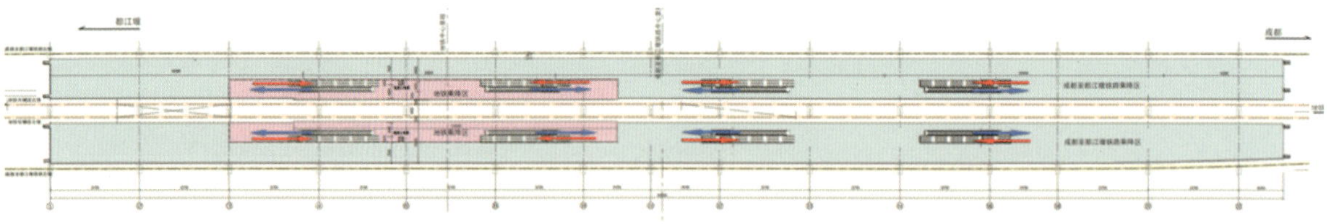

图3-9　犀浦站站台平面图（粉色为地铁站台范围）

图3-10 犀浦站效果图及站台实景照片

（5）三铁融合枢纽

构建适应新形势、新发展要求的城市综合交通枢纽，成都市提出了“以轨道交通建设引领城市发展”的理念，形成对外四通八达、对内衔接紧密、换乘便捷的轨道交通网络。为此，成都在全国率先实施了“三铁融合”工程，实现了三铁互利共赢，如图3-11所示。

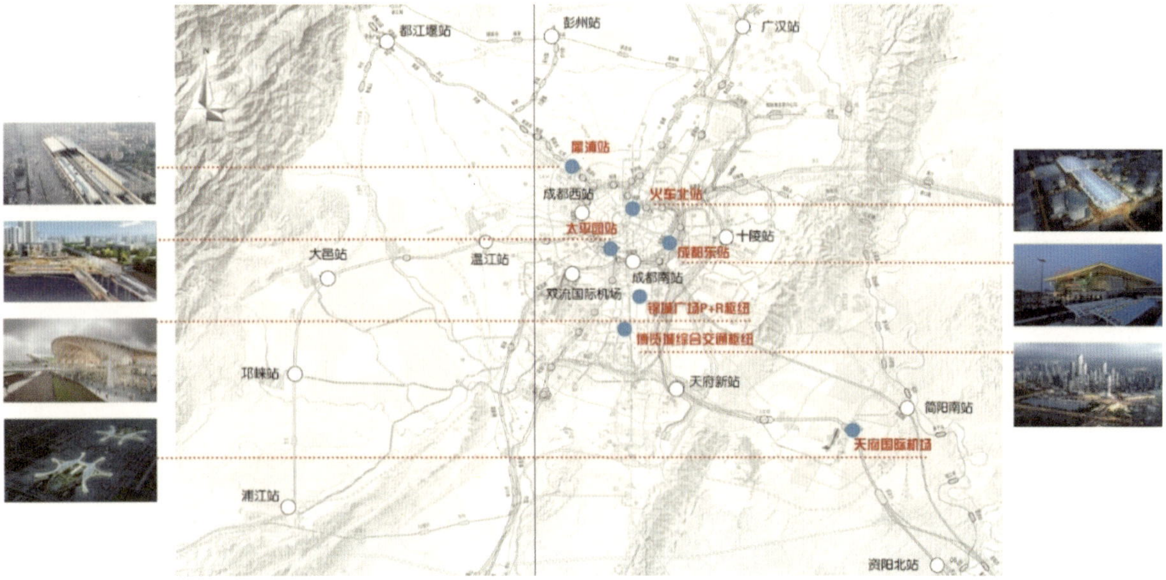

图3-11 成都市综合交通枢纽示意图

① 天府新站

天府新站处于成都市天府新区，与同步建设的19号线形成“一岛两侧”共用站厅车站。18号线位于中间，采用岛式站台，19号线位于两侧，采用侧式站台。本站快车过站，普速车停站，站前左右线与19号线设双交叉渡线，站后设置折返线。车站位于铁路综合枢纽定位为站城一体化、规划引入5条轨道交通线路（18、19、25、26、S7号线），如图3-12所示。

图3-12　天府新站剖面图

为达到天府国际机场与市政轨道交通同步投入使用的目的，18、19号线天府新站早于周边规划开展建设。同时为满足未来周边相关工程接驳可行性，本站采用包容性设计提前实施：国铁成自线站场工程与轨道交通18号线工程同步研究线路标高，同步完成规划审批；根据明确的线路标高，确定铁路广场及轨道交通车站各层标高；预留远期规划线路下穿条件、水平接驳条件；全面预留站厅接驳条件、预留设备区通道条件、预留附属设施远期调整改造条件。

② 天府机场1号2号航站楼站

成都天府广场定位为国家级国际航空枢纽、丝绸之路经济带中等级最高的航空港，将建成“国际一流，国内领先”的人文、智慧、绿色机场。其综合交通中心位于两航站楼之间，集高铁、市域铁路、城市轨道交通、长途汽车站、旅游大巴、机场大巴、出租车、社会停车场、酒店一体，建设规模近40万平方米，满足远期9500万人次需要。车站位于综合交通枢纽核心，与各项交通融合，如图3-13所示。

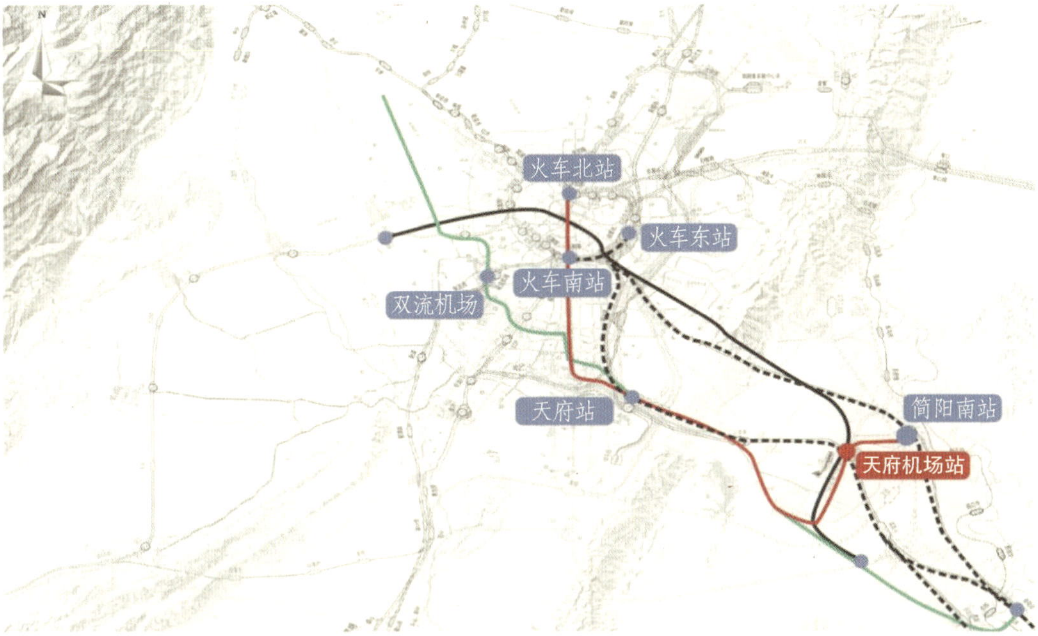

图3-13 成都综合交通枢纽示意图

三、结构专业

1. 概 述

成都轨道交通工程建设15年来，地下区间基本以盾构法为主，车站以明挖、半盖挖法为主，部分正线、山岭隧道和配线段采用矿山法施工。基坑支护以围护桩+内支撑为主，部分地段采用土钉墙和放坡开挖。车站盖挖基本以永久顶板+临时立柱为主，部分采用永久立柱和临时盖板。

2. 创新案例

（1）3号线一期

在不断水的条件下，创造了国内2.4米最大直径PCCP供水管下成功实施车站结构的先例。3号线军区医院站东侧附属工程为两个风亭及两个出入口，上方有一条南北纵向贯通的2400毫米自来水管，水管管底距离附属顶部的距离为0~315毫米，自来水管材质为PCCP管（预应力钢筒混凝土管，带有钢筒的高强度混凝土管芯缠绕预应力钢丝，喷以水泥砂浆保护），管材厚度200毫米，有效长度为单节5000毫米，连接方式为钢制承插口（承插口由凹槽和胶圈形成了滑动式胶圈的柔性接头），供水量为40万吨/天（供成都市1/4用水），供水方向为由北向南。针对自来水管及基坑特点，设计自来水管安全防护结构均采用排架结构，排架结构之间用纵梁将其连接成整体，确保结构的稳定。水管采用混凝土U形底座将其固定，底座置于立柱横梁上。

结构施工完成后，水管变形值沉降最大值为2.92毫米；管线水平位移最大值为2.0毫米，目前地铁3号线一期工程已运营，供水管效果良好，本工程为如何处理地铁工程与市政重大管线间的关系树立了典范，提供了重要的工程实例。

（2）7号线

首次采用暗挖法扩挖实现车站功能，火车北站临近万通商场，东端南侧围护桩侵入万通商场内，结构紧贴万通商场外墙。由于万通商场短时间内无法实现拆迁，采用站厅局部压缩、轨行区横向扩挖的方案实现功能，如图3-14所示。

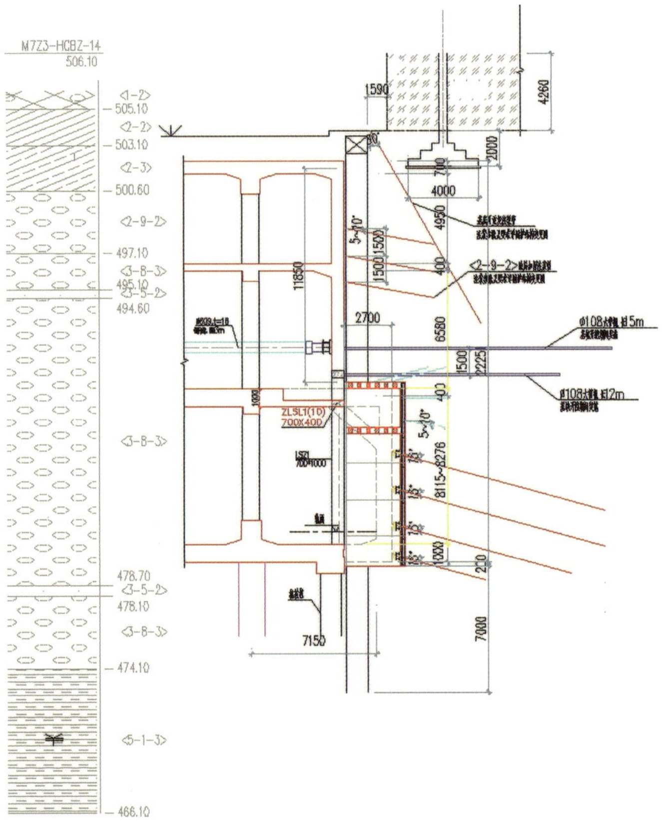

图3-14　万通商场下方采用暗挖扩挖法实现车站功能结构示意图

明挖段土方开挖期间，对万通商场下方地层进行注浆加固，并在负三层暗挖段上方布置Φ108双排管棚，间距为1.5米。主体结构在万通商场暗挖范围内，将靠近暗挖两跨结构负二层中板加厚至1米，以便在暗挖时形成悬挑结构，支撑上方土压力。车站侧墙对应的地下三层设置临时柱，立柱间距为9.1米，与结构柱间距一致，采用C35混凝土，结构断面为700毫米×1米，在柱上设置纵梁，纵梁尺寸为400毫米×700毫米，形成整体，临时立柱及梁承担上方侧墙及暗挖段施工期间的土压力。

监测数据显示，局部扩挖段在暗挖施工期间，建筑物最大沉降值为-2.6毫米，地表沉降最大值为-4.3毫米，安全可控。

区间工程首次采用双侧壁导坑法暗挖工法。西南交大站—九里堤站暗挖区间，区间全长504.4米，该段隧道处于富水砂卵石地层，为存车折返线，隧道断面大（开挖断面87.8平方米，开挖宽度11.8米，高度9.42米），同时，该隧道上有二环路交大立交桥、二环路高架桥，地面行人、车辆来往频繁，为控制地表沉降，确保施工安全及交通安全，首次采用双侧壁导坑法施工。通过严格控制，各项措施落实到位，桥墩最大沉降值为-2.34毫米，桩基水平位移最大值为-2.47毫米，竖向沉降最大值为-2.43毫米，确保了该特别重大风险源安全、顺利、高效完成，如图3-15和图3-16所示。

图3-15　西-九区间双侧壁导坑法暗挖工法图

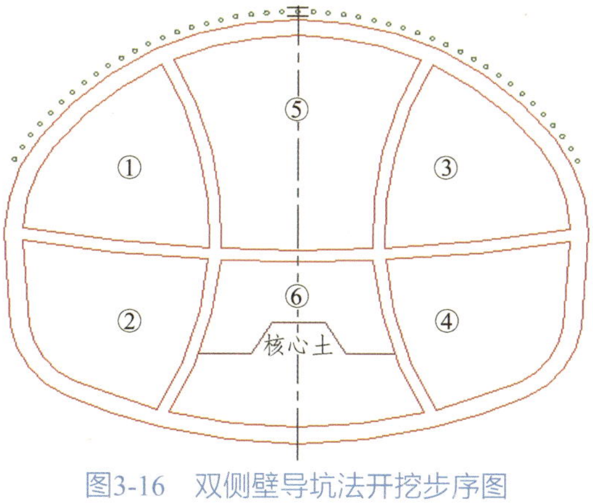

图3-16　双侧壁导坑法开挖步序图

（3）8号线一期

8号线倪家桥站为实现与18号线的站台到站台的换乘功能，采用矩形大断面密贴暗挖下穿既有1号线车站，采用“化整为零”的思路，车站暗挖段水平及上下共分为5个导洞施工，采用先施工框架结构的暗挖洞门对既有车站侧墙形成有效竖向约束，开挖施工过程在既有1号线车站结构柱下方设置钢管群桩对既有1号线车站结构柱形成有效竖向支撑。采用自动化监测增强监测数据反馈的时效性，根据现场反馈，本工程施工过程中既有结构累计最大沉降量为4毫米，满足既有运营线的控制要求，本站的成功实施为类似工程储备了经验，成为较好的工程案例。

（4）18号线一二期

① 城市轨道交通特长高瓦斯山岭隧道防灾救援

作为油气田区特长高瓦斯山岭隧道，存在区间长度大、隧道埋深大、自然灾害风险高等问题，防灾救援方案是确保隧道安全运营的基础，隧道埋深大，区间风井难以设置，也难以满足作为紧急出口的要求。

轨道交通采取区间追踪、随机救援的防灾救援方案，大埋深山岭隧道难以满足区间风井设置要求。区间隧道采用左右线分修互为救援；结合工期要求设置两组主、副斜井，在满足施工要求基础上，进一步满足了城市轨道交通防灾救援要求。对于轨道交通特长山岭隧道宜采用双洞分修方案，区间风井需结合施工辅助坑道设置。

② 基于高瓦斯特长山岭隧道的机械设备优化创新

作为油气田区特长高瓦斯山岭隧道，具有瓦斯逸出量大、离散程度高、突涌风险极高的显著特点，现场测试天然气最大浓度达到2.62%，接近天然气燃爆极限，天然气可能最大逸出量为700.23×10^4立方米。瓦斯的预测预报、处治是工程建设的关键，施工掌子面局部瓦斯积聚问题突出，如图3-17所示。

非煤瓦斯离散程度高，瓦斯涌出量大但瓦斯压力较小，难以集中处置，容易在模板台车拐角处、横通道处造成瓦斯积聚。综合采取超前地质预报手段精确预报瓦斯分布及其运移规律；充分利用信息化监测技术，对关键地段的风速、风量进行实时监测。对衬砌台车结构进行改造，减少瓦斯集聚点增设局扇及固定式瓦检仪，衬砌台车采用防爆电机，采用了“降式隧道开挖台架”。建立隧道施工安全综合防控系统，从超前预测预报、瓦斯监测、瓦斯处治、瓦斯通风、机械设备改造等方面进行全方位优化升级改造。

图3-17 基于高瓦斯特长山岭隧道的机械设备优化创新

四、高架结构

1. 概 述

成都轨道交通工程自2号线二期工程西延线开始采用高架线路，标准跨一般采用箱梁，墩柱采用花瓶墩。节点桥通常采用连续梁，最大跨度128米。

2. 创新案例

（1）3号线二期

金华寺东路站至三河场站高架区间采用悬灌连续梁上跨绕城高速及三河场互通立交，全长522.7米，采用挂篮施工工艺，是成都地铁在建最长悬灌连续梁。

作为城市交通主动脉的绕城高速，车流量大，施工期间不允许对高速公路运营有任何影响。通过首次采用端施头全封闭防护、创立首个挂篮验收记录表格、设置高空作业无死角防护等措施，安全可控完成全部施工，特别是在上跨高速主路施工阶段，通过细化管理、严格把关，施工时未让一粒焊接火星、一颗混凝土石子掉落而影响高速公路运营，高标准、高要求、高质量完成施工任务，如图3-18所示。

图3-18　高架区间上跨绕城高速施工

（2）5号线一二期

① 成都地铁高架车站主体首次采用单墩Y形钢混凝土组合结构

成都地铁5号线一二期工程车站长度较长，作为路中高架车站，车站主体尽量采用单墩柱桥建组合结构，减小车站主体在路中的规模，使处于路中车站整体效果通透。

钢骨架组合结构Y形墩柱减小了盖梁悬臂长度，提高了结构抗震性能；长悬臂盖梁采用组合结构，减小了构件截面，有效降低了车站规模体量，减小了施工难度，提高了施工速度，作为成都第一座采用Y形单墩桥建组合结构的车站，开拓了高架路中车站设计新理念，如图3-19所示。

图3-19　车站主体结构应用单墩Y形钢混凝土组合结构

② 采用运梁过站的车站结构钢管临时加固方案降低结构造价

成都地铁5号线一二期工程廖家湾站、北部商贸城站为配合区间结构施工，合理布局梁场，结合车站分布以及车站结构形式，将廖家湾站、北部商贸城站新增运梁过站荷载。

传统6A线路区间标准梁荷载相对较小，桥建合一车站主体结构计算时考虑运梁车以及标准梁荷载作为施工荷载进行包络设计，对车站主体结构配筋影响较小。8A线路区间标准梁荷载较大，同时部分车站为单墩柱桥建合一车站结构体系，车站悬挑长度较大，荷载效应敏感，若采用包络设计，运梁过站荷载对主体结构配筋影响较大，为提高车站结构经济性，主体结构设计时不考虑运梁车荷载，降低主体结构配筋率，单独对运梁过站施工荷载进行结构验算并制定结构临时加固方案。

通过轨道层结构采取多排小直径钢管支撑加固方案，完成了450吨箱梁在轨行区结构上的运梁过站，施工组织搭接最优、安拆方便、节省工期、工程量小，如图3-20所示。

图3-20 运梁过站车站结构钢管加固

③ 现浇简支梁首次采用高位落梁施工

成都地铁5号线一二期工程华桂路—柏水场区间，地铁施工工期受拆迁进度影响较大，为保证工程整体工期，现场施工顺序与原设计相比需进行局部调整，造成部分孔跨简支梁钢束不具备张拉空间，需设置梁端头后浇带，且需要增加顶帽顺桥向尺寸，影响了高架桥梁整体外形的一致性和景观效果。综合分析施工现场条件，提出高位落梁方案，保证了桥墩外形的一致性和全线施工工期。

高位落梁的工艺原理是利用智能张拉设备顶升梁体、替换调节钢管柱，逐步下落的原理。该工法不受现浇梁施工顺序控制，节省工期。该施工方法施工方便、经济效率高，解决了施工场地受制约而影响工期的问题，是值得研究和推广的施工方法，如图3-21所示。

图3-21 高位落梁施工现场

④ 桥梁伸缩缝首次采用弹性体伸缩缝

弹性体伸缩缝在高速铁路桥梁设计中得以应用和推广，轨道交通项目中应用较少，弹性体伸缩缝施工方便，无须预埋件，密封性、耐久性较好，适用于对施工速度要求较高的轨道交通项目。

弹性体材料是由聚醚、聚烯烃低聚物多元醇和扩链剂等助剂与异氰酸酯类原材料经过逐步加成聚合而成，施工方便、工期短、耐久性较好，如图3-22所示。该结构措施施工简洁，保证施工质量，工期短，耐久性好，首次在成都地铁项目中采用，并得到了工程验证和推广。

图3-22 弹性体伸缩缝现场

五、轨 道

1. 概 述

成都轨道交通目前已运营线路中，有普通地铁线路，也有市域快速轨道交通线路，既有地下线，也有高架线，轨道系统设计经过近15年发展历程，形成了《成都市地铁设计规范》《成都轨道交通轨道系统通用参考图》等一系列适用于成都轨道交通轨道系统的成果。

2. 技术创新

（1）车场线柱式检查坑轨道改进设计

成都地铁建设第三轮建设规划项目前柱式检查坑一般采用扣件直埋式施工，但1号线东寺停车场柱式检查坑建成后出现开裂问题，在系统调研了国内已开通运营多年的地铁、国铁后得知，常规设计的柱式检查坑直埋式方案存在明显缺陷，存在施工难、运营无法维修等问题，长期困扰施工及运营。建设、设计部门经过反复深入研究与试验，提出了国内首次采用的增设带台阶孔下垫板方案，彻底消除了扣件直埋式方案缺陷，极大降低了施工难度，同时大大提升了工程质量，并能方便实现扣件维修与更换，深受施工及运营部门赞赏。目前，该方案已经收录进成都地铁轨道系统通用参考图，并在后续线路中推广应用。

（2）道岔弧形拉杆的创新应用

拉杆是道岔转辙器的一个关键部件，国内地铁道岔传统上采用剪式拉杆，易出现销轴变形或剪断，引起道岔尖轨密贴不良，出现信号故障。通过深入研究地铁道岔结构，提出了采用弧形拉杆设计方案，采用的弧形拉杆为端面承压结构，通过对销轴接触端面进行改进，增大了拉杆与接头铁之间接触面积，降低了销轴的受力与磨损，使基本轨与尖轨之间密贴状态，可靠性得到大幅提升，确保了信号系统的持久稳定。

六、给水排水系统

1. 概 述

成都轨道交通工程车站、区间、车辆基地及线路沿线配套设施的生产生活给水系统、消防系统水源主要采用城市自来水，车站、车辆基地采用生产、生活与消防分开的给水系统。

排水采用分类集中达标排放的设计方案。车站排水雨污分流，并根据2009年《四川省城市排水管理条例》相关要求，结合站址管网情况，污废水排入市政管网，一般不设化粪池，以减少对工程周边环境影响，简化运行管理，节约工程投资及工程用地。车站、场段等室内粪便污水与其他生活污水分开设置排水系统；线路局部最低点、场段库房内不落轮镟坑及室外电缆沟等局部最低点设排水提升设备；场段检修库、停车库等大型屋面雨水系统采用虹吸雨水系统或重力排水系统，且对雨水集蓄、处理及回用的方案做技术经济比较。

2. 技术创新

（1）地下车辆段停车场防火分区建筑分隔

地铁车辆段、停车场需要占用大量的土地，由于土地资源紧缺，为节约土地资源，综合利用开发空间，成都地铁7号线在国内首次采用了双层的地下车辆段和停车场形式，地面为物业预留或还建公园绿地模式。地下车辆段和停车场的建筑防火分区，停车列检库等大库的建筑防火分隔，考虑到车辆的进出，无法用建筑完全分隔，借鉴了深圳地铁的国内首座地下停车场的做法，并与消防部门充分沟通后，车辆进出大库的建筑防火分隔采用水幕分隔。

后续线路地下停车场、车辆段无法采用建筑防火分隔时，采用水幕系统代替建筑分隔进行防火分区分隔。以上经验的总结，对第四期规划建设项目及后续市域快线设计和建设具有重要参考价值。

（2）区间消火栓管道爆管监测功能

成都轨道交通8号线一期工程根据区间消防特点，首次增加了区间消火栓管道爆管监测功能。通过在区间消火栓管道上设置了流量开关，来对区间消火栓管道进行爆管监测。区间消火栓管道爆管时引起的水流动作可使流量开关向BAS系统发出故障报警信号，车控室工作人员收到该故障报警信号并确认区间爆管故障后，可远程关闭该区间电动蝶阀，从而快速定位故障位置、及时处理爆管事故，最终实现降低区间消火栓管道爆管事故影响（降速运营、停运）的目的。

随着无人驾驶线路的出现，区间爆管监控显得尤为重要，为此成都轨道交通全自动无人驾驶线路9号线一期工程在区间泵房处的区间轨道外侧增设了超声波液位控制器，用于检测区间漏水爆管后是否会水淹最低点的轨面并进行报警处理。

七、供电系统

1. 概　述

成都轨道交通线路分为普线制式和快线制式两种。

普线制式下，供电系统采用110/35 kV两级电压集中供电方式，牵引供电系统和动力照明配电系统共用35 kV供电环网，供电网络采用环网分区方式。

快线制式下，牵引供电系统采用110/27.5 kV供电制式，动力照明配电系统采用110/35 kV供电环网，供电网络采用环网分区方式。

2. 创新案例

（1）主变电所资源共享及外电通道专项规划

2019—2020年，为更好地契合城市发展战略意图，与城市总体规划及相关专项规划保持高度协调，对已批复的2016版轨道交通线网规划进行了适时的优化、调整。同时为使优化、调整后的轨道交通线网近、远期规划主所和其系统接入有序融入整个成都市规划，充分发挥统筹规划的前瞻性、科学性和引领性作用，加强轨道交通线网主变电所规划与成都电网变电站规划有效合理的融合，实现城市级的资源统筹，成都轨道集团提出了研究涉及成都电网中心城区“11+2”规划变电站和轨道交通线网规划主变电所的站址及电力通道资源共享研究、轨道交通线网规划主变电所接入成都电力主网系统方案的合理性分析等。

该研究充分发挥了统筹规划的前瞻性、科学性作用，加强了轨道交通线网主变电所规划与成都电网变电站规划有效、合理的衔接，提高了轨道交通线网主变电所电源接入方案的经济性和合理性，结合成都电力主网规划，研究了轨道交通规划主变电所与成都电网规划变电站紧邻布置可能性，充分利用了现有或规划变电站资源和电力通道资源，提出轨道交通线网规划主变电所落址位置、电力通道资源共享和系统接入方案，最后形成了《成都轨道交通线网规划与成都电网规划变电站资源共享研究》成果，为后续线路的主变电所站址及外电通道路径落地提供了有力的支撑。

（2）主所设置无功功率补偿装置等问题

成都地铁1号线一期工程主变电所运行中的110kV输电线路和正线35kV供电线路，由于线间和线对地间的电容效应产生部分无功功率，其值的大小与电压等级、线路长度以及线路结构等有关，为有效解决有功功率与无功功率之间的合理利用率，节约国家电能，本工程进行深入研究后将动态无功补偿装置应用于本线及后续各条线路工程实体，并取得了优秀的实际运营成效。

八、站台门系统

成都地铁站台门系统建设通过15年的不断总结和研究，设计不断创新并得到品质提升。

在常规直流供电地铁工程中，钢轨作为回流轨，存在一定的电压，由于车体与钢轨等电位连接，车体也存在一定电压。当站台门没有绝缘措施的情况下，车体与站台门存在电位差，乘客上下车时会形成“跨步电压”，威胁乘客安全。为避免产生上述安全问题，一般在设计过程中采取以下措施：一是钢轨等电位连接指站台门门体与钢轨做单点等电位连接，门体与站台土建结构采用绝缘安装，以消除车体与门体之间的电位差；二是在站台门区域沿站台边缘敷设一定宽度的绝缘层，以消除“跨步电压”。

在成都地铁1号线至4号线的建设过程中站台门一直基于上述两个措施解决站台门“跨步电压”问题。但经过2号线、3号线和4号线不断尝试和改进，包括更换绝缘材料、提高安装工艺等措施，始终不能完全解决门体与土建结构的绝缘问题。分析原因主要在于站台门长期在地铁潮湿及多尘的环境中，且站台门与土建结构连接点很多，安装不可控因素太多导致。最终站台门绝缘效果达不到要求，为乘客安全考虑，只能采取例如门体部位贴绝缘膜或刷绝缘漆的补救措施。

针对这些问题，2015年成都地铁7号线站台门的设计思路开始转变，根据《城市轨道交通站台屏蔽门系统技术规范》（CJJ 183-2012），从“正常情况下人体可触及的站台门金属构件应与车站结构绝缘”要求入手，分阶段解决了乘客接触到的站台门地槛、立柱、滑动门的绝缘问题。在成都地铁公司、设计单位和生产厂家的通力合作、深入研究、不断试验下，成都地铁7号线站台门地槛通过增加一体式绝缘材料实现永久绝缘；成都地铁3号线二三期通过“三明治”结构实现立柱永久绝缘，成都地铁6号线通过涂刷新研制的防刮蹭绝缘漆实现滑动门体永久绝缘。其中站台门的地槛和立柱绝缘方案具有成本低、维护简单、整改方便等优点，是业内首次使用并已经申请了专利保护。通过7号线及后续开通线路几年的应用及检验，上述绝缘方案效果明显，绝缘长久，能很好地解决乘车时的“跨步电压”问题。

九、通信系统

成都地铁通信系统建设通过15年的不断总结和研究，设计不断创新并得到品质提升，得到以下创新成果。

（1）在成都地铁2号线首次实现新旧线无线通信中心冗余异地热备

成都地铁1号线在OCC设置有一套专用无线通信系统MSO，以满足1号线无线通信的需要。2号线设计提出了更高的可靠性和资源共享方案，拟一次性实现新建线路与既有运营线路无线通信双中心冗余异地热备，并对既有线运营线进行不停运割接，为线网无线通信系统的资源共享提供了条件。该方案的实施提高了1、2号线专用无线通信系统的可靠性，并为线网无线通信系统的资源共享提供了条件，提供了列车跨线运行的能力，保障了2号线车辆段大架修车辆的跨线通信。

（2）公安无线通信采用“应急指挥调度无线通信系统”

国内地铁通信系统中包括两套无线通信系统，即专用无线通信和公安无线通信系统，两套系统均需要在地铁区间设置天馈系统。早期地铁线路各自设置，存在建设投资大、区间限界空间困难、维护工作量大等问题。

针对本工程设置有专用无线通信和公安无线通信的情况，在成都地铁1号线率先采用射频合路技术，将专用无线通信的射频信号和公安无线通信的射频信号合理处理后统一馈入专用无线通信的天馈漏缆中，实现了专用无线通信和公安无线通信天馈漏缆的资源共享。较国内地铁通常采用的专用无线通信和公安无线通信分设天馈漏缆的方案，极大地方便了运营维护管理，节省了工程投资，得到运营部门的高度评价。该方案自成都地铁1号线实施后，在后续所有项目中均得到推广应用，也在国内其他城市得到了广泛推广。

（3）在城市轨道交通创新采用LTE_U技术实现高速车地宽带无线通信

成都18号线工程设计最高运行速度为160公里/小时，18号线建设时，国内外尚无如此高速运行下的轨道交通车地宽带无线通信应用案例。传统WLAN不适应17、18号线高速切换场景，LTE频宽不满足综合承载的需要。设计一套适合17、18号线高速线路工程的宽带车地通信满足工程需要的问题摆在建设者面前。

经过理论分析、产品调研、实验室测试和现场测试，成都17、18号线首次采用LTE_U技术实现PIS系统的车地宽带无线通信传输，保证系统的丢包率、切换、传输带宽等。系统能实现紧急情况下列车车载视频监控图像的全部上传至控制中心，以便调度中心实时了解列车上的情况；同时实时下发视频等相关信息至列车，提高运营服务水平。该案例为后续成都轨道交通高速线路建设提供了参考，如图3-23所示。

图3-23 控制中心调取车载图像

（4）延伸线PIS车地无线通信系统兼容性设计

3号线一期采用2.4G的802.11g技术，其无线通信有效传输带宽低，不能将列车所有图像实时上传至控制中心。随着无线通信技术迅猛发展，新的技术能更好地解决该问题，3号线二三期工程设计阶段选用了更先进的5.8G的802.11ac技术。802.11ac在传输速度、稳定性、频率选择方面较802.11g有较明显优势，且价格也与802.11g相近。在二三期工程中采用了802.11ac技术进行组网，在轨道交通行业内创新开展并实现PIS车地无线802.11ac与802.11g的兼容，满足一期列车行驶到延伸线区间的通信和延伸线列车行驶到一期区间的通信需求，为轨道交通延伸线工程提供了有益的借鉴。

十、信号系统

1. 概　述

成都地铁信号系统制式均采用移动闭塞，除成都9号线采用全自动运行技术按GoA4级设计并建设外，其他线路均为GoA2运行等级。

2. 创新案例

（1）地铁与国铁信号联锁系统的互联互通创新

为实现成灌铁路列车通过犀浦站联络线进入成都2号线红光停车场进行相关作业的运营目的，2号线首创了地铁与国铁信号联锁系统的互联互通。信号专业从联络线信号工程分界面、接口设计技术原则、显示界面、接口方案、转线作业操作流程等方面开展系统设计，确定地铁与国铁信号系统接口的技术条件、逻辑关系及接口电路图，采用地铁信号系统与国铁信号系统的联锁接口技术，保证国铁列车在联络线的安全运行。

（2）创新开展地铁与国铁线路近距离并行工程条件下的弱电系统电磁兼容设计

成灌铁路与成都地铁2号线在犀浦站同层同站台4线换乘，2号线位于内侧，城际铁路位于外侧，成灌铁路与2号线的并行段约1.5公里。鉴于国内尚未有类似工程实施的先例，也无法了解铁路27.5kV对地铁的电磁骚扰情况，为确保2号线的顺利开通，弱电系统专业牵头对2号线电磁环境进行专题研究，完成了《成灌铁路25kV接触网对成都地铁2号线弱电系统的干扰分析及防护措施研究》的科研报告，该报告主要针对25kV架空接触网弓网离线放电产生的电磁骚扰源特性和量进行分析，还分析了目前地铁信号CBTC系统、通信车地无线系统、乘客信息车地无线系统应采用的电磁兼容措施，以及抗干扰的优势及存在的弱点，并提出了相应的电磁兼容方案，保证西延线工程顺利开通。

十一、综合监控系统

1. 概　述

综合监控系统是实现城市轨道交通自动化调度管理的重要工具，它具有包含子系统多、监控对象多、处理数据量大、涉及专业面广等特点。设置综合监控系统的目的是增强地铁系统指挥调度的统一性、灵活性和系统间的协调运作能力。因此，地铁机电系统集成性能的优劣直接关系到它是否能在地铁运营管理中发挥应有的效能和能否满足现代地铁运营管理的需要。

2. 创新案例

（1）成都轨道交通18号线国内轨道交通首创采用运营期隧道瓦斯监测

考虑到成都轨道交通18号线全线地下段存在多处高风险瓦斯区段的特殊情况，为了有效降低地铁瓦斯隧道安全风险，保障地铁安全运行，保障人民财产和生命安全，同时，有效降低巡检和运维工作量，提高地铁隧道瓦斯监测监控与通风工作效率，18号线首次采用了一套适用于城市轨道交通隧道的瓦斯监控系统，可实现对地铁隧道瓦斯危险场所的有效监控和报警，并通过预设逻辑实现通风的自动控制和调节。这为后续成都城市轨道交通运营期瓦斯隧道检测方案提供了建设标准。

（2）首次试点采用区间人防隔断门智能监视报警系统

在成都轨道交通第三轮建设中，9号线为成都首条全自动驾驶线路，18号线为成都首条采用市域快线技术标准轨道交通线路。结合在线路设计过程中国内轨道交通由于人防门问题引起的各类事故，并考虑目前国内城市轨道交通轨行区人防门特点，如：安装部位特殊，作业请点困难，平时难以维护保养，更严峻的是缺乏有效的智能监视报警系统。在9号线、18号线建设过程中首次试点采用了区间人防隔断门智能监视报警系统。报警系统通过在人防门附近安装多种光电传感器和摄像机，将传感器和视频数据接入智能分析采控箱，经过数据的采集、存储和智能分析，为区间内安全行车环境提供了有效保障。报警系统的试点取得了良好的试验效果，并为后续成都轨道交通全自动运行线路的建设提供了建设标准。

（3）首创使用Windows平台进行深度集成的综合监控系统

综合监控系统是一个综合指挥调度平台，在系统软件平台上实现地铁信息互通和资源共享，因此系统的稳定性显得尤为重要。在以往的线路建设过程中，通常观念认为UNIX在系统稳定性和防病毒等方面占有一定优势，但由于UNIX开发人员较少，将导致系统的开发和维护成本过高。

成都地铁1号线综合监控系统是国内地铁领域首次采用Windows控制平台，实现大规模深度集成综合监控的典型案例。

通过目前的运行情况看，选择Windows平台不仅满足了运营管理的需求，系统运行稳定，节约了系统建设投资，并且Windows系统在开发、维护上更为容易，节约了维修、维护的运营投资，系统性价比非常高。此项设计也打破了传统理念上的束缚，对其他线路的综合监控系统设计、建设具有重要的借鉴意义。

（4）成都轨道交通7号线首次采用一体化车控室标准设计

成都线网内既有车控室采用了传统车控室的工艺设计，车控室空间利用、设备设施布局、走线、美观等均有提升空间，优化提升后可打造一个功能齐全、摆放整齐、使用方便、整体美观的车控室工作环境。

成都轨道交通7号线首次在槐树店站试点采用了车控室一体化设计方案。通过对车控室的整体设计，即以IBP盘为主体，其他设备单元为辅助的整体设计，高效地利用车控室内有限的空间。在整体设计中，改变了原有车控室内空间设计的不足，打造出一个功能齐全、摆放整齐、使用方便、整体美观的车控室工作环境。在满足车控室功能要求的基础上，对设置在车控室内的各系统设备及工作生活设施进行了整合布置。

在车控室一体化设计中，所有设备及功能设施均采用模块化设计、菜单化选择、定位化布置，既实现了整体、和谐、统一的效果，又对车控室有限空间进行了高效利用，极大地提高了车控室的美观性及实用性，为值班人员提供了舒适的办公环境，有利于综合维修空间设置，便于设备维护及标准化操作，降低误操作概率。

十二、自动售检票系统

1. 概　述

成都轨道交通自动售检票系统应符合成都轨道交通AFC线网标准，在满足票务管理需求的基础上，实现成都轨道交通线网内无障碍换乘以及兼容使用成都市“天府通”“金融IC卡”的要求。

2. 创新案例

（1）首创实现“金融IC卡”在地铁中的应用

2号线自动售检票系统采用非接触式IC卡车票，计程和计时票制，全封闭式的票务管理。“金融IC卡”（PBOC3.0标准）由商业银行（信用社）或支付机构发行，遵循国家金融行业标准，具有消费信用、转账结算、现金存取等金融功能。2号线工程在国内地铁首次提出并实现了“金融IC卡”在地铁中的应用，为乘客提供了又一便利。

（2）国铁地铁票务系统同站台换乘

成都地铁2号线西延伸在犀浦站与成灌线换乘，犀浦换乘站是国内首条地铁与国铁同站台换乘车站，为地面（站厅层）及高架（站台层）两层车站，乘客可以不下站厅、不出站直接在站台换乘。由于国铁和地铁的票制不同，为方便乘客在站台直接换乘，2号线AFC系统通过在犀浦站台设置票务系统，使得换乘客流直接在站台实现换乘。

（3）基于云平台的MLC系统在成都轨道交通的首次应用

近年来，成都轨道交通线网建设速度急速发展，传统的自动售检票（AFC）系统的五层架构和C/S（或B/S）架构的后台系统已不能很好地适应线网的迅速扩张。成都轨道交通AFC系统的后台管理系统也由传统的地铁线网管理，逐步过渡到地铁、有轨电车、市域铁路、三铁融合线路等多种轨道交通制式的票务管理任务。在此背景下提出了基于云平台架构的成都轨道交通多线路控制中心MLC系统。

在成都轨道交通8号线一期工程建设过程中，将该系统由传统的五层架构精简为四层架构。在线网建设中采用虚拟资源设计、云网络设计、云安全设计、云存储设计、云运维中心设计，灵活处理各种轨道交通制式票务流程。全面打造了全新轨道交通的乘客服务、票务处理的数据服务平台，为轨道交通线网运营提供更加高效、便捷的乘客票务管理系统。降低了整体投资造价，增强了系统处理能力，提高了系统的可扩展性。

十三、车辆基地

成都地铁车辆基地建设通过15年的不断总结和研究，设计不断创新并得到品质提升，得到以下创新成果。

（1）首次预留全自动运行车辆基地

2015年7月，按照成都轨道集团要求，开展信号系统自动化车辆基地研究工作时，我国只有北京市和上海市具有全自动运行的建设经验，当时北京燕房线、上海17号线等正在设计建设过程中，可参考的案例不多，没有建成的实体可供参考。大丰停车场是成都第一个按照全自动运行设计的车辆基地，在设计过程中存在相当大的困难。大丰停车场的有人区无人区划分、停车列检库库长、检查坑设置等设计原则成为成都地区全自动运行设计的相关标准，为后续线全自动运行车辆基地设计提供了参考。

（2）充分利用地下空间，节约用地，探索车辆基地TOD建设创新

崔家店停车场占地仅9.7公顷，停车能力为72列位，为目前亚洲最大的地下双层停车场，并在盖上进行综合物业开发，规划建设约21万平方米的大型住宅小区。在城市核心区利用有限的土地资源，实现了地铁建设和城市综合开发的双赢。

崔家店地下停车场（国内第一个地下双层停车场）的建设成功，为成都地铁的车辆基地建设用地模式提供了一个成功范例。成都市政府已明确要求从第四轮建设规划开始的所有车辆基地原则上均以7号线崔家店停车场模式建设为标准，为今后在城市核心区地铁车辆基地的建设提供了参考。

（3）全地下双层停车场消防模式的创新

国内地下车辆段消防道路普遍采用地下环形道路，根据消防部门要求，地下环形消防道路必须露空，地下二层消防依靠设普通环形道路无法满足消防要求，由于消防问题难以解决，之前国内地下停车场仅修到地下一层，对车辆基地功能及综合物业开发均受到很大限制。

崔家店停车场在国内首次大胆采用车辆基地一分为二的布置方式，中间设计一座宽20米的下沉式广场作为消防疏散场地，很好地解决了地下二层车辆段消防作业场地的设置问题，并从地面设置一条消防通道直达下沉广场，同时也是火灾情况下人员疏散的场地，视为安全区域。该设计思路获得了消防部门的认可，为今后地下双层停车场的消防问题提供了有利的参考，如图3-24~图3-26所示。

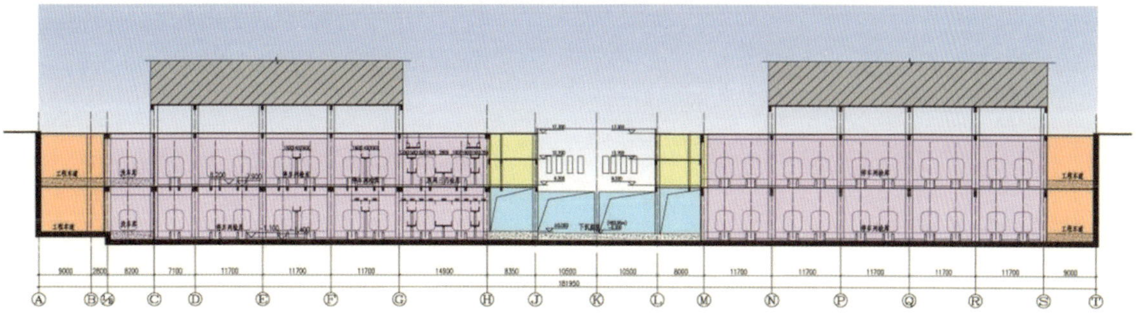

图3-24 崔家店停车场疏散剖面示意图

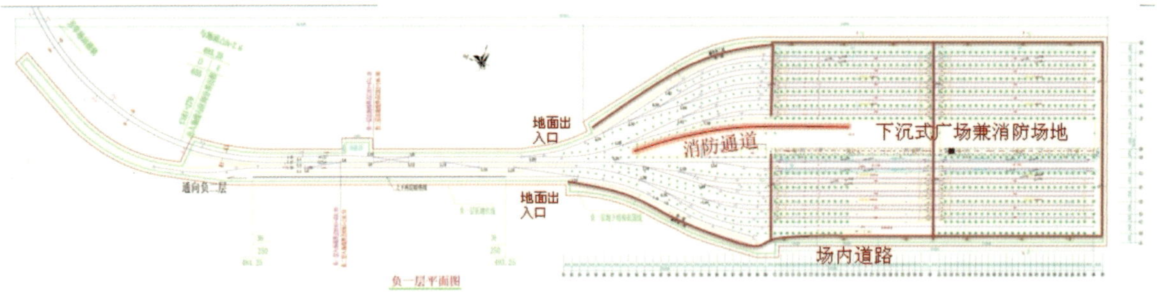

图3-25 崔家店停车场总平面布置图（负一层）

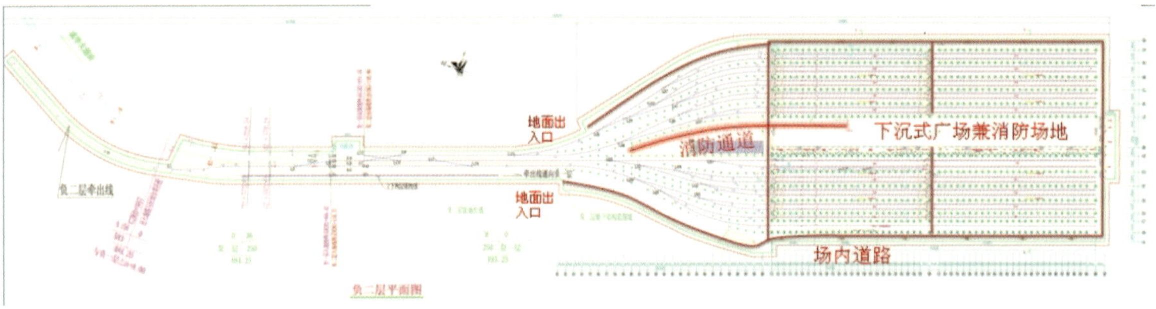

图3-26 崔家店停车场总平面布置图（负二层）

4 第 4 章

前期管理

第1节　建设用地保障与报批

在城市轨道交通线路与站点的设置过程中，必须通过征用土地来支持项目的建设。受权属单位较多、诉求复杂等问题的影响，征地拆迁过程中通常工作量大、沟通协调难度高、不确定因素多等一系列困难。通过在实践中不断探索、总结，成都轨道集团已逐步形成一套规范、完善的建设用地保障、报批模式。

一、建设用地保障

1. 早期供地模式

成都地铁建设初期，根据对房地产企业拆迁工作模式及广州地铁拆迁工作模式进行实地调研，结合国家及成都地方拆迁政策、车站及车辆基地周边环境，初步形成了适用于本市地铁拆迁工作方法，即采用公开招标方式，委托具有拆迁工作资质的第三方劳务单位开展征地拆迁工作。该方式作为一种商业行为，存在第三方劳务单位在开展征地拆迁工作过程中追逐商业利益，不严格遵守法律法规等行为的可能，给建设单位带来风险隐患。

2. 过渡期供地模式

在总结早期供地模式经验的基础上，这一时期对征地过程中主要涉及的三类情形制定了具体的处置方式，相比早期的供地模式有较大改进，但仍存在一定问题，具体如下：

（1）直接与属地政府签订征地拆迁工作协议，由属地政府移交建设用地

特点：避免了第三方劳务单位在拆迁过程中违规操作而导致的维稳风险。

存在问题：与属地政府的工作关系、工作机制、工作模式、工作分工不够明确，工作流程考虑不够严谨，工作协议约定不够全面，在实际工作推进中遇到诸多困难。例如，北郊车辆段因前期地籍权属未调查清楚，在后续办理土地权证时，发现合同主体有误，导致后续上报市级相关部门进行协调解决，重新签订三方协议，给后续的征地拆迁及结算工作增加难度。

（2）无法办理产权的用地，直接与土地权属方签订补偿协议

特点：在地块未成立业主委员会时，通过与物业公司签订占地补偿协议，采用占地补偿或购买商铺的形式取得用地，效率较高。

存在问题：以购买商铺的形式获得用地，存在改变现行规划用地性质的问题，房管局无法办理产权过户；地块为全体业主共有，物业公司为地块业主聘用的服务单位，没有处置业主财产的权力，即使与物业公司签订协议之前进行了公示，但仍存在一些隐患，特别是后期成立业委会后，若不同意之前的协议，可能出现一些法律风险。

（3）临时用地统一由成都轨道集团与土地权属方签订占地协议

特点：临时用地由施工单位根据施工需要报用地需求，经集团审核确认用地范围后，由公司与土地权属方签订占地协议。

存在问题：由于临时用地无统一的补偿标准，设计方案时有调整，附属用地点多面广，后期使用存在延期，使得谈判工作繁重，协调难度大，协议数量多，部分用地获取时间不可控；在临时用地协商过程中，由于急于进场，临时用地补偿协议在签订过程中存在瑕疵，导致在施工结束后产权方以协议瑕疵为由提出二次补偿的诉求，给公司带来额外的损失风险。

3. 现行供地模式

成都市政府于2015年出台《城市轨道交通加速成网建设计划的实施意见》，第一次以政府文件的形式明确了轨道交通建设主要目标、各项前期工作的推进机制，建立了市级轨道交通联席会制度来推动成都市的轨道交通建设；各区、县政府按照市级轨道联席会制度要求，同步设立各区、县的轨道交通推进办公室，制定会议协调机制，定期召开协调会，及时解决问题。

按照该实施意见，轨道交通建设用地任务书由市级轨道交通指挥部办公室下达，各区、县政府作为责任主体按时提供建设用地，明确五城区（含环城生态区）轨道交通征收集体土地统一按100万/亩包干价执行（含地上、地下建（构）筑物拆迁及管线沟渠迁改费用）。已

完成拆迁的国有土地按照所在区域基础地价计，未完成拆迁的国有土地依法评估补偿，据实定征拆价格。如因轨道交通建设对地块使用功能造成影响的，由属地政府据实提出拆迁范围，经市轨道办、国土、规划部门共同认定后，及时调整控规，由成都轨道集团安排拆迁资金。同时，市轨道办联合市目标督查办公室加大对各区县政府的督查力度，对任务书时间滞后的点位进行现场督查。

成都轨道集团一是通过制定合同范本，对建设用地的协议条款约定更加严谨；二是将临时用地纳入施工总承包合同，降低了不可预见因素导致成本的增加。

在各级政府和成都轨道集团的共同推进下，成都地铁供地模式得以进一步规范和完善，其主要优势体现在以下三个方面。

（1）由各区、县轨道交通推进办公室解决本辖区的轨道交通问题，政府部门具备更强公信力，更易获得市民支持。

例如，2016年地铁6号线一二期金府站在主体施工过程中，施工场地作业面狭窄，必须对机电城临街商铺进行封闭。起初，由施工单位多次沟通无果，为此，依托区级协调机制，沙河源街道办、长久社区多次召开协调会，从方案到后期恢复多次研究，并由社区工作人员深入机电城对商铺市民进行解释。经过不懈的努力，获得当地市民的理解和支持，最终完成了车站主体施工的占地打围工作。

（2）建立市级部门督查机制，更好地调动了区县级政府的工作力度，为一些老旧疑难问题的征拆点位提供了支持，保证了轨道交通的建设节点。

例如，地铁17号线二期红星桥站与既有3号线换乘，车站设置老旧小区道路上方，施工场地狭窄，围护桩紧邻老旧小区房屋。车站扩大端施工须拆除20世纪七八十年代的6层房屋。建设用地任务下达到属地政府后，根据政府31号文件要求，轨道交通承担的拆除费用范围只占全部拆除范围的三分之一，工作进展缓慢。经过市轨道办督查后，属地政府与市轨道办、市规自局等部门协商，明确房屋拆除范围的费用由成都轨道集团承担后，属地政府加大了对拆迁工作的推进，最终确保了该点位的建设节点。

（3）将施工临时用地纳入总承包合同，总承包单位能更积极主动地进行车站施工组织安排、灵活调整，确保工程顺利实施。

例如，地铁17号线二期西大街站，车站主体施工需临时占用新城市广场用地。施工单位先期与地块管理单位进行了对接沟通，对方同意临时占地，但不同意临时占地补偿费用标准。经过多次对接、属地轨道办协调，仍不能达成一致。为确保该车站的节点目标，总承包单位召开研讨会，通过整体工期及目标任务的分解，认为施工进场的时间晚一天，后期赶工期的成本就会大幅增加。于是，同意按照地块管理方提出的补偿标准签订协议，顺利进场施工。

二、建设用地报批

建设用地报批是开展用地拆迁工作及后续相关手续办理的前提，是轨道交通建设项目得以顺利开展的基础性工作，具有极强的政策性和专业性。

1. 资料搜集和整理

依据《中华人民共和国土地管理法》《关于印发〈土地管理法〉（修正案）施行后过渡期建设用地报批工作指引的通知》（川自然资办发〔2020〕14号）、《关于完善〈土地管理法〉（修正案）施行后过渡期建设用地报批相关要求的通知》（川自然资办函〔2020〕53号）及其他相关法律法规、政策文件等要求，成都轨道集团搜集整理用地报批组卷资料，如建设项目用地预审批复、项目立项、项目初步设计批复、勘测定界图、土地分类面积汇总表和勘测定界界址点坐标成果表、地质灾害评估报告等16余项业主资料，并协调、配合属地区县做好土地征收前置工作，整理汇总社会稳定风险评估材料、征地公告及听证材料（或放弃听证材料）、补偿登记材料和签订征地补偿安置协议材料等10余项区县征地资料。

2. 上报审查

成都轨道集团按照用地报批审查要点整理汇总业主及区县资料后，上报市规自局、省自然资源厅、国土资源部审查，并实时跟踪审查进度，对审查单位提出的问题进行及时沟通解释以及修改补正工作。

根据省自然资源厅办公室关于印发《〈土地管理法〉（修正案）施行后过渡期建设用地报批工作指引》的通知（川自然资办发〔2020〕14号）规定，目前我省实行建设用地无纸化网上报批。结合实际情况，成都市通过建设用地审批系统三级联网上报。

另根据省自然资源厅《关于受理建设用地报件的暂行通知》相关要求，自2021年3月8日起，恢复建设用地报件（用地预审、农用地转征用）受理，启用报件受理前技术服务系统，开展技术辅导服务。其中，建设用地转征报件由市、县自然资源主管部门通过建设用地远程直报系统向省自然资源厅提交相关材料，进入“报件受理前技术服务系统”。省地政地籍事务中心受省自然资源厅委托负责该项技术服务前置检查。经技术服务检查发现不符合要求的，书面出具修改意见，由申报单位修改完善。达到要求后，市、县通过建设用地远程直报系统提交政府请示文件、一书四方案后，将所有资料一并推送至省政务中心自然资源窗口予以受理。具体审查流程如图4-1所示。

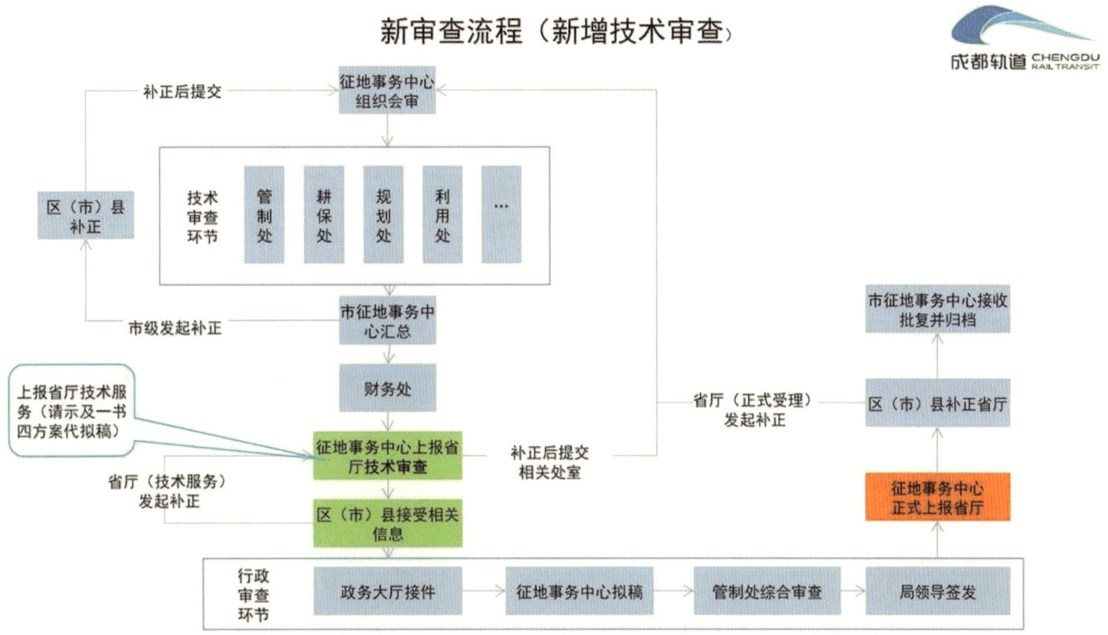

图4-1 新审查流程（新增技术审查）

3. 困难与风险

报征工作存在报批部门众多、报批手续繁杂、不可控因素影响、征地计划统筹不足、相关政策不适应工作需要等现实矛盾问题，给依法依规依流程全面做好征地报批工作带来了诸多困难与风险，主要表现在以下方面：

（1）方案稳定滞后

单选项目报批只能报一次，无法多次报送，对用地范围准确度要求高。但是，轨道交通项目方案往往变动频繁，导致报批用地范围确定时间较晚，且多条线路因方案重大调整，用地预审需重新报批后才可办理土地报批工作。

（2）报批业主要件一致性较差

单选项目用地报批需审查项目用地功能分区与用地预审、可研批复、初设批复和行业用地标准的一致性。但因轨道交通项目特殊性，用地预审、可研批复内容与初设批复内容经常存在不一致的情况，导致项目不满足用地报批要求。

（3）报批要件取得时间滞后

项目报批需具备用地预审批复、立项批复、初设批复、压覆矿批复和林地占用等前置手续。但由于建设工期紧张，上述部分手续可能在项目开工建设后才取得，存在未批先建的情况，从而造成违法用地的风险。

（4）区县征地前置资料收集困难

近年来，成都经济突飞猛进，在城市化推进过程中，各属地政府往往采取提前下清的方式对失地农民已进行补偿安置，导致项目征前农户签字等工作开展困难。

4. 改进措施与建议

（1）提早稳定方案

由于单选项目报批存在基础要件多，涉及区县广，报批周期长，工作节点多，审批层级高等诸多不可控因素，成都轨道集团应提早稳定方案，注重方案严肃性，确保项目用地预审与实际方案的一致性，有效保障项目报批效率。

（2）属地提前批次报批解决建设用地

成都轨道集团应积极对接市规划和自然资源局，上报轨道交通建设规划线路用地范围。市规划和自然资源局提前调整国土空间规划，为轨道交通项目用地纳入城镇批次报批建设用地做好前置工作。同时，成都轨道集团还应积极对接属地区县，落实项目用地指标，将轨道交通项目用地纳入城镇批次报批建设用地计划。

（3）提早报送国土空间规划调整需求

随着轨道交通项目向二三圈层延伸，不可避免触碰永久基本农田红线、城市开发边界线、生态保护红线等关键性国土空间规划限制条件。国家对国土空间规划已提升至战略高度，成都轨道集团应积极上报国土空间规划调整需求，保障后续线路顺利取得建设用地手续。

（4）由政府主导，限时完成报批工作

建议将轨道交通单选项目报批工作纳入各区县目标考核，敦促项目涉及区县及时完成报批组件工作。

第2节　管线迁改工程

一、管线迁改概述

管线迁改涉及自来水、排水、燃气、电力（输电、配电）、通信（国防军事通信、党政专用通信、民用通信）等各个行业，地域范围大、专业涵盖面广，且大多地上地下管线位于老旧城区，年代久远；此外，城市管线具有行业专有性，特种行业居多，纷繁复杂、纵横交错的地上地下管线已成为城市功能的重要组成部分。成都轨道交通项目建设15年来，管线迁改数量达2000余公里（通信等柔性线缆割接数量超10000余公里），为成都轨道交通建设提供条件、扫清障碍、保障现场连续性施工等做出了重要贡献。管线迁改工程主要内容及工作总流程如图4-2所示。

目前，成都轨道集团已形成了一整套《前期工作管理办法》《前期工作管线迁改管理办法》《前期工作管线迁改管理手册》等文件，用于指导管线综合设计、施工图设计、迁改施工、竣工验收、管线核实、资金支付等全过程管线迁改建设管理。

二、管线设计管理

前期管线设计的基本原则为：确保市政管线运营安全，符合城市规划要求，满足地铁建设需求，符合相关技术及行业规范，有计划实施相关管线工作。

1. 管线综合设计及规划批复

根据地铁站点结构和管线探测成果，会同各管线产权单位共同进行管线迁改综合设计，确定管线迁改设计方案，并最终取得规划批复，为地铁建设前期管线迁改施工图设计和迁改实施工作提供规划依据和指导原则。其工作内容有：收集稳定的站点资料和翔实管探资料，进行迁改方案设计，征求产权单位、规划意见并修改完善设计，稳定的管线综合设计方案报规划审批并最终取得规划批复，再根据规划批复的管线综合进行各专业管线迁改施工图设计。对于长输油气管道和输电线路专项管线规划批复如下：

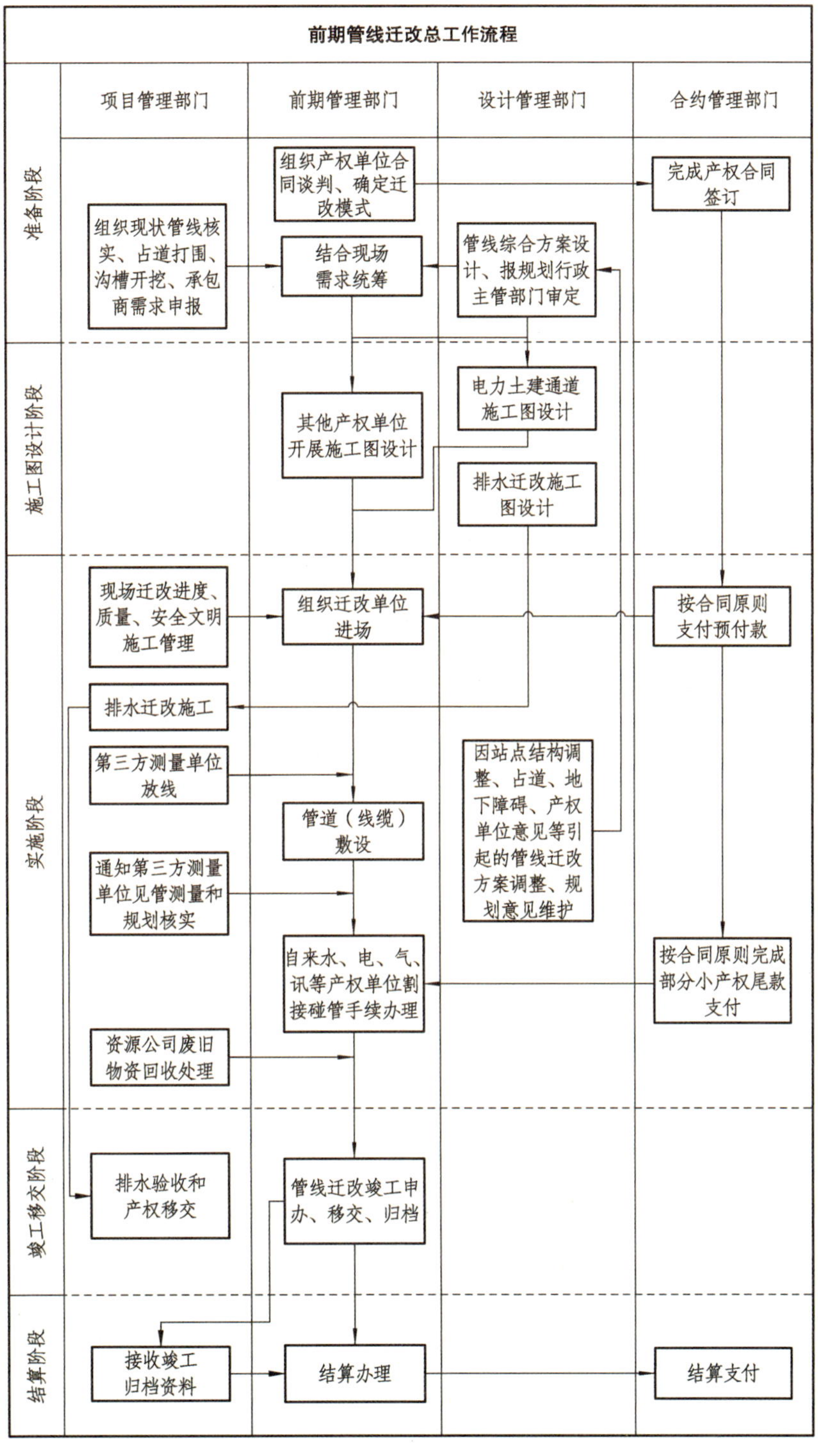

图4-2　前期管线迁改工作总流程

（1）长输油气管道专项规划批复

长输油气管道由产权单位招标的专业设计单位进行施工图设计，设计完成后规划审批，由长输油气管道单位进行审查、审批，通过之后方可实施。

（2）输电线路专项规划批复

输电线路由电力公司设计单位进行设计，设计完成之后进行规划审批，由成都市供电局相关负责人进行审批、审查，通过之后方可实施。

2. 管线施工图设计管理

（1）排水施工图设计管理：该施工图由市政院出图，形成迁改方案，将该方案报至排水管理处进行审查。

（2）自来水、燃气施工图设计管理：取得批复的管综之后，给相关产权单位下达工作联系单。由产权单位的专业设计进行施工图出图。

（3）电力施工图设计管理（配网、输电）：根据管综组织电力公司、电力设计、市政院等相关单位对现场进行踏勘形成初步图纸，出图完成后报送至区级电力公司进行初审，初审通过后报至成都市供电局进行审查、审批。通过后按照图纸进行物质挂网招采，现场同时进行土建通道开挖等工作。根据现场土建进度及物质进场进度确定相应的停电时间。

（4）通信施工图设计管理：取得规划批复管综图之后，组织相应的产权单位及产权单位专业设计现场踏勘，由专业设计出图，并且由相应的产权单位进行审核通过后方可实施。

（5）长输油气管道施工图设计管理：由对应产权单位自己的设计结合管综进行设计出图。

（6）国防通信施工图设计管理：由对应产权单位自己的设计结合管综进行设计出图。

三、统筹管理

前期管线迁改工作基本贯穿轨道交通建设全过程，各站点管线迁改需与线路设计总体工筹、各个工点的施工工序工法、施工组织等相匹配，分为设计阶段和施工阶段的管线迁改统筹管理。

以往的做法是，对于单一站点的管综情况，分批次研究管线迁改需求，制定单一的管线迁改方案。该做法以解决现场实际管线障碍为主，但这种遇到管线就迁改、“头痛医头、脚痛医脚”的思路往往导致工作量成倍增加，工作效率不高。不仅如此，在迁改过程中还会存在如：现场暴露问题不及时造成管线迁改时间慢；交通疏解以及打围方案与管线迁改方案脱节，造成主体实施时未统筹考虑管线迁改工作等问题。这些问题均源于管线迁改与现场施工缺乏有机结合，未实现统筹管理。

经过不断的经验总结和探索，成都轨道集团现已形成了一套较为完整的迁改体系，具体内容包括：

（1）从更高维度来统筹管线迁改工作，将管线迁改工作与轨道实体工程相结合、统筹起来，做到心中有数。根据具体施工法、工筹计划制定满足现场的管线迁改次序，最大限度地满足土建施工，又保证管线迁改以极短的时间内完成。

（2）从土建施工进场前将所有管线迁改及回迁工作做统一考虑，制定可实施的最优的迁改方案，而不仅仅是简单地将管线迁改分成主体部分管线迁改、附属部分管线迁改。

（3）加强各专业的相互补位，凡是在施工现场围挡有诸如扩围、倒边施工等情况前，各专业（交通疏解、管线迁改、征地拆迁）提前统筹梳理，确认围挡范围内各前期工作实施完毕后才同意现场施工的空间转移变化，以免造成重复打围施工的现象，导致施工时间、施工费用的浪费。

四、合同管理

管线迁改合同管理主要内容包括合同签订、计量支付、结算管理等，其中的合同签订是前提和关键，合同签订的全面性、严谨性、可追溯性对于合同管理和后期执行具有决定性的意义。成都轨道集团合同管理在实践中经历了从初期的不成熟到逐步改进和完善的过程。

1. 初期管线迁改合同管理

在地铁建设初期，管线迁改合同根据管线产权单位性质、管理要求等不同，管线迁改合同的模板形式和条款约定具有较大的区别，同时也不具备通用性和可比较性，这给工程后期的计量支付和结算管理工作带来了困难和麻烦。

此外，初期管线迁改合约管理存在“重现场，轻合同”的现象。由于成都轨道集团和产权单位的合作并无现成版本可借鉴，也无太多经验可遵循，所以合同管理工作是较为落后的。由于个别产权单位的主导性、独立性、封闭性等特殊原因，个别合同签订不及时、不全面、不详细，有可能导致施工现场迁改进度不可控，影响现场施工。另外，合同内容中也存在诸多不完善的地方，例如：

合同对象：既有产权单位，也有产权单位委托的施工单位或者第三方，极个别施工单位及第三方为私有企业，这给后续的工作开展带来诸多隐患。

预（首）付款：合同中多数为预付款，几乎无首付款。一旦产生纠纷，轻则影响预付款支付，重则导致施工班组不积极不主动、现场燃气迁改作业无法顺利实施。

单项工程：由于没有引入单项工程的定义，导致在结算办理过程中只有以站点为单位进行结算，而一个站点很可能有若干个单项工程，如车站开工前的迁改、完工后的回迁，有可能时间间隔达到三五年之久，这就导致结算办理不及时，结算工作难以开展。

2. 现行管线迁改合同管理

经过了长达十年的探索与学习，成都轨道集团与管线迁改产权单位建立了稳定的合作伙伴关系，确定了多种合同模式，制定了各类管线迁改范本，管线迁改合同管理得以改进和完善，具体包括：

（1）合同对象

只和产权单位签订合同，不再与产权单位委托的施工单位或者第三方发生任何书面关系，从源头上规避了一些不必要的风险。

（2）预（首）付款

根据合同对象不同，合理运用预付款和首付款两种支付形式，很大程度上缓解了预（首）付款拨付困难的问题。

（3）单项工程

单项工程约定每一个《工作联系单》就是一个单项工程，单项工程完工后就可以独立完成结算和申请支付，很大程度上缓解了结算办理和支付不及时的难题。

（4）管线迁改议题决策

成都轨道集团不断完善决策体系和制度要求，管线迁改合同根据不同合同额度适时进行分层级决策，提高了决策时效性。

五、预结算管理

管线迁改预结算管理能真实、全面地反映管线迁改项目的规模与投资，经过十多条地铁线路的管线迁改实践，现已形成不同类别管线迁改的经济指标参数，这些经济指标参数的取得为第五期轨道交通造价管理起到了积极的指导作用。

1. 管线迁改预结算模式

按照成都市政府文件《研究推进地铁项目管线迁改等有关工作的会议纪要》（成府阅〔2014〕166号）、《成都市城市轨道交通管理条例》等相关要求，管线迁改由成都轨道集团直接委托产权单位或行政主管部门负责实施，双方签订迁改协议，按审核后的预算工程费支付70%支付迁改预付款，迁改完成后产权单位需在2个月内提交竣工资料，经第三方咨询审核后支付迁改尾款，具体工作流程如图4-3所示。

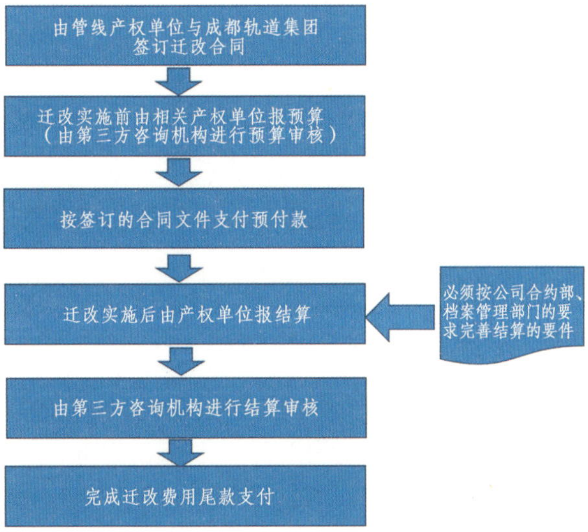

图4-3 管线迁改预结算工作流程

2. 存在的问题

第一，轨道交通建设初期，不同的产权单位（产权单位委托的迁改单位）对管线迁改工程的预结算审核方式、审核原则、合同条款理解都有不一致的要求，导致预结算办理严重滞后。

第二，一些特殊管线存在材料认质认价的不同理解，如电力管线迁改，该管线涉及材料设备等类型繁多且复杂，在预结算审核过程中价格争议很大，很难达成共同意识。

3. 改进措施与创新

在综合前三期轨道交通管线迁改预结算管理各类问题的基础上，当前预结算管理已形成了全面规范化、合理化、科学化的管理制度，具体在轨道交通第四期建设项目中改进与创新的方面如下：

（1）精准“单项工程”定义，为快速预结算提供依据

第四期轨道交通建设规划项目管线迁改框架合同精准定义“单项工程”，提出每个迁改单项工程完工即办理单项结算，做到地铁建设过程中完成大部分管线结算基础工作。

（2）特殊管线定期认质认价，为预结算创造条件

在前三期预结算中，电力管线迁改涉及材料认质认价争议是最大的。在第四期轨道交通建设规划项目电力迁改材料认质认价采用“每一项目单独先认价再实施”方式，双方共同对材料进行定期认质认价，根据定期认价结果及时开展现场迁改工作。

（3）严控管线迁改方案

严格要求产权单位按照经规划主管部门审查同意后的管线综合图进行管线施工图设计。

（4）以审计的思想意识严把工程量审核关

以审计的思想意识来对待产权单位上报的预结算资料，严格把关工程量的审查，做到合理、合法、合规，充分利用监理这个抓手，让监理单位成为结算工程量审核的第一道屏障，同时也做好对监理单位的管理工作，防止监理单位无原则、无审查、无责任心地签字。

（5）建立完善的预结算送审、支付以及结算台账

前期管线迁改项目种类多且杂，建立预结算台账显得尤为重要，针对已完成的单项工程，尽快督促产权单位完成结算办理，形成现场施工加结算的管理闭环。

六、协调机制

按照市委市政府的“三会一督办”制度，成都轨道交通管线迁改与各个产权单位建立了定期或不定期的协调机制，与政府主管部门、区县主管部门建立了协调机制。在加强与产权单位的统筹管理上，在开工阶段提前稳定管线综合方案，与产权单位对接重大管线边界条件，提前稳定迁改管线规模，督促迁改单位开展招采、备料等工作，有利于相关产权单位系统开展迁改工作。针对不同产权单位各自特性，定期或不定期组织协调工作，及时协调解决管线迁改过程中的各类双边问题。

1. 政府协调机制

（1）充分利用市委市政府的“三会一督办”制度。

（2）市长每季度召集轨道交通建设联席会，协调涉及政府机关、部队、铁路、电力、通信等重大协调事项及重大决策事项。

（3）副市长每月组织轨道交通建设指挥部工作会，落实联席会精神，协调跨区县配合事宜。

（4）住建局每周召开轨道交通建设指挥部办公室工作例会，统筹、协调、督办建设过程中的具体问题。

2. 成都轨道集团协调机制

成都轨道集团定期召开加速成网相关会议，协调解决轨道交通建设过程中存在的管线迁改问题。

3. 与各产权单位协调机制

定期与各产权单位积极对接（见图4-4），解决各类管线迁改问题，形成协调机制，将更多的轨道交通建设任务、目标交换至相关配合单位，保证管线迁改顺利进行。

图4-4　定期与国网成都供电公司梳理电力迁改问题

第3节　交通疏解与绿化迁移

在城市内从事轨道交通项目施工，不可避免地会对交通产生干扰。科学合理地制定站点施工期间的交通疏解方案，通过新建、改建临时交通疏解道路用于社会车辆及行人通行，或是在少数站点因道路边界条件受限时采用临时封闭道路、社会车辆及行人绕行的方式，最大限度地兼顾地铁施工与周边交通环境。

一、交通疏解

1. 方案设计与报批

2015年成都市政府出台《城市轨道交通加速成网建设计划的实施意见》之后，成都轨道集团编制交通疏解方案报送市轨道办统筹核准，核准通过后由市轨道办出具《统筹核准通知单》，再按规定程序依次在交管部门办理《挖掘占用道路通知》、城管部门办理《临时占用（挖掘）城市道路（含人行道）许可证》。2018年5月1日，市重大办、市轨道办、市治理办及市治堵办联合出台《成都市中心城区建设项目开工统筹及占道施工管理实施细则》，成都轨道建设管理有限公司也随之出台了《成都轨道建设管理有限公司交通疏解工作管理规定（暂行）》（成轨建管制发〔2018〕74号），进一步加强和规范轨道交通项目施工占道管理。

从2018年5月开始，由成都轨道集团提前研究轨道交通项目占道打围及交通疏解方案，在市住建局网上申报，由市住建局网上核准，各区县仍采用原方式由交管部门和行政审批部门（城管部门）对占道打围及交通疏解方案进行审批。

各站点初步设计基本稳定后，设计单位制定全线各站点的交通疏解初步方案，报请交通管理部门，确定各站点施工期间的总体交通疏解原则。设计单位根据交通管理部门意见在施工图阶段进一步落实完善，其中重要点位及敏感区域点位占道打围方案另行报请市轨道办组织会议进行研究。

项目正式实施前，由施工总承包（投融资）单位编制各站点施工期间的占道打围及交通疏解方案，经建设公司内部审查后，报送交通管理部门审批并办理《挖掘占用道路通知》，最后至城管部门办理《临时占用（挖掘）城市道路（含人行道）许可证》。取得占道许可证后现场先完善施工期间临时交通组织，如：设置相应的交通安全设施（护栏、标志、标线、临时信号灯等），再实施打围，拆除施工范围内的交安设施等地面设施，同时进行管线迁改、桩基施工等。在临时交通组织适应期间（一般为3~5天），现场还需根据交管部门意见对临时交安、信号等设施进行优化调整，城市干道主要路口按需配置交通协管员维护交通秩序。

2. 过程管控及成效

成都轨道集团加强了与市交管局的沟通与协调（见图4-5），并采取了一系列技术和细节管控措施加快地铁建设，在保证施工安全的基础上，最大限度减少对交通的影响，比如优化调整车站站位、盾构井设置、施工工法等，部分站点十字路口采用半盖挖法、搭设军便梁桥、合理统筹重要路口节点建设时序等方式，最大限度减少占道对城市交通的影响。通过外部支持、内部严控相结合的方式，各线路建设的交通疏解工作得以顺利开展。

图4-5 成都轨道集团与交管局对接交通疏解方案

3. 交通疏解案例

（1）地铁7号线交通疏解

成都地铁7号线是成都市首条环形线路，建设期间对成都市整个市区的交通带来了极大的挑战，在满足地铁建设占道需求的同时，需将施工对社会交通的影响降到最低。为此，成都市政府高度重视并统筹协调各项工作。该线交通疏解主要采取了以下措施：

① 尾号限行缓解交通压力。成都市政府各级主管部门着力研究交通拥堵的原因及缓解交通压力的方式，放眼于研究城市交通大环境，研究车辆尾号限行。从2012年4月26日开始，在二环路全线及7条放射性主干道对川A及外地籍车牌号实施工作日尾号限行，每天限行2个尾号，确保交通出行总量与路网承载能力的平衡。从2012年10月8日起至2013年6月30日止，实施二、三环路之间区域汽车“尾号限行”交通管理措施。

② 打通射线交通。羊西线、交大路、解放北路、老成灌路、蜀都大道、机场高速等改造工程相继全面完成，为城内车辆进出城提供了快速通道，缓解了环向交通受阻导致的拥堵。

③ 统筹占道，避免重复开挖。成都地铁7号线西南交大站、九里堤站、北站西二路站3个地铁站与二环路改造同步施工。

④ 提升既有道路交通疏解能力，错峰实施各项工程。优先保障二环路改造工程，提升城区既有道路通行效率。2012年10月8日至2013年6月30日期间，除二环路和已开工建设的地铁项目外，成都主城区停止新开工道路路面工程。待二环路改造工程完毕后，7号线车站、市政同步工程分批次错峰施工，避免对城市交通造成更大的压力。

（2）地铁2号线蜀汉路东站交通疏解

成都地铁2号线蜀汉路东站位于东西方向的主要干道蜀汉路上，实行全封闭施工，周边路网如图4-6所示。由于车站中线与蜀汉路道路中线斜交，导致主体打围施工围挡两侧道路形成瓶颈。蜀汉路既是西门片区连接成灌高速和高新西区的重要进出城通道，同时也是羊西线沿线高密度居住小区到达性交通的主要出行道路，因此该处施工期间将会给羊西线的蜀汉路及周边道路乃至整个片区的机动车交通带来很大影响。该线交通疏解主要采取了以下措施：

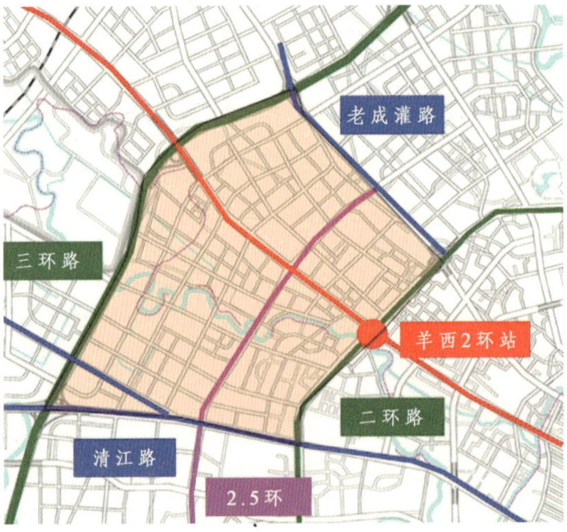

图4-6　蜀汉路东站周边路网

① 深入研究交通疏解方案。在站点初步设计阶段就提前考虑交通疏解问题，通过对现场进行充分调查，对主要道路的高峰时段断面和路口流量进行了调查，对施工路段两侧单位进出口进行调查，对道路和路口的通行能力、饱和度等分流服务水平进行了分析，提出合理可行并能有利于蜀汉路东站建设工期和投资的交通组织方案，最终交通管理部门认可并同意地

铁所报批的全封闭施工打围的交通疏解方案。

② 配合交通组织的需要，对道路进行改造或增设交通设施，打通断头路，增加分流通行能力。

③ 加强管理，综合应用了多种交通管理措施来保证大交通的畅通。

4. 改进措施与创新

交通疏解是一项系统的工程，从开始的方案制定、到中间过程管控及跟随施工进度优化调整，都需要主管部门的技术指导，还需要多部门的联合参与，并在实施过程中不断调整，才能做出最合理的方案。通过对成都轨道交通项目建设的梳理和总结，其交通疏解管理工作取得了较好的成效，但也存在统筹管理能力有待提升，工程建设对城市交通影响重视程度有待加强，交通疏解道路管控及交安设施维护水平有待提高等问题。成都轨道集团还将继续在交通疏解管理工作机制的创新和管理能力的提升两个方面发力。

（1）借鉴经验，不断创新工作机制

借鉴国内发达城市轨道交通项目交通疏解工作先进经验，围绕轨道交通项目现场可持续施工，建立住建、交管、城管、轨道参建单位联络小组，形成工作合力，提升工作效率。提前介入方案，做好前期重难点摸排，落实最优方案。统筹现场实施，整合各方力量，督促合同单位提前筹备资源，加快工作进度。完善分层协调机制，建立问题清单，专人专包重难点，形成闭环式管理。精准摸排施工现场现状，提前稳定管综、绿化、路灯迁改方案，掌握迁改规模。优化现场实施方案，实现车站工序工法与交通疏解时序相匹配。落实“动态打围、科学制堵”方针，精细化实施交通疏解，兼顾现场施工与周边交通组织。

（2）加强管理，研究更合理方案

始终坚持“以人为本”“顺时发展”“解决现需”为主的工作思路，具体管理工作体现在以下四个方面：

① 在初步设计阶段，成都轨道集团邀请市级、属地政府主管部门共同深入研究详细的占道打围及交通疏解方案，委托专业设计单位开展设计，确保占道打围方案的科学合理性。

② 做好施工组织优化，抓好重点区域整治。坚持按照“分段分期、动态打围、及时退围”的原则，严把打围方案审核关，最大限度减少占道时间和占道面积，降低对交通和环境的影响。

③ 加强施工统筹力度。进一步精心统筹线路建设时序，强化“连续施工”统筹管理，

高效推进各线路项目建设，完善市政接驳及配套工程，确保开通初期运营前站点周边良好形象，尽快还道于民。

④ 持续提高管理水平，将疏解道路施工质量、疏解道路施工维护、交安设施维护及周边环境治理纳入重点管控范围及施工总承包合同条款的项目管理要求中去，督促施工总承包方严格落实合同条款，维护轨道交通形象。

二、绿化移植及恢复

绿化移植及恢复是市政工程的重要内容之一。为保证车站、明挖区间、风井的顺利实施，需将结构开挖范围、交通疏解范围以及施工生产必需的场地范围内的树木移植到其他市政绿地（带）或苗圃内，满足施工生产条件。待结构实施完成后，要对临时占用的绿化区域（含行道树）按行政主管部门审查后的方案进行恢复，确保景观效果。

1. 绿化移植

（1）绿化移植报批

成都轨道集团根据建设需求向市公园城市建设管理局提出树木移植申请，涉及交通、水务、企事业等单位的树木移植，应先取得树木产权单位的认可后，再申请报批。市公园城市建设管理局审批权限范围的树木移植申请，在接到申请后3~5个工作日内完成审批工作，超过其审批权限范围的由市公园城市建设管理局向市政府报批。树木移植数量较大的，由市轨道办认定范围，具体数量由市公园城市建设管理局和成都轨道集团共同核定。另外，名木古树尽量不移植，采取就地保护措施，因工程建设影响名木古树正常生长的，在设计方案阶段采取避让措施。

成都轨道集团审查各站点及区间施工占用范围的合理性，完成数量清点（见图4-7），按市（区）级园林主管部门要求准备并完善资料，办理绿化移植许可证，具体办理流程见图4-8。

（2）绿化移植模式

为做到重大城建项目建设中树木移植的规范有序，确保移植树木的成活率，移植工作由市公园城市建设管理局牵头协调，原则上由日常养护管理段面的单位负责移植。移植完成的时限应满足成都轨道集团的要求，并接受市级相关部门监管。

根据《研究推进地铁项目管线迁改等有关工作的会议纪要》（成府阅〔2014〕166号）

图4-7 与主管部门、产权单位现场清点树木

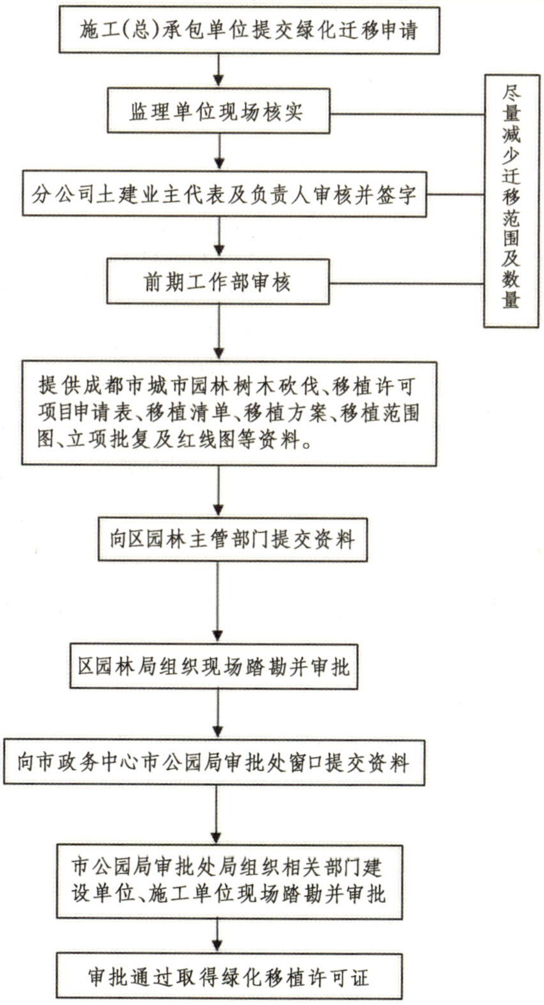

图4-8 绿化移植许可证办理流程

和《关于重大城建项目建设中涉及树木移植有关问题专题协调会会议纪要》（2008年4月24日）文件精神，对不同规格型号的树木，移植所需的人工费、材料费、机械费场地费、支撑费、安全文明施工费及管护费进行了明确。轨道交通项目涉及的树木移植及管护一般采用综合单价包干方式签订合同。项目涉及的市管、区管（五城区）树木移植主要由轨道集团与成都市公园城市建设管理局下属绿化事业发展中心签订树木移植及管护合同，涉及其他区县的由轨道集团与区县园林主管部门签订合同，涉及其他产权单位或管理单位的由轨道集团与树权单位签订合同，地铁建设单位承担树木移植及管护费用。

（3）过程管控及成效

成都轨道集团统筹各点位施工时序，根据各点位施工需求组织迁改单位进场分批移植，使得绿化移植时间得到大幅提升：站点施工涉及绿化移植在200株以内的，在一周内完成移植工作；站点施工涉及绿化移植为200~400株的，在两周内完成移植工作；站点施工涉及绿化移植为500~800株的，在三周内完成移植工作。通过缩减绿化移植工作时间，有效保障站点施工条件。图4-9为绿化移植现场。

图4-9　绿化移植现场

2. 绿化恢复

（1）恢复方案设计与报批

2018年以前的轨道交通建设项目，对于各站点的绿化恢复，没有形成一套完善的方案审查机制，一般由绿化恢复实施单位出具方案，报请市公园局绿化处审查通过后实施。

2018年以后的轨道交通建设项目，市轨道办已明确由成都轨道集团委托设计单位出具恢复方案。成都轨道集团组织相关部门进行内部方案审查，再征求区级园林主管部门意见修改完善，最后报市轨道办、市公园城市建设管理局以会议审查的方案进行方案审查（一般按线路进行会议审查），设计单位根据会议审查意见完善恢复方案。

（2）绿化恢复模式

根据成都市政府《研究推进地铁项目管线迁改等有关工作的会议纪要》（成府阅〔2014〕166号）、《成都市林业和园林管理局关于专题协调成都市地铁建设项目涉及绿化迁移和恢复建设的会议纪要》（成林业园林纪要〔2014〕1号）以及区（市县）轨道办纪要等文件精神，轨道交通建设项目涉及移植及恢复中心城区五城区内市（区）管理段面上的绿化，由成都轨道集团与成都市公园城市建设管理局下属单位签订绿化移植及恢复合同；涉及中心城区五城区以外其他区（市）县和各市级平台公司移交给成都轨道集团的轨道站点建设绿化段面，由成都轨道集团与市公园城市建设管理局直属单位市园林建设技术服务中心签订合同；涉及其余区（市县）的绿化，由成都轨道集团与区（市县）园林主管部门签订绿化移植及恢复合同。恢复工作现场实施，一般在开通运营前3个月进行，由地铁土建单位完成需恢复区域的种植土回填，建设公司组织恢复单位进场分批次实施恢复工作。

（3）验收及移交

绿化恢复完成后，由成都轨道集团牵头组织市级、区及园林主管部门、绿化恢复实施单位现场初验，初验合格后进入管护期，管护期一般为1年，管护期满后根据市、区管界面分别办理移交手续。移交手续由成都轨道集团牵头、绿化恢复实施单位具体办理。图4-10为绿化恢复现场。

图4-10 绿化恢复现场

（4）改进措施与创新

在前三期的轨道交通建设过程中，轨道交通建设项目涉及大量树木移植，绿化移植一般由专业绿化队伍实施，部分树木移植至市政绿化带上，部分树木移植至苗圃里，在长达四年的轨道项目建设期间，部分树木被园林单位移植至其他绿地内栽植，部分树木也存在死亡、被盗现象。作为轨道交通项目建设单位，对树木的去向没有系统地建立跟踪台账。

从第四期轨道交通建设规划项目开始，在绿化移植、管护、恢复工作上进行了以下几个方面的改进和创新：

① 作为轨道交通建设单位，认真贯彻落实成都市加快建设美丽宜居公园城市的精神，兼顾处理轨道交通建设和公园城市建设的相互关系，在轨道交通建设项目方案设计阶段，尽量减少对城市公园、绿地的影响，方案确实无法避让的，积极征求市公园城市局意见，邀请专业园林机构，制定绿化移植、保护、恢复方案。

② 汲取以往经验，在第四期规划建设项目实施过程中，请市公园城市局牵头协调，确定了绿化移植运作模式，明确了恢复方案审查机制（由市公园城市局组织统一审查），目前五城区内的绿化移植及恢复由市公园城市局下属直属单位实施，规范绿化移植，确保绿化恢复品质；其余区县的绿化移植及恢复均按照成府阅〔2014〕166号文要求委托主管部门组织实施。

③ 在各线路各点位绿化移植进场前，由轨道建设单位组织绿化移植实施单位、监理单位、施工总承包单位现场进行技术交底，明确移植范围、移植数量、移植过程中的安全责任事项等内容，较好地规范了树木移植工作。

④ 针对前三期项目，市公园城市局只明确了公园城市园林绿化事业发展中心为牵头单位，因涉及大量绿化移植及恢复工作，一家单位往往不能全面统筹。通过协调市公园城市局，第四期建设规划项目涉及的绿化移植及恢复工作，引入了第二家专业绿化实施牵头单位即市园林建设技术服务中心，两家牵头单位同为市公园城市局下属直属单位，形成相互竞争机制。

⑤ 提前启动绿化恢复方案报审工作，对接恢复单位落实进场实施的所有苗木招标、采购、人员等问题，在具备恢复条件时即可进场实施恢复，确保在开通运营前基本完成。

5 第 5 章

现场管理

第1节　安全管理

一、制度体系建设

成都地铁在建设过程中从风险源识别、管控、验收、问责等多个方面规范和约束了各方建设管理行为，确保项目管理有章可循、有据可依。在此期间编制了《安全生产责任制》《项目测量管理办法》《重大危险源管理办法》《建设工程关键节点开工前安全条件验收细则》《建设工程综合考评管理办法》《安全、质量事故（事件）调查处理规则》《建设工程无后果违规、违章作业行为管理细则》《建设工程内部问责管理办法》《建设工程施工范围内建构筑物现状调查及鉴定实施细则》以及《建设工程监理考核办法》等49项制度。

二、危大工程管控

1. 深基坑施工管理

成都地区的富水砂卵石地层对深基坑施工来说非常不利，既要保证降水效果，又要控制降水带走地层中的砂石含量。成都地铁经过多年磨砺，总结出了一套行之有效的管理手段：

（1）要求基坑降水工程单独编制安全专项方案并组织专家评审，进行降水实验，验证降水参数的合理性并出具降水实验报告。

（2）开挖过程中严查开挖步序是否满足专项方案分层分段的要求。对于桩加内支撑支护体系，特别重视钢支撑架设的及时性，将不按时架设支撑的行为列为严重违章行为进行处罚。

（3）对于临近建（构）筑物的基坑，密切关注基坑和建（构）筑的变形监测，通过分析监测数据科学指导施工。

（4）从地勘设计源头着手，消除隐患，提前加密探测基坑范围内地层、地下管网等建（构）筑物，对地层薄弱处采取针对性设计措施，如咬合桩、混凝土支撑等。

2. 盾构施工管理

从盾构管理人员配置、地质风险及设备风险评估、危大工程前期管控和盾构施工实施阶段管控等几个方面进行强化、提升。

（1）盾构管理人员配置

一是施工单位必须配置相对独立的盾构项目部，盾构技术负责人和盾构经理必须为专职人员。二是监理单位必须配备专职的盾构专监、设备专监、安全专监和测量专监。三是施工总承包联合体牵头单位需配备专职盾构负责人，成立盾构工作组，指导服务盾构施工。

（2）地质风险及设备风险评估

一是各施工单位要高度重视地质补勘工作，对地勘阶段未能协调进场勘察的、穿越老旧房屋建设群的必须进行地质补勘。二是盾构实施前，必须委托第三方单位做好建构（筑）物安全鉴定和现状调查。三是新盾构机进场前6个月，旧盾构机维修改造前必须完成设备评估；盾构设备调试完成后，必须组织现场调试验收。

（3）危大工程前期管控

一是除盾构常规风险源外，将管片拆除、龙门吊安拆纳入危大工程管控；方案论证专家为盾构行业专家比例要复合评审要求，专家中也应包含地质专业、设备专业、土建专业。二是严格执行安全条件验收制度，必须按照要求查阅资料、现场查验，按顺序逐级开展施工单位自检、监理及总包预验收，开工条件正式验收。三是涉及低瓦斯盾构施工的，必须单独组织防爆设备改造验收，并严格落实瓦斯隧道安全管理要求。

（4）盾构施工实施阶段

一是盾构施工开工条件验收通过后，施工单位必须安排电气工程师及土木工程师，监理单位必须安排盾构专业监理进行全程跟机，如实记录当班工作情况（重点关注出土量异常点位）。二是盾构穿越重大危险源期间，除监理、施工正常值班外，总包单位必须派驻地工程师（含盾构工作组人员）进行值守，建设单位业主代表实时盯控；盾构穿越特别危大风险期间，总包单位盾构负责人现场值守，建设单位业主代表24小时值班。三是各盾构工区必须建立完善的渣土管理及出土预警制度，严格执行出渣方量与重量双控，要结合地质变化情况，每环进行渣样筛分，动态调整出土方量标准值；选用优质泡沫和膨润土，执行渣土无害化处理，满足环保要求。四是要严格落实盾构测量管理要求，施工单位测量计划线数据必须经施工单位上级公司、监理单位、第三方复核，监理单位要按要求独立测量管片姿态和盾构机姿态，纠偏过程中要遵循“勤纠、缓纠”原则。五是同步注浆要计算好每环同步注浆填充系数；洞内二次注浆时，要合理选择注浆参数、注浆点位、单次注浆量，做好二次注浆封水环，杜绝出现管片上浮和破损情况发生，管片破损修复要严格按照“四专”（专业队伍、专项方案、专家评审、专项验收）原则实施；管片防水材料粘贴效果按照“地上、井下、拼装前”三次检查，并落实好实名制管控。六是盾构工区要健全应急处置机制，按照应急抢险物资配备清单配齐应急物资和设备，地面开孔作业前严格执行管线探挖及地质雷达扫描，避免次生灾害发生；当沉降速率或累计沉降值达到预警值时，加大监测与巡查频率，每2小时监测一次。七是盾构到达前，刀盘切削围护桩必须遵守“轻推、缓进、细磨”原则，确保桩体混凝土均从螺旋输送机输出。

（5）开仓换刀

要求施工单位编制专项开仓方案，选择合理的换刀地点，进行开仓作业安全评估，按方案对掌子面进行加固。施工单位开仓前需确定开仓作业人员名单，并对每一个作业人员逐项进行安全交底。开仓期间，仓内每次只允许两人进入，进行换刀或清仓作业，仓外在人闸内和盾构主控制室内安排专人值守，以便突发事件发生时，及时关闭人闸门、螺旋输送机闸门和对外联络。

在上述多重措施的保障下，成都地铁成功穿越了一个又一个建筑群。如7号线施工期间共穿越荷花池片区、八里庄小区、琉璃厂片区等老旧房屋建筑87栋。其中，荷花池片区房屋均为20世纪80年代砖基础结构，先后经历汶川大地震和芦山地震，已被有关机构定为危房。盾构掘进过程中无停机位置，盾构穿越前对所有房屋进行了地质补勘、全面调查、全方位加固，在无降水措施的情况下实现了带压换刀。经过充足准备和连续45天不休眠高精度盾构掘进控制，实现了危险源连续穿越，确保了老旧建筑安全。

3. 瓦斯隧道施工管理

瓦斯地质是业内谈及色变的不利地质。18号线一期工程是成都地铁与瓦斯地质的首次交锋。成都地铁人秉持惯有的执着和追求精神，立即成立以集团为核心、建设公司全力配合的技术管理机构，通过查找规范、研究图纸、多方考察、不断总结，最终编制了《成都地铁瓦斯隧道施工指南》，建立了瓦斯检测、隧道通风、设备防爆改装以及进出人员管理四大方面的瓦斯管理体系。

（1）瓦斯检测

根据合同管理模式，要求施工单位成立专门的瓦斯检测机构开展瓦斯检测工作。编制专项瓦斯检测方案，明确检测内容、检测频率、检测工作机制以及检测人员持证上岗等具体要求，如图5-1所示。同时要求总承包单位委托有资质的专业队伍作为第三方瓦斯检测单位，独立开展瓦斯检测工作，形成多重保障的管理机制。

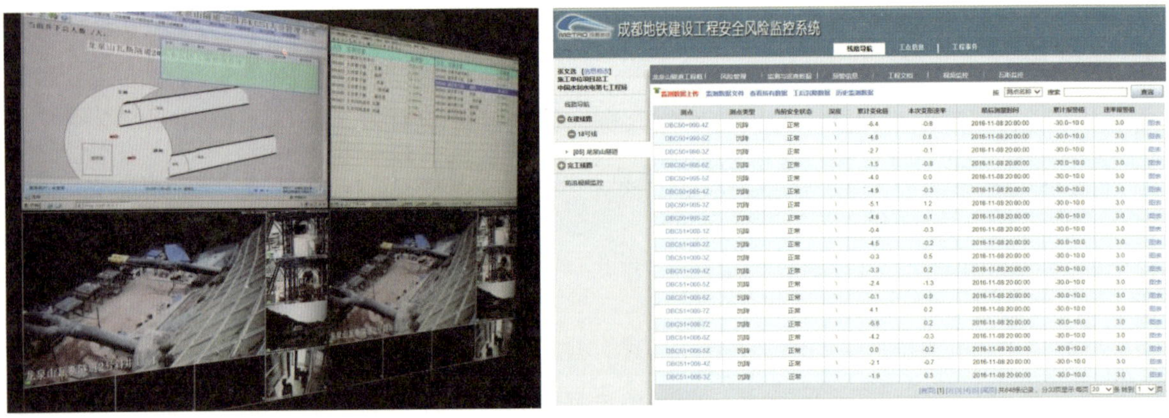

图5-1 瓦斯检测系统

（2）隧道通风

编制专项通风方案，配置两套大功率风机，实现一用一备，确保突发情况下通风不间断。根据专项方案要求，将通风管接入隧道掌子面，确保掌子面的通风量满足要求，并在隧道顶部、腰部或盾构机盾体、螺旋机等部位加装局扇，以防瓦斯聚集，如图5-2所示。

图5-2 隧道通风

（3）设备防爆改装

对进入隧道的机械设备进行电路电气改装，如图5-3所示。加装自动瓦斯检测和自动报警装置，设置瓦电闭锁系统，实现瓦斯或有害气体一旦预警，设备立即自动断电。

图5-3 设备改装示意图

（4）进出人员管理

设置两道门禁系统，对进出人员严格进行登记管理。同时要求进入隧道人员必须佩戴定位仪，管理人员可通过地面监控系统实施查找人员具体位置。

三、专项安全治理

随着建设规模增大，安全风险呈多样化发展。成都地铁通过统计、分析总结出事故事件高发的类型主要是管线安全保护、起重吊装作业、防汛、消防等方面。于是，在提升专项工作安全治理方面开展了细致的管理工作。

1. 管线施工管理

轨道交通建设项目多穿越老旧城区，各类市政管线线网密集，建设过程中易发生以下管线损伤事件。

（1）管线分布及埋设方式认识不足

中心城区及老城区管线错综复杂，大量企（事）业单位均可能有独立电缆，尤其是10 kV电缆敷设简单，直接入地埋设，被破坏的概率较大。

（2）现场管理不到位

管线周边作业时无施工单位、监理单位管理人员旁站值守，作业人员盲目施工导致管线损伤。

（3）动土作业前管线调查不清

管线探测不明，或已经探明的管线保护不到位，随意使用大型机械施工作业。

成都地铁汲取国内外各城市及成都管线破坏事件的经验教训，制定了管线保护管理规定及管线保护标准化手册，明确了管线保护相关技术措施。要求按照管线类型、影响大小等对管线实行分级管理；施工作业前对管线进行全面调查，建立管线清单，坚持“先探（3m人工探挖）后挖、双确认”原则；对已探明的管线设立标识标牌，采取硬隔离保护等技术措施；并制定了严厉的处罚措施，对存在管线安全隐患的行为单次最高处罚金额10万元，发生管线事件以线路为单位单次罚款按照（$30\times 2n-1$）万元对责任单位进行处罚，单次最高处罚金额达500万元，按相关管理规定将责任单位纳入成都轨道交通建设黑名单管理，同时对相关责任人进行责任追究。

2. 起重吊装管理

起重吊装作业一直是业内事故高发的工序之一，如吊车侧翻、吊车倾覆等危害较大的事故。成都地铁建设15年来，不断总结经验优化吊装作业管理。成都地铁在紧抓政府主管部门管控的塔吊、门吊之外，重点强化了汽车吊、履带吊等流程式吊装设备管理。一是委托了具有专业资质的单位定期对在建所有吊装设备开展检测，问题严重的禁止使用；二是不定期邀请吊装专家对现场开展吊装设备及管理专项检查；三是要求施工单位建立吊装作业工序报备制度，即每日吊装作业前，由施工单位提出申请，监理单位审核吊装设备报验情况、人员持证及教育培训情况、吊装场地准备情况及施工监理单位安全旁站人员落实情况等要求，满足条件后填报吊装作业令，次日吊装作业人员及设备持吊装令方可作业；四是强化临近主干道吊装作业防倾覆措施，各工点配备型钢硬防护架，沿主干道一侧设置；五是细化和规范零散件吊装作业，要求长度低于1米的施工材料必须使用专用盛器，严禁散吊。

3. 防汛管理

成都地区的盆地特点，极易发生城市内涝。作为地下施工的地铁防汛风险更是首当其冲。建设初期，地铁工地多次发生防汛险情。

2012年5月1日凌晨，成都市区突降暴雨，地铁2号线一期工程东大路站（原名钢管厂站）西侧出入口基坑边坡1根废弃污水管和1根废弃雨水管（断头管）突发涌水，大量雨污水进入出入口基坑并流入车站主体结构内，造成车站内部分设备进水，部分装修工程损坏，影响较大。

2015年6月23日凌晨2时40分，地铁3号线一期磨子桥站C出入口基坑南侧市政污水检查井侧壁被冲毁，大量雨污水涌入磨子桥站内，继而进入车站两端区间隧道，向北流至滨江路站、滨春区间隧道。

2010年7月16日晚8时，位于成都地铁2号线羊犀立交站旁侧的黄忠排洪渠上游高新西区突降暴雨，在地铁羊犀立交站地段的黄忠渠因排水不畅导致河水漫出渠外，一时间大量的水汇入正在施工的羊犀立交站1号出入口基坑内，羊犀立交站主体结构已经施工完毕，两侧的区间盾构隧道也已经贯通，汇入车站内的积水随着水位上升而流入两端的区间隧道。

2018年7月2日，双流区境内持续暴雨，导致青兰沟水位短时间暴涨，涌入施工区域，并漫过6号线三期兰家沟站基坑及出入段线暗挖隧道周边挡水墙，流入车站、盾构区间和暗挖隧道，造成2台盾构机及暗挖隧道被淹。

为了避免类似事件发生，建设公司着力研究防汛对策，在集团的统筹下，形成建设、运营联动的防汛应急联动机制，建立了一套完善的防汛体系。一是每年汛期之前，发布当年防汛工作方案，召开防汛部署工作会，对当年的防汛形势进行分析，梳理防汛重点，进行分级管控。二是编制了应急标准物资配备清单和防汛标准化管理手册，要求总承包单位按线路配备大功率水泵，配备移动抽水泵车，要求施工单位配置硬质钢管水泵随基坑开挖放入基底，配备数量“一备一用”。并通过历年地铁防汛典型案例有针对性地强化防汛措施，开展防汛检查。三是根据建设特点，不定时间、不定地点，随机开展“双盲”演练，以检验各单位防汛应急能力。四是总结经验教训，制定针对性措施。要求对基坑周边管网进行全面排查，雨污水断头管必须“双重封堵”；要求汛期施工的出入口、风亭等，与主体结构接口处均必须做全封闭钢筋混凝土挡墙；要求基坑周边存在1米以上的雨污水、自来水等重要管线的工点及时调整围护桩施工方案；要求临河（沟渠）施工作业基坑应设置红外夜视探头，落实单独逃生通道；要求盾构及暗挖滞后沉降、工地周边雨污水长期渗漏等塌陷风险较高区域应针对性采取地质雷达扫描，扫描出的异常区域位置需进行探孔排查，并加固到位等。

4. 消防管理

火灾是轨道交通系统危害最大的事故之一。成都地铁自建设以来，消防管理始终秉持高标准、严要求的态度，多次邀请市消防大队对建设单位及参建各方进行消防培训和学习。为提高消防管理和应急处置能力，成都轨道集团编制了消防安全管理规定，要求下属公司成立消防安全管理组织机构，针对性制定年度消防安全工作方案，建立长效工作机制；同时要求施工单位每年至少组织1次消防专项应急预案演练，每半年至少组织1次消防现场处置方案演练，每年至少开展1次消防培训。第一，完善消防管理制度，成立义务消防队，合理规划施工现场、生产生活区域布设，按要求配备消防器材，开展消防隐患排查整治、消防安全培训。第二，严格施工过程消防管理措施落实落地，食堂燃料采用工业酒精代替液化气，大大降低了消防风险。第三，要求施工现场严格按照规范加强临时用电管理。宿舍、办公用房电路安装必须符合规范要求，每间宿舍单独设置限流保护器（不超过5A），或使用36V安全电压，采用USB电源，全面取消插座。最后，要与属地专业消防机构取得联系，建立消防应急队伍，提高自防自救能力。

第2节 质量管理

一、发展概述

城市轨道交通工程是大型公益性建设项目，其质量水平直接关系到社会公众利益与安全，一旦出现事故，将造成巨大的社会负面影响。因此，城市轨道交通的质量管理是工程管理中的重中之重，没有合理的质量管理体制，就无法实现轨道交通的建设安全和运营安全。成都地铁建设始终牢固树立精品意识，成都轨道集团质量管理的发展先后经历了建设初期、建设中期、第三期三个阶段，各阶段具体特征为：

1. 建设初期：质量摸索阶段

分类统计整理各类问题，建立台账，及时改进短板，不断修正质量问题。

2. 建设中期：质量总结阶段

由表及里，深入总结、分析，从暴露出的质量问题追源溯底，挖出内在的原因，提出切实可行的解决方案。

3. 第三期：质量提升阶段

用事实验证质量措施的可行性，不断优化和细化质量要求，稳步提升工程质量。

历经三个阶段摸索、总结和提升，目前成都地铁已经形成以过程质量控制、质量通病治理和质量创优推动计划等措施为代表的一套完善的质量管理办法，如图5-4所示。

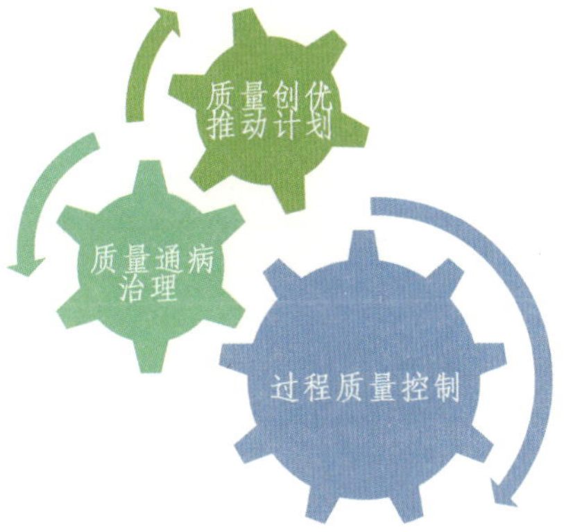

图5-4 质量管理主要措施

二、工作实践与创新

1. 过程质量控制

最初由于经验相对欠缺，成都地铁在1号线建设时期的质量管理方面存在一定不足。自2号线开始，成都地铁逐步摸索、总结质量提升措施，主要从原材料质量控制、施工工序质量控制、样板工序质量观摩、验收检测政府监督四大方面进行全过程监督管理。

（1）原材料质量控制

土建工程重点控制钢筋、混凝土、防水材料等大宗材料选择及出厂检验、进场复检以及盾构管片等预制构件进场质量检测。站后工程重点控制大型设备、构配件以及装饰装修等材料的采购合规性、进场复检的合格性以及设施设备安装的技术控制和调试等环节，从源头上确保质量。

① 防水材料选择

地铁结构防水根本在于“混凝土结构自防水”，在满足强度的条件下选择适宜强度的混凝土，优化混凝土配合比、减少水泥用量，增加其他水硬性胶凝材料如磨细矿渣、优质粉煤灰的比例，严格控制混凝土的坍落度。在成都地铁建设的前期阶段，曾使用膨润土防水毯作为地下车站防水材料，膨润土防水毯属于天然无机材料，耐久性良好，属于一种绿色环保材料，对环境不存在污染；具有施工环境适用范围很广，基面要求比较低，无须特别处理等众多的优点，但膨润土防水毯原材料尤其是半成品保护工作较难，防水毯本身在主体结构浇筑完成或顶板回填完成前不能遇水，否则会出现早期水化后防水毯硬化，导致防水毯防水效果下降并且容易损坏，在车站运营后期也出现了一些渗水隐患。经过总结，现在地下车站防水卷材主要采用的是SBS改性沥青防水卷材，这种卷材具有很好的耐高温性能，可以在-25到+100℃度的温度范围内使用，有较高的弹性和耐疲劳性，以及高达150%的伸长率和较强的耐穿刺能力、耐撕裂能力，低温柔性好，达到-25℃不裂纹、90℃不流淌，延伸性能好，使用寿命长，施工简便，污染小等特点。涂料采用水性聚氨酯涂料，该涂料具有安全、不燃烧、无毒、不污染环境、柔软有弹性、耐水性和力学性能好、耐候性佳等特性。

② 材料进场复检

图5-5、图5-6为现场钢筋原材和混凝土试块封样。

图5-5 钢筋原材封样

图5-6 混凝土试块封样

（2）施工工序质量控制

主要从严格执行规范、设计及方案要求，强化监理旁站和巡视检查等方面，严格卡控关键工序（见图5-7）、落实质量精细化管理要求，要求监理独立开展测量复核（见图5-8），优化施工组织，保障结构混凝土连续浇筑、避免出现施工冷缝。狠抓站后工程二次结构砌筑质量，加大检测频次，保证工序质量。

图5-7 监理检查工序质量

图5-8 监理独立开展测量复测工作

①防水施工工艺控制

缩短车站纵向施工缝间距，严格控制混凝土的入模温度，尽可能避免在高温时段灌注混凝土，可有效提高混凝土自防水效果。

地铁车站主体与附属结构之间的变形缝始终是防水的薄弱点。在成都地铁建设的前期，车站主体与附属结构的变形缝一般设置在主体与附属交界处；在目前地铁建设中，具备条件的地方将变形缝位置设置在附属上距离车站主体约1米位置处，且严控变形缝防水施工质量，有效地解决了变形缝渗漏水的问题。

在前期地铁运营过程中，曾出现站厅离壁沟积水渗至站厅地砖下的情况，这主要是由于离壁沟后于车站中板实施，容易出现渗漏水。后期将车站中板与离壁沟同时浇筑，很好地保证了离壁沟的防水排水效果。

②预留预埋管理

地铁建设是一个庞大的系统工程，涉及较多的工序交叉及预设预埋问题，地铁车站土建预埋件及预留孔洞大致分为4项内容，分别是电扶梯、站台门安装需求的预埋件及预留孔洞；人防、防淹门安装的预埋件及预留孔洞；地铁系统专业要求的预埋件及孔洞；盾构、轨道施工需求的预埋件及孔洞。

为了防止盾构、轨道施工预留孔洞对后续专业施工造成影响，在初步设计阶段，就对车站的施工进行了统筹，把相关预留孔洞留在合适的位置，避免后续专业的改造施工，为避免不同的设计院之间及设计院不同专业之间配合不紧密造成的孔洞不匹配或者查错漏碰的情况，采取以下措施加强控制：强化图纸会审，组织监理、施工单位共同对图纸进行审查，强化建筑图与结构图之间的比对；施工前编制孔洞、预埋件预留预埋手册，并组织各专业相互审查复核，每段施工段混凝土浇筑前监理对照手册逐一检查核对无误后方能浇筑；对于精度要求较高的预埋件，预埋件固定后必须严格落实测量复核制度，保证预埋件标高、精度满足要求。

（3）样板工序质量观摩

在土建阶段对施工质量控制良好、混凝土成型、钢筋绑扎或防水等工序质量优良的工序，组织全线单位进行观摩，由先进单位介绍质量控制经验，以全面提高土建施工质量。站后工程大力推进样板工序的观摩和推广（见图5-9、图5-10），要求各单位按样板工程进行后续施工，提升安装装修标准，规范工程质量管理。

图5-9 砌体样板观摩

图5-10 机电安装样板观摩

（4）验收检测政府监督

工程实体完工后，由第三方测量单位进行轨行区断面测量、实体结构质量检测，检测过程及检测数据实时上传至建委网站，由政府进行监督，更加客观、公正地反映工程实体质量情况。同时，在轨道集团实体质量检测的基础上，市质量监督管理部门对工程实体质量进行抽检，形成了施工自检、建设全检、政府抽检的层层把控质量管理体系。见证取样具体流程如图5-11所示。

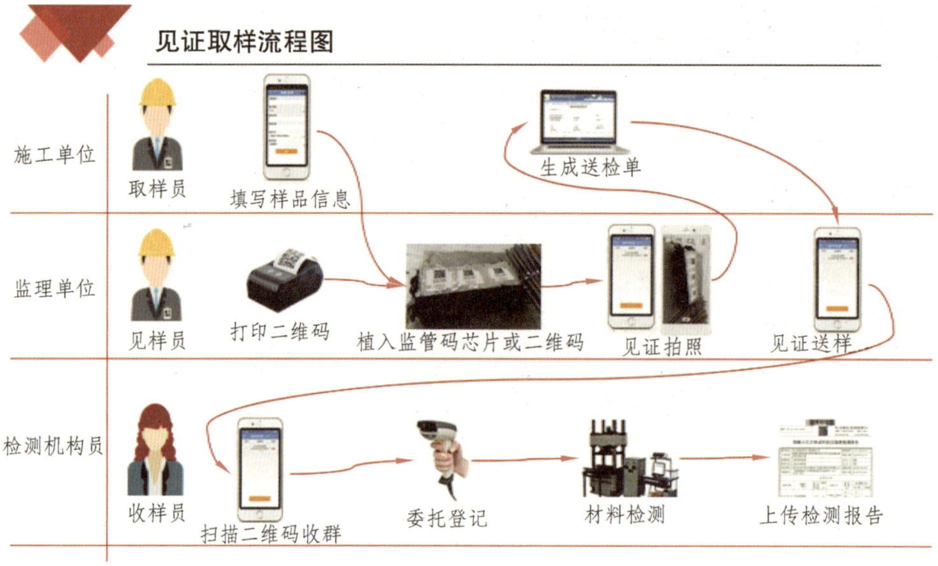

图5-11　见证取样流程图

2. 质量通病治理

在前三期建设过程中，成都地铁在一次次发现问题、分析问题、解决问题的过程中，不断总结、归纳出通病问题主要集中在两大类：一是设计图纸深度不够，与现场实际偏离。二是施工过程控制措施不到位，导致质量不满足要求。因此，成都轨道集团从设计源头深化和施工过程细化、强化着手，一方面强化图纸交底和答疑，建立施工过程勘察、设计与施工、监理的有效沟通机制，深入解决图纸设计深度不足和“差错漏”等问题（见图5-12）；另一方面，深入落实施工过程自检、互检、抽检机制，实行质量实名制管理，稳步提升工程质量（见图5-13、图5-14、图5-15）。

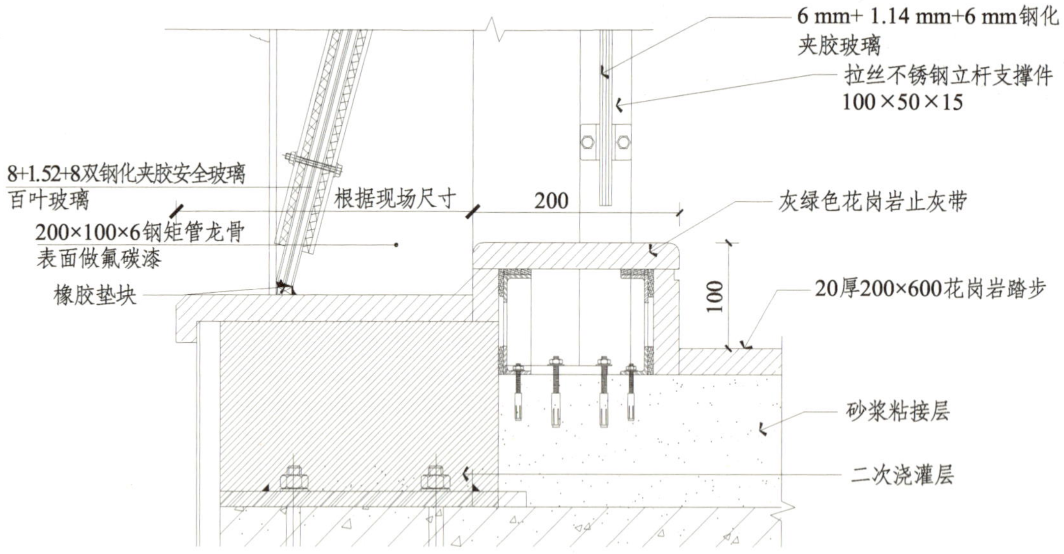

图5-12 深化设计——保证止灰带宽度一致，幕墙玻璃与石材密封

图5-13 强化施工过程自检和飞行检查

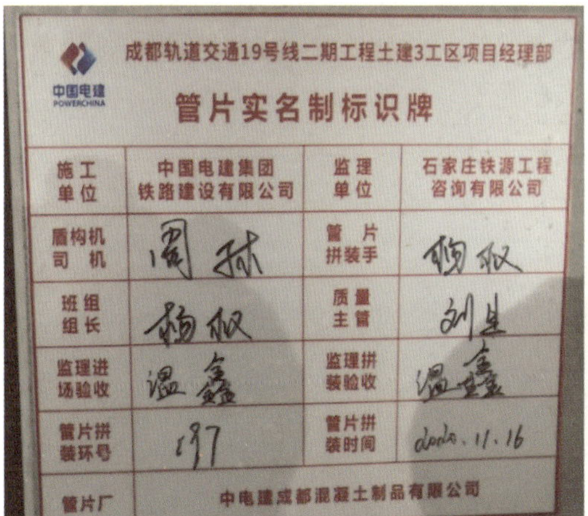

图5-14 管片实名制管理

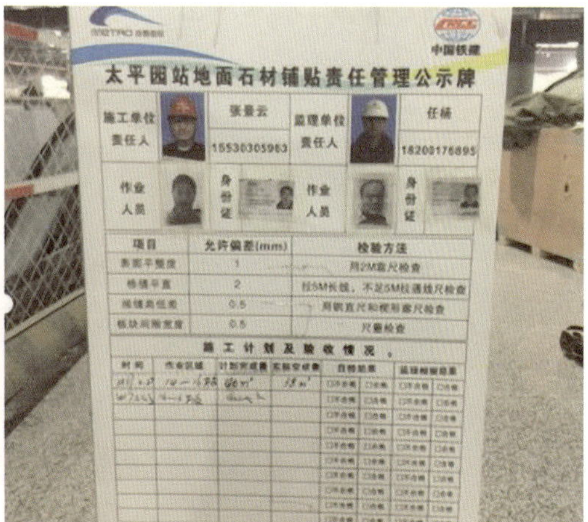

图5-15 石材铺贴实名制管理

成都地铁在总结质量通病治理的实践经验基础上，编制了《建设工程质量问题通病防治手册》，重点对常见质量通病类问题、影响使用功能类问题以及影响运营安全类问题等进行了分类梳理，并对各类问题进行全面归纳、总结，提出防治措施，为成都地铁建设精品工程打下了良好的基础。

3. 质量创优推动计划

质量创优工作推动计划主要包括四个方面：一是成立了以集团为牵头单位，各子公司、参建单位配合的创优机制；二是编制了《建设工程创优管理办法》，在合同中明确创优项目的奖励；三是建设过程中，对各项目的创优工作开展情况进行指导、考核；四是由集团牵头项目的国家级奖项申报工作，全力支持和推动创优工作。目前，已获得的国家级奖项有：地铁2号线获得“詹天佑大奖”；7号线川师车辆段获得“国家优质工程奖”。获得蜀安杯、芙蓉杯等省市级质量奖项的近40项。另外5号线、6号线、7号线等线路正在按计划申报国家级奖项。

第3节 进度管理

项目的进度控制是指对工程建设各个阶段的工作内容、工作工序、持续时间和衔接关系，根据进度总目标和资源优化配置原则编制计划，将计划付诸实施，在实施过程中检查实际进度是否按计划要求进行，对出现的偏差分析原因，采取补救措施或调整、修改原计划，直到工程竣工验收交付使用。进度控制的最终目的是确保项目进度目标的实现，项目进度控制的总目标是建设工期，因此用来衡量进度控制的指标应该是时间量。这就表明项目的时间约束是一个显性的条件，每个项目都将面临一个无法回避的开始和最终交付日期。

项目进度是将项目行动过程转化成一个运作时间表，可以作为监控项目活动的基础，经常将其与计划相结合，共同构成项目管理的一种主要工具。作为项目管理三要素的关键环节，进度与成本、质量存在辩证的有机关系。按照合同条款要求，合理安排进度，有利于项目质量和成本的控制。盲目赶工或工期延误，都会造成费用失控，直接影响项目质量。

进度管理是指在项目进展过程中，为了确保项目能在规定的时间内实现项目目标，对项目活动进度以及日程安排所进行的管理过程。它是建立在项目范围确定的基础上，通过确定合理的工作顺序，采取一定的方法对项目范围所包含的工作及其之间的相互关系进行分析，在满足项目工期要求和资源约束的情况下，对各项工作所需要的时间进行估计，制定项目进度计划，并在项目的时间期限内合理地安排和控制所有工作的时间，使资源和成本消耗达到均衡状态的一系列管理活动过程。

一、工程筹划

工程筹划是工程项目建设的总体安排，是项目实施的纲领性文件。项目工程筹划的优劣，不仅事关项目工期、成本控制，还事关工程建设质量的好坏，是工程质量控制的主线。项目工程筹划就是要理清各分部、分项工程之间和各工序之间的关联关系。工程筹划的编制，要结合工程项目总体工期要求、工程项目特点、站点及沿线边界条件（包括交通疏解条件）、工程总投资等要素，综合考虑工程的工期要求、安全性、经济性等进行分析和计算编制。

1. 早期的工程筹划管理

在早期的项目建设过程中，线路的总体工筹推进计划基本参照设计院在做初步设计时提供的工筹节点和工筹图来执行，对现场实际困难预估不足，例如征地拆迁、场地限制、施工单位的经验等问题，在一定程度上影响了施工的进度。

2. 中期的工程筹划管理

总结早期工程筹划的经验教训，根据对现场实际情况的精确掌握、前期工作的反复洽商对接以及具有指导意义的进度指标的掌握，做出来的工程筹划更具有指导意义、可执行性更强，项目的建设进度更可控。例如明确了线路建设一级节点、各专业、各工点的搭接关系以及各专业、各工点的施工计划和时限等信息，各标段依据工筹计划中工点的时间要求编排各自的总体施工计划，分析需要的资源投入计划，安排物资、原材料供应计划。地铁4号线一期工程筹划图就是业主根据实际工程情况自主编制（见图5-16），且大胆地提出将地铁4号线一期设计阶段工筹计划工期缩短半年。故成都轨道集团后期每条线的建设工程筹划均由业主自行研究、讨论并最终确定，且以此作为节点控制依据。

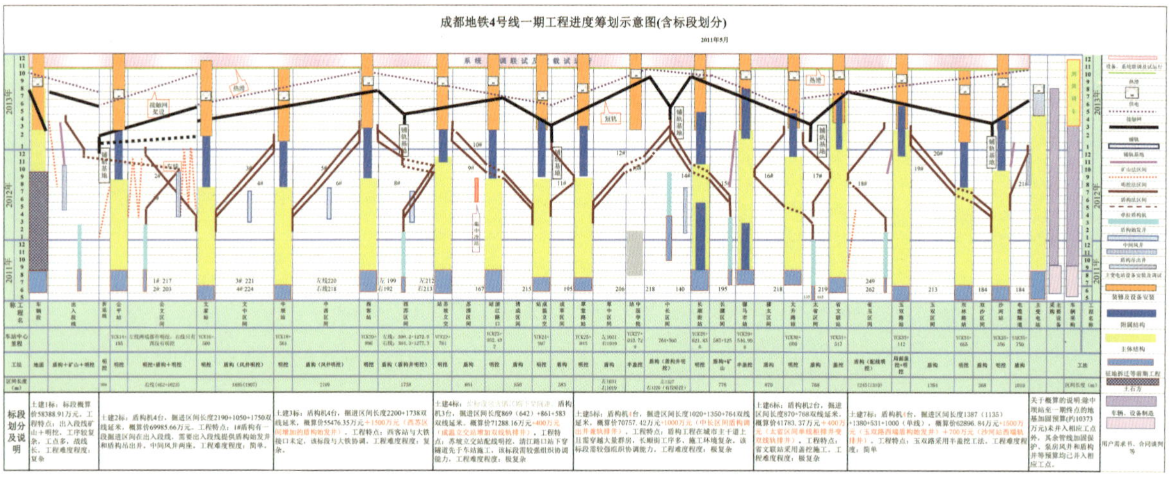

图5-16　成都地铁4号线一期工程筹划图

3. 后期项目群管控中的工筹管理

2015年，成都开启了轨道交通“加速成网”建设计划，随着第三期建设规划项目的全面开工，成都轨道交通建设由2015年的6线同建增加至2016年的10线同建、2017年的12线同建，建设模式也发生了变化。轨道工程建设呈现出技术愈加复杂、投资多元化、参建单位多、不确定因素多、信息交互频繁的特点，且存在线路和线路之间的区间借用、共用，换乘站相互线路开通时间不一致等各种复杂问题的统筹，单纯的项目进度管理思想已不适应轨道交通项目群的建设管理。

为了有效应对成都轨道交通项目建设工期紧、规模大、难点多、任务集中、参建单位多、内外协调复杂等一系列问题，成都轨道集团逐渐突破项目管理思路，将原先的项目型组织-建设事业部拓展为项目群型组织-建设公司，并在建设公司内设项目管理部门。公司通过调架构、建机制、编制度、立标准，建立了以计划为纲、总体统筹、节点管控、标准化施工的项目群管控机制；建立了以领导牵头、首问负责、分级协调、结果导向的综合联调保障机制；建立了以目标为导向、过程检查、专项督办、结果考核的目标督查管控机制；建立了“以项目管理部门项目管理为主导，设计、前期、进度、安全质量、合约为保障”的连续施工保障机制，确保项目“安全、文明、平稳”建设。

在项目的工筹制定过程中，除了以“洞通”“轨通”“电通”“热滑”为控制点，以盾构推进轨道铺设和供电系统合闸送电作为关键路线编制总体工程筹划以外，还详细编制盾构施工筹划图、铺轨施工筹划图等，具体指导工程施工进度安排。

除了项目工程筹划，公司的进度管理更注重宏观上的统筹与调控，以“连续施工和项目群管理”为抓手，强计划、强统筹，以计划为龙头，统筹征拆、大宗用地、管线迁改确保项目有序开工和连续施工，统筹盾构确保区间按期洞通，统筹铺轨进度协调推进轨行区施工作业，统筹交叉施工确保站后工程进度均衡，统筹关联工程确保线网联动，通过这些措施提高项目群管控效率，提高项目工序转换速度，确保了项目高效建设。

（1）统筹征拆确保有序开工和连续性施工

为了确保工程筹划的可实施性，提前谋划征地拆迁、交通疏解、管线迁改等前期工作，建设方提前介入，在设计阶段即参与方案研究、工筹编制。在工筹编制过程中，提前摸排全线征地拆迁、管线迁改、交通疏解等前期工作，尤其是征地拆迁工作。提前评估工作的难度、分析其对工程的影响等，结合工筹分析关键线路，对各条线路征地拆迁等前期工作的急难程度进行分类。针对重点问题进行系统分析，如图5-17所示，进行统筹管理，重点出击，各个击破，确保项目有序进行。

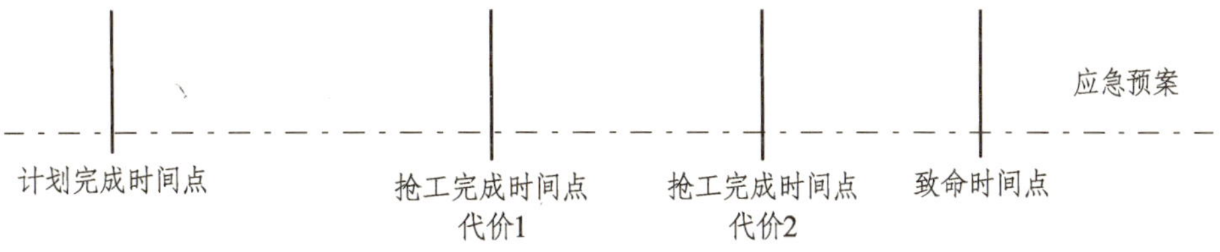

图5-17 重点问题完成时限分析

（2）统筹盾构按时洞通

城市轨道交通区间洞通直接制约着后续铺轨和机电施工甚至项目的开通目标。因此，土建施工的计划管控是以“洞通”为主线，以关键线路为抓手，统筹盾构施工，确保按期洞通。在盾构统筹方面，一是统筹各条线路盾构机的来源，确保盾构机性能可靠、按时到场；二是分析盾构关键路径，统筹盾构掘进参数，控制盾构掘进速度；三是统筹区间附属，如联络通道、泵房的施工，确保洞通后能迅速铺轨。

（3）统筹铺轨保证区间施工协调推进

铺轨是土建和机电施工之间承前启后的一项工程施工内容，铺轨是大部分区间作业的基础，更为多个专业如接触网精调等提供基准，因此高效推进铺轨施工、统筹轨行区作业显得至关重要。在铺轨施工过程中，以“轨通”为计划管控主线，统筹站后专业施工，从分析铺轨关键路径入手，加快区间土建收尾，提供铺轨工作面，短轨完成后，为区间其他作业提供条件，提供机电材料和设备运输通道，机电安装完成后再进行轨行区收口作业、长轨焊接锁定、精调接触网、限界检查等工作。

（4）统筹交叉施工确保站后工程整体均衡

轨道站后工程专业繁多且场地集中，为了确保站后工程整体均衡推进，便于后期系统调试、综合联调，在完成车站站厅层土建施工、车站具备一个出入口、一个风亭时机电便进场施工。施工期间，现场通过实施地盘管理、区域调度协调机电各专业有序交叉施工，加快了施工进度，保证了工程质量和施工安全。现阶段成都轨道集团机电专业从大面积进场到完成单系统调试的时间基本控制在6至7个月。

（5）统筹关联工程内容确保线网联动

在项目群建设过程中，对线路之间的关联工程进行重点管控。通过全方位分析项目建设管理全流程（如图5-18所示），梳理出了“项目实施、合约管理、设计及报批报建”3条工作主线、9项关键里程碑节点、12项一级节点、16项关键工作环节等关键点，并进行重点管控，确保项目从工可批复至竣工结算全流程紧密衔接、高效推进，将成都轨道交通建设项目群管控理论提升到一个新的高度。

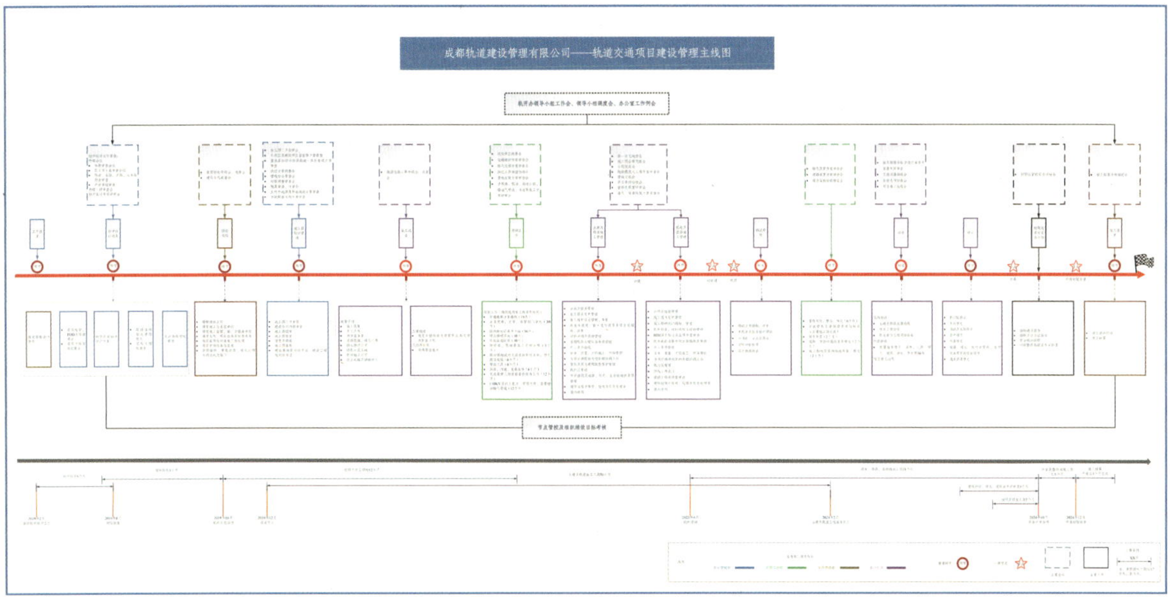

图5-18 成都轨道交通项目建设管理全流程图

二、节点管理

节点是将城市轨道交通工程的总体目标进行细化，是项目过程控制的目标和依据，是项目总体目标按时完成的保障。

1. 早期、中期的节点管理

早期的项目节点主要是指设计院在设计过程中编制的工程筹划节点，因前期障碍影响估计不充分等原因，导致项目节点可控性较差，造成了项目后期各种抢工，对项目的总体管控不利。

在中期业主参与项目工程筹划，结合项目实际情况，编制节点工期表，并将节点纳入过程管控。为有效促进节点工期表实施，在会议室、领导办公室及相关业务部门办公室的墙面上张贴节点工期表，以便于实施查看工程进度，并部署下一阶段的工作。成都地铁4号线一期工程张贴的节点工期表如图5-19所示，并将工程节点分解为更细小、可考量、可控制的细化工程节点，对每个细化节点进行动态管理，如图5-20所示。用不同颜色标明细化节点的状态，用蓝色、黄色等不同颜色对即将到期节点进行预警，提醒管理人员加快落实节点目标；用红色对滞后节点警告。

4号线一期工程节点完成时间		
2014/12/23	全线盾构区间洞通	
工程节点计划		
文家车辆段接车	2015/1/20	
	2015/3/31	试车线具备动调条件
短轨通	2015/5/15	左线轨通
	2015/4/20	右线轨通
长轨锁定	2015/5/31	
环网电通	2015/6/10	长顺街除外
接触网电通	2015/6/30	
热滑	2015/7/10	
全线轨行区移交	2015/7/15	
单系统及接口调试	2015/7/1-9/30	

图5-19 4号线一期节点工期表

地铁4号线一期工程节点计划表

日期: 2021/4/22
红色单元格表示:今日到期节点
橙色单元格表示:未来7天即将到期节点
黄色单元格表示:未来8-14天内到期节点

序号	车站或区间	工程部位	工位	围护结构(含冠梁)完成时间	土方开挖开始时间	土方开挖完成时间	主体结构开始施工时间	提供盾构下井时间	车站主体完工时间	盾构机进场或到站时间	盾构机始发时间
1	出入段线	右	明挖								
		左	盾构+暗挖+明挖								
2	公平站(含起点至公平)	右	明挖	2012/5/10	2012/4/20	2012/7/15	2012/6/16		2012/12/6		
		左			2012/4/10						
3	公平站—盾构井		明挖	2012/5/15	2012/4/20	2012/9/5	2012/6/10	2012/10/30	2013/1/21	2012/11/15	2012/12/15
4	公平站—文家站	右	盾构							2012/12/1	2012/12/31
		左								2013/7/15	2013/8/15
5	文家站	右	明挖	2012/5/5	2012/4/20	2012/8/13	2012/6/6	2012/11/15	2012/12/20		
		左									
6	文家站—中坝站	右	盾构							2012/12/1	2012/12/31
		左								2012/12/15	2013/1/20
	车辆段										
7	中坝站	右	明挖	2012/4/25	2012/4/20	2012/8/15	2012/6/10	2012/10/15	2012/12/31		
		左									
8	中坝站—西河站	右	盾构							2012/10/30	2012/11/30
		左								2012/11/30	2012/12/30
9	西河站(暂定计划)	右	明挖	2012/7/31	2012/8/15	2012/12/31	2012/10/1	盾构吊出	2013/7/31		
		左									
10	西河站—盾构井	右	盾构								
		左									
11	西苏区间盾构井		明挖	2012/4/15	2012/4/30	2012/7/30	2012/6/10	2012/10/15	2013/2/30		
12	盾构井—苏坡立交桥站	右	盾构							2012/10/15	2012/11/15
		左								2012/11/1	2012/12/1
13	苏坡立交桥站	右	明挖(配线明挖)	2012/5/5	2012/5/6	2012/10/31	2012/6/20				
		左									
14	苏坡立交桥站—清江路口站	左	盾构					2012/12/1			
		右						2012/12/15			

图5-20 4号线一期细化节点计划表

2. 后期项目群管控中的节点管理

在城市轨道交通项目群的管控过程中，对节点管理更加细致、专业，主要从以下几个方面来规范节点管理。

（1）对节点来源及分类进行了规范定义

在项目群管控初期，通过项目群的总体统筹、各线路的关键路径分析和工程筹划编制，基本确定各项目的过程控制节点。在建设实施阶段，对工筹节点进一步细化，分为一级、二级和三级节点，并把业务保障部门的工作也纳入了节点管理。

一级节点：全线洞通、短轨通、环网电通、轨行区移交、车站移交、车辆基地整体移交、系统联调、空载试运行、（初步）竣工验收、开通初期运营等；

二级节点：盾构始发、车站主体封顶、区间双线洞通、高架桥通、正线长轨通、车辆基地单体建筑封顶、主变外电投用、站台门5000次测试、热滑、区间人防门验收、控制中心移交运营、车站附属全部移交运营、主所移交运营、全功能测试、车站退围还道、市政设施移交；

三级节点：轨道附属工程全完、车站/区间风井/车辆基地/控制中心移交机电、车站附属移交机电、区间联络通道移交机电、车辆基地短轨通、盾构井/轨排井封堵、车站关键设备房投用、接触网电通、电扶梯取证、市政接驳完成（含雨污水、自来水、道路等）。

业务保障类节点分为前期类节点包括占道打围手续办理、征地拆迁、管线迁改、绿化迁移/恢复、市政设施拆除/恢复等，设计类节点包括管线综合图、土建、机电、装修、系统、道路及绿化恢复等与工程建设相关的施工图，合同类节点包括勘察设计、施工、监理、第三方等项目招标及实施主体单位的确定；项目竣工结算，其他类节点包括政府专项验收、资产移交（含备品备件移交）、单位工程实体验收、手续办理（含规划、国土、施工许可）、消缺整改等。

同时结合工程实际需求、标准化推进要求，对节点的完成标准进行了界定，如车站移交标准、轨行区移交标准等。

（2）对节点的管控进行了规范

节点实行三级管控，成都轨道集团负责一级节点的管控，建设公司负责二级节点的管控，建设公司下设项目管理部门负责三级节点管控。三级节点是对二级节点的保障，为充分发挥一线管理人员的主观能动性，三级节点由项目管理部门负责细化分解并管控落实，不纳入建设公司管理。项目管理部门对建设公司负责，建设公司对成都轨道集团负责，通过逐层负责制，进一步压实了管理责任。同时，在成都轨道集团、建设公司设立两级目标督查机构，专门负责进度相关信息的收集、汇总和提炼，提供领导决策依据。

三、阶段计划管理

1. 计划管理工作的起始与探索

成都地铁2005年12月28日首站开工。当时，地铁建设工作尚未全面铺开，计划管理也是一穷二白，需要从无到有建立体系、制度，制作计划报表模板。通过借鉴其他城市地铁的月度计划下发文件、月度统计报告等文档，摸索制定了成都地铁工程建设计划管理办法，制定了计划工作流程，并根据当时的工程建设和标段划分情况制定了设计单位、施工单位、监理单位、第三方单位等参建方的计划报表年度、季度、月度模板。

成都地铁工程建设计划管理办法明确了项目建设全过程的计划统计工作流程及细则，按不同的时间段分为项目的总体计划（施组计划）、年、季、月阶段计划及周计划。根据当时部门的业务分工以及管理模式，对前期工程计划以及其他工程计划分类设定管理模式和流程。

前期工程计划包括分期完成交通疏解、征地拆迁、绿化迁改、管线迁改与保护、临时供水、供电、施工便道等前期工作计划，由建设事业部前期室负责编制，交由总体室统筹审核。

其他类工程计划由承包商负责编制，监理单位审核后连同监理工作计划一起交由建设事业部业务主管部门审核，报总体室统筹审核。

总体室负责落实年度计划、季度计划、月度计划的内部审核流程，最终将通过审核的计划下发给施工单位、驻地监理，并以此作为目标计划落实执行。

总体室牵头对计划资料上报的及时性、计划资料的准确性、计划完成情况等多方位进行考核，依据劳动竞赛的项目设置和合同约定进行奖励或处罚，促进项目建设的计划管理工作。

当时线路均是业主自主招标的方式，因此总体室的计划管理直接面向监理、施工单位等单位，管理以标段为主。由于当时在建线路较少，标段按照车站、盾构区间、暗挖区间划分，标段内容较小，因此，计划的模板也按照明挖车站（区间）、盾构区间、暗挖区间等类别分别制定，主要区别在于三种施工方式的形象进度描述方式不同、工程量的类别不同。各类工程的计划报表模板均有月度计划报表模板、季度计划报表模板、年度计划报表模板，其中月底计划模板内容最详细，季度计划报表模板的内容更精练，年度计划报表模板的内容更是从宏观上体现当年完成情况和下一年的工程推进计划。

在当时的建设强度和管理模式下，总体室2个人负责整个计划工作，每月每个工点两次的工地巡查，基本能够掌握全线所有工点的建设情况、计划安排、存在的问题等各种信息，能够按照要求及时提供各类投资、进度、需协调的问题等各种报表、图表供领导和各级管理者决策，工程建设整体推进有序。但是当时也存在一些问题，如钢筋和混凝土等甲供料的供应不及时直接影响了后期的整个工程进度，工点施工进度管控依赖于承包商自我管控水平等。建设事业部主要分析各个标段的实际进度、现场管理力量、资源投入情况等，逐个制定整改管控措施，管控难度较大。

从2006年到2010年，计划管理经历了从无到有的转变，并且在执行过程中不断地优化管理流程、优化报表模板、丰富管理内容、扩充进度管控手段，逐步建立了完备的进度计划控制管理体系，从工程总体筹划、工点总体计划（施组计划）、年度计划、季度计划到月度计划实施分级和动态跟踪管理，构成一个从宏观到微观、从总体到局部的综合计划进度控制管理体系，保证工程按目标顺利推进。

2. 计划管理向计划调控的转变

如果说成都地铁前五年的计划管理都是在进行摸索和探索的话，那么从2011年起，成都地铁的计划管理逐渐成熟，逐步从计划统计的职能向计划管理职能、调控职能转变，管理的内容、手段和方法都发生了很大变化。

（1）管理内容和方式的转变

① 从管理内容上说，原来的计划管理更多地在于计划统计管理，对源头的工程筹划参与较少。通过五年来地铁1号线、2号线建设对不同地层、不同工法施工进度指标的统计，对各类前期问题解决的时效以及对不同职能部门处理事情的效能的掌握，业主对工筹的研究和把控更精准，更多地从工筹源头设计整条线路的建设进度安排，提前调研疑难险重问题并进行预判、研究、精化方案或者预处置，使得线路工筹更科学、合理、可控。

② 计划执行过程中更注重过程跟踪、监督，对影响施工的问题及时进行协调处置，尽量避免因前期问题、资源投入问题等引起后期抢工的情况。

③ 加强了考核力度，废除了原来的劳动竞赛管理办法，结合新的建设模式（从原先的自建模式增加了投融资+回报的模式）和标段划分模式（原来线路均为小标段招标，每个标段一个或者两个车站，一段或者几段区间，不同工法不同标段；后来改成大标段招标），制定了综合考评办法，对监理单位、总承包单位加大奖惩力度，奖先惩后，更大地激励了监理单

位、总承包单位的积极性，对进度管控更有意义。除了工筹节点管理、计划统计管理、监督考核管理之外，计划管理部门还承担了轨行区调度管理，成都轨道集团总经理办公会事项督办，成都轨道集团建设联席会的组织、承办及事项督办，成都轨道集团建设协调会的组织、承办与事项督办，监理月度例会的组织、承办与事项督办等工作，让工程建设影响进度的信息集中、汇总、连贯，更好地起到计划调控的作用。

④ 进度计划管理的方式方法也发生了更大的改变，从单纯的计划统计报表到增加站点、区间形象进度示意图、线路整体建设进展形象进度示意图、节点预警记录表到后面的成都地铁项目进度管理系统、节点管理系统。

（2）管理措施的丰富和扩充

通过以充分发挥参建单位的主动性、积极性与建设管理单位总体调控相结合的方式，制定了业主调控管理年度计划和季度计划。在管理过程中，丰富了管理的措施和计划统计信息的表现形式。

① 增加形象进度示意图

过程计划的编排中，每个工点上报当期形象进度示意图，展示工点总体工程量、已完成工程量、当期计划完成量、当期实际完成量等信息，如图5-21、图5-22所示。在示意图的同时，编制施工进度周报、月报、季报、年报以及专题报表，按要求定期向成都轨道集团相关领导及部门、发改委、目督办、北改项目管理办公室及区县提供目标进度汇报材料，为领导的进度管控提供决策依据。

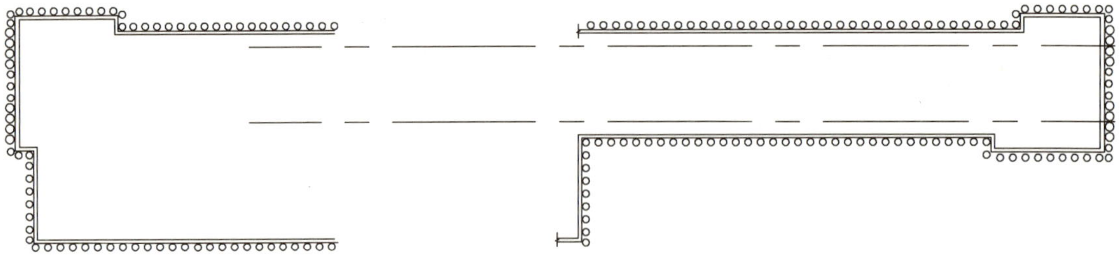

图5-21 围护桩施工进度示意图

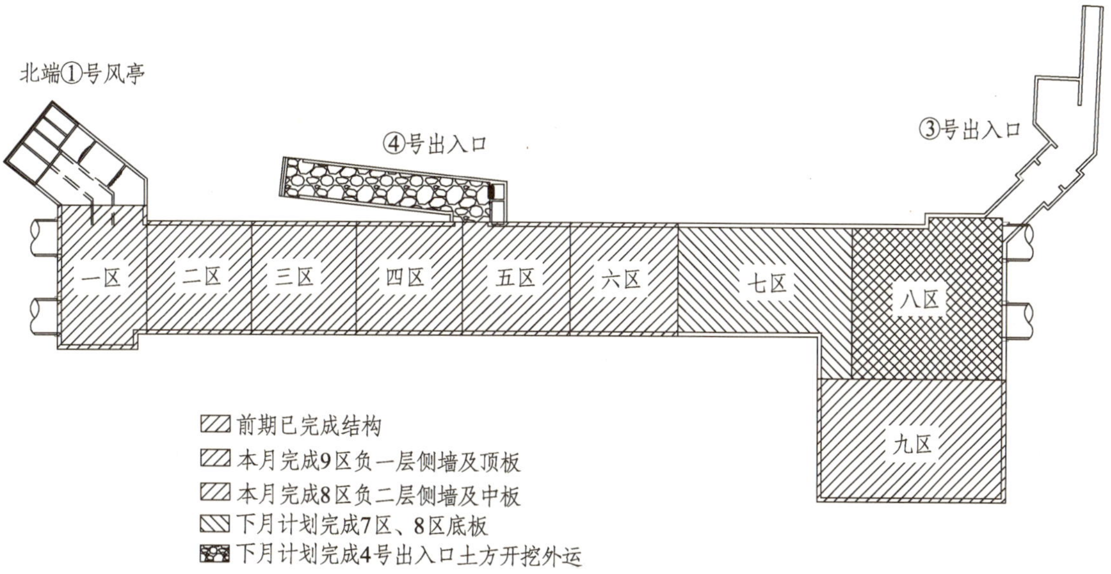

图5-22　车站施工进度示意图

② 增加管控和考核手段

同时，计划管理部门加强现场巡视和督查督办。定期现场巡查线路进度，了解施工进展及投入情况，对当前完成情况提前进行预判，为领导提供信息。并对成都轨道集团总经理办公会议定的与工程建设相关的事项、成都轨道集团建设联席会议定事项、成都轨道集团与总承包单位的建设协调会议定事项、监理月度例会议定事项进行专题督办，定期发布督办结果，督促各种问题的解决，保障项目施工进度。

为了加强计划的调控功能，由计划管理部门牵头，制定《成都地铁建设工程土建承包商综合考评办法》《成都地铁建设工程土建监理综合考评办法》《成都地铁建设工程机电承包商综合考评办法》和《成都地铁建设工程机电监理综合考评办法》，并根据管理办法组织对地铁参建承包商和监理单位进行季度综合考评和年度综合考评，通过考评促进了地铁建设工程全过程的规范化管理。

③ 建立会议协调机制

为了让全员树立进度意识、节点意识，除了进度上墙、节点上墙等措施以外，建设公司交班会上由计划管理部门先行汇报进度推进情况、存在的问题以及节点滞后情况通报、即将到期节点提醒等内容。交班会围绕工程建设进度协调存在的各种问题，安排部署各部门工作。

每月由计划管理部门管理人员深入一线，参与承包商、监理制定的月度计划分析会，业主方每季度、年度召开计划审查会，对全新的总体进度计划和各工点的计划安排进行审查，确保计划科学、合理，既具有可实施性，也具有挑战性。

此外，借助成都轨道集团建设联席会、成都轨道集团与总承包单位的建设协调会、监理月度例会从业主内部、业主和总承包单位、业主和监理单位的合力等角度多方位协调，提高业主内部各部门之间办事效率，调动总承包单位的主动性、压实总承包单位的主体责任，充分发挥监理代表业主方在一线管理的延伸作用，全方位保障项目进度。

从2011年开始，进度计划管理逐渐脱离了简单的计划统计功能，逐步完善、扩充到计划的宏观调控、阶段指导、过程跟踪、统筹协调等方面，形成了相对成熟的进度计划控制管理体系，为项目按计划推进提供了保障。

3. 项目群建设中的计划管理

（1）项目群建设中计划管理内容与流程

在项目群管控体系下，项目的管理层级发生了变化，因此管理的粗细程度也跟着做了调整，以适应项目管理的需要，即成都轨道集团重点把控项目工筹和一级工程节点、年度生产计划目标，建设公司重点把控二级节点和季度计划目标，对集团的一级节点和年度整体目标提供保障。同时，充分发挥各部门的主观能动性，他们在保证建设公司年度计划目标、季度计划目标和二级节点的基础上，根据现场情况合理安排月度生产计划和三级节点，使计划更具有可执行性。

计划目标确定以后，各部门负责生产计划的执行，计划管理部门负责督促落实生产计划。计划管理部门牵头编制形成月进度简报，并通过不定期工地巡查，检查计划落实情况，通过现场巡查比对，核实进度完成情况，全过程跟踪掌握计划完成情况，协助解决现场推进中存在的问题，发布工地巡查通报辅助领导决策。

（2）项目群建设中计划的落实和细节把控

为了确保项目群的进度管控目标、进度管控措施落到实处，确保节点实现，还需要从各个方面工作细节入手。

① 大力推行标准化管理，编制成都地铁建设工程标准化管理手册，对建设管理的程序、各种工艺工法工况情况、单系统及接口调试等都编制标准，通过标准化管理和施工保证项目有序推进、确保计划可控。

② 以连续施工为抓手，强化设计与建设的紧密联系，联合各方踏勘现场，调查分析制约线路顺利推进的重大问题，结合现场实际情况优化设计方案，从设计源头提高方案的可实施性。

③ 早谋早动，推行样板引路，提前开展盾构机选型和筹备工作，提前梳理车站附属结构实施可行性，提前开展站后工程大宗装修材料招标工作，特别是在站后工程中坚持“样板引路”思路，贯彻执行首件样板制，加强对工程施工重要工序、关键环节的质量控制，避免大面积返工，提高工程质量和工作效率。

④ 从管理入手，各级管理人员以后续专业的需求为切入点，互相多跨半步，保障各项工作的高效衔接。以打围促迁改，以洞通促车站施工，以轨通促盾构施工，以轨行区移交促进关键设备房、关键功能区域施工，以调试促安装，以车站移交促尾工，确保项目的顺利建成。

⑤ 高度重视轨行区管理。轨行区作业空间狭窄，作业专业多，交叉施工频繁，有序完成轨行区施工是轨行区移交运营开展车辆调试的关键节点，是对项目开通目标的重要保障。因此从轨道铺轨开始至轨行区移交运营期间，通过调度合理安排，实现轨行区内所涉及的各专业按工期要求安全顺利完成施工，最终达到轨行区移交运营条件。

⑥ 高效组织调试，面对多线密集调试的特殊情况，有针对性地调整调试流程，开拓了机电安装和装修进度保调试进度、运营前置、确保技术人员保障等思路，将原有的四步骤优化为两步半，减少了预调试等重复工作，强化了建设与运营的互信，缩短了调试时间，确保了调试质量。

⑦ 协调多方资源，积极主动对接参建各方及政府管理机构及相关责任部门，及时沟通现场需要协调解决的问题，主动向各级管理部门上报存在的问题和需要协调解决的事项，积极跟踪问题协调情况，促使阻碍现场施工的问题及时解决，确保现场连续性施工。

⑧ 加强目标督查，设置专门的进度目标督查岗位，适时深入现场，开展现场督导检查，紧紧围绕关键线路、关键站点、关键工序、关键问题开展工作，早分析、早报告，为决策提供依据，强化过程进度管理，确保按期完成目标。

（3）项目群建设中计划执行情况的考核

一切管控手段都是为了目标的达成，因此结果导向的思维和考核体系也是保障体系的一部分。

在建设公司内部，成都轨道集团对建设公司进行年度考核、建设公司对项目管理部门及业务部门进行季度考核、业务部门和项目管理部门对员工进行季度考核，并且组织目标绩效与部门绩效工资总额挂钩、员工个人考核结果与员工绩效工资挂钩等措施，落实各级管理人员的管控责任。同时，成都轨道集团内部、建设公司内部还每年开展评选目标先进个人、优秀共产党员等评优评先活动，进一步进行考核激励。

在参建单位之间，开展季度综合考评、专项劳动竞赛、履约信用评价等各种竞赛和评优活动，从合同履约、设计质量、目标计划、投资控制、协调配合等方面对勘察设计单位进行综合考评；从安全、质量、进度、文明施工、合约管理等几个方面对施工单位进行综合考评；从人员及设备管理、内业管理、现场管理等几个方面对各监理单位、第三方监控量测、第三方质量检测单位进行综合考评，并根据施工单位的得分对土建及常规机电总承包单位、施工总承包管理机构（简称“总承包单位”）进行考评。通过竞赛，树立竞争意识、协作观念和拼搏精神，充分激发轨道交通建设者的责任感、使命感和荣誉感，充分发挥参建者的劳动热情和创造力，形成比、学、赶、帮、超的大干局面，高标准、高质量、高效能推进轨道交通建设和发展。

（4）项目群建设中计划管理效果

有效的项目群进度管理体系和手段，确保了成都地铁从2015年到2020年每年实现最少2个项目开通的目标，尤其是2020年5线7项目同步开通，更是创造了城市轨道交通建设历史上的奇迹。

并且，通过有效的项目群进度管理体系和手段，在大体量的轨道交通建设规模下，成都轨道交通项目建设仍然在不断加速，第三期建设规划项目的平均建设工期较之前建设公司工期节约5到6个月，建设时效大大提高。

四、信息管理

信息统计是计划管理的重要环节，是对计划执行情况的检验，是制定下一阶段计划的参考依据。统计要以计划为中心，与计划统一指标、统一计量口径，遵循数据的真实性、及时性、全面性原则。统计是对已经完成发生的事件、已经完成的工作量的量化描述，不存在可变因素，因此统计数据是确定的、唯一的。

根据与计划的对应性原则，信息统计主要是指对投资及形象进度的统计、对节点完成情况的统计。

1. 投资及形象进度统计

投资及形象进度统计的周期与计划一致，投资每月统计一次，形象进度每周统计一次。

每周统计在建工程形象进度完成情况，发布建设进度周报，包括周进度和总体进度、存在的问题等。每月统计投资、节点和形象进度完成情况，发布建设工程建设情况月报，包括当月完成、季度完成、年累完成、总累计完成等信息，并与计划进行对比，发现偏差时进行分析。

2. 节点完成情况统计

节点实行即时统计的原则，一二级目标节点完成后，主管部门在5个工作日内提交目标节点完成情况证明材料（含完成范围、完成时间、证明文件）提交计划管理部门核准，计划管理部门根据核实情况等级节点完成情况。每周对当期的节点完成情况进行统计，纳入周例会材料，督促各部门积极完成节点目标。每月对节点进行月度节点完成情况进行统计，并纳入工程建设情况月报。

五、轨行区调度管理

轨行区调度管理是土建工程后期，铺轨和机电进场之后针对区间空间狭小地区交叉施工的合理工序安排而设置的工作。从轨道铺轨开始至轨行区移交运营期间，通过调度合理安排，实现轨行区内所涉及的各专业按工期要求安全顺利完成施工，最终达到轨行区移交运营条件。

轨行区是地铁施工中，工序交叉最多，人员最繁杂的区域。特别是车辆调试阶段后，存在极大的行车风险，易造成营运事故，安全风险极高。因此，恰当的轨行区施工管理措施极其重要。

1. 自建模式下轨行区调度管理

早期自建项目阶段，在土建主体施工逐渐完成，轨道施工、机电系统安装与装修工程进场后，建设公司成立轨行区计划调度小组，每周召开例会，对轨行区施工进行计划调度、统筹管理，从时间和空间上充分提高轨行区作业利用率，并引入奖惩机制，成立轨行区施工专项账户，对调度管理单位开展阶段性评比。通过这些措施，有效避免轨行区各系统专业交叉作业的冲突，规范了各施工单位在轨行区内施工的作业流程，大大提高轨行区施工作业的效率，实现了大型机电设备的有轨顺利运输以及轨行区施工作业的安全，推进了整体工程进度。

2. 投融资及总承包模式下的轨行区督查管理

在后期投融资、总承包建设模式下，轨行区调度管理的权限下放，主要由投融资、总承包单位自行落实轨行区调度管理，建设公司层面仅成立轨行区督查小组，指导、检查、考核轨行区管理工作。

轨行区调度管理是由建设公司、总承包单位、监理单位和施工单位共同参与，管理前期通过专题培训，使各线轨行区管理标准统一，确保各级管理人员意识和行动一致，提高了安全意识和安全技能。管理过程中提前收集该线土建移交情况以及线路特点，分析重难点，做好相应的施工安排，便于减轻后续施工压力，对轨行区采取不定时不定点不通知的巡查模式，有效且及时发现轨行区存在的违章，并严格按照轨行区管理细则对违章进行处理，避免习惯性违章反复发生，降低轨行区安全风险。管理后期督促各参建单位进行总结，强调和要求各线轨行区管理根据自己线路特点制定创新管理措施，促进轨行区安全和文明施工管理更规范，也使各线亮点得以在后续其他线路执行，确保后续线路轨行区管理整体水平将改善和提高。

六、项目群建设进度管控创新

成都轨道集团在轨道交通项目群管控中通过以计划为纲、总体统筹、节点管控、推行标准化施工等进度管控措施，取得了较好的进度控制效果，通过统筹征拆确保项目有序开工和连续性施工、统筹盾构确保各区间按期洞通、统筹铺轨进度协调推进轨行区交叉施工确保站后工程进度均衡、统筹关联工程内容确保线网联动，充分保障计划的科学性和可实施性，更好地发挥计划的引领、指导作用。

1. 狠抓计划管理，逗硬节点考核

提前制定实施性工筹计划，锁定洞通等关键节点时间；实时跟进现场推进情况，对节点实行三级管控、分级预警，成都轨道集团负责一级节点的管控，建设公司负责二级和三级节点的管控；参照成都轨道集团建设工程隐患排查治理点巡检系统的管理模式，不同等级的预警，由不同的责任主体负责纠偏；提前研判，对换乘站点等协调困难或施工难度大的点位，安排专人协调推进，成都轨道集团和建设公司设立两级目标督查机构，专门负责进度相关信息的收集、汇总和提炼，提供领导决策依据；严格考核，将节点兑现情况纳入建设公司绩效考核范畴。

2. 科学统筹组织，确保连续施工

以合同为根本，明确参建各方建设责任，各履其职；相互补位，既分工又合作，提前摸排全线征地拆迁、管线迁改、交通疏解等前期工作，并对各条线路征地拆迁等前期工作的急难程度进行A\B\C分类，共同解决前期、设计等施工障碍；提前谋划，狠抓劳动力、原材料及机械设备筹备工作；建设过程中，以洞通为主线，以关键线路为抓手，精心组织盾构下井始发、连续掘进、转场等工序，统筹各条线路盾构机的来源，分析盾构关键路径，统筹盾构掘进参数，控制盾构掘进速度，确保洞通后迅速铺轨；通过统筹轨行区施工，制定合理的轨行区施工计划，专人负责轨行区施工调度，以“轨通”为计划管控主线，统筹站后专业交叉施工，保证各专业间无缝对接，并联同步推进铺轨、机电安装及装修、调试等工序，有效缩短施工周期。

3. 强标准化施工，提升工程效果

标准化管理和标准化施工是项目有序推进、确保计划可控的基础。成都轨道集团在建设过程中，不断地摸索、完善标准化管理制度，目前已经形成了建设管理全程标准化、工艺工法措施标准化、调试管理标准化体系，编制了《成都地铁建设工程标准化管理手册》，对建设管理的程序、临建及驻地设置、不同工艺工法的施工管理、监控量测、防汛、消防、顶管施工、地勘工程、停车场、车辆段施工都提出了详细要求，编写了明暗挖、盾构、桥梁工程、车站公共区、设备区安装、建筑装修等施工工艺工法标准化手册，规范工艺工法施工，编制了单系统及接口调试手册和调试大纲，规范了调试方案、组织流程、培训内容等标准。通过标准化管理为基础，成都轨道集团项目群建设的安全、质量、进度管控取得了良好的效果。

4. 高效组织调试，提高建设效率

建立调试管理标准化体系，组织各专业力量编制完成《单系统及接口调试手册》和调试大纲，规范了调试方案、组织流程、培训内容等标准。以成都轨道为范本，协助住建部编制地铁调试手册，引领地铁行业调试标准化。特别是2020年，面对多线密集调试的特殊情况，有针对性地调整调试流程，开拓了机电安装和装修进度保调试进度、运营前置、确保技术人员保障等思路，将原有的四步骤优化为两步半，减少了预调试等重复工作，强化了建设与运营的互信，缩短了调试时间，确保了调试质量。对于部分调试时间比较紧张的项目，采取异

地调车试车等措施，大大节约了调试时间，确保了调试质量。

纵观成都轨道交通建设项目，建设工期由第一期建设项目平均45个月缩短到第三轮建设的平均39.4个月，工期总体节约5到6个月，建设效率大大提高。

七、进度管理的展望与思考

通过多年的实践，不断完善，不断改进，成都轨道交通项目建设项目进度管理构建了一个从宏观到微观、从总体到局部的控制管理体系，进度管理过程管控与结果导向并重，管理行为与管理结果挂钩，粗细有度、分级管理、分工明确、责任清晰。

未来，在科技手段不断进步的同时，成都轨道建设的进度计划管理也将不断提升，比如通过引入BIM+GIS的建设管理平台，通过三维模型+地理位置，实现三维可视化的进度管理，按照时间轴串联设计、前期、建设、计量、支付、资产、移交等各专业工作，实现节点预警管控、流程追踪、系统算量计价、安全质量监管等功能，支持三维模型上进行计划编排和节点预设，现场每日基于三维分块、分构件模型输入施工进展，动态生成实体进度模型，供各级管理人员随时可以三维可视化的方式查看各点位进度。系统自动记录进度及审核流程，可作为最终计量的依据。根据计划及每日进度更新，动态查询计划执行情况，及时进行滞后警示和提醒，并作为项目进度管理后评价的依据。届时，成都轨道交通建设的计划管理将更加科学、有效，成都轨道交通建设将如虎添翼。

第4节　文明施工及环境保护

一、文明施工标准化管理

成都轨道交通本着“安全、文明、平稳”的总体要求，在市委市政府关于成都创建公园城市、文明城市的目标引领下，主要从三个方面实施文明施工标准化管理：

1. 编制了《建设项目标准化手册》，指导在建线路构建施工项目办公区、生活区、施工生产区等全方位区域规划清晰、标准统一的文明施工样板（见图5-23、图5-24、图5-25、图5-26）。

图5-23　施工现场大门

图5-24　九牌四图

图5-25　职工宿舍

图5-26　现场黄线管理

2．要求参建单位严格按照《建设项目标准化手册》落实文明施工建设要求，坚持打造主体、附属一个样，城里、城外一个样的标准化、规范化工地。

3．致力于传统工序科技化、标准化施工，推行钢筋数控加工、暗挖隧道养护、大模板拼接浇筑等。

二、围挡提升及微环境治理

文明施工管理水平集中反映在施工现场上，能否把施工现场这个窗口建设好，将直接影响到成都地铁的社会声誉。成都轨道集团一直在不断提升建设工地形象，相比较于建设初期，现在已在建设项目施工打围标准和围挡改造升级（见图5-27、图5-28、图5-29）、道路交通疏解质量提升（见图5-30）、微环境治理等方面有了质的飞越。

图5-27　第一期围挡

图5-28　第二三期围挡

图5-29　第四期围挡

图5-30 施工现场交通疏解和交安设施

1. 提升施工围标准

结合《成都市建设工程围挡设置技术指南》（见图5-31），并在总结前三期经验的基础上，第四期的施工围挡标准进一步提升，具体做法主要有：

（1）合理优化打围方案，缩小打围面积，尽量减少占用城市道路和园林绿化。

（2）围挡要按规定进行专项设计，编制专项施工方案。围挡结构应按设计要求设置斜撑，大门区域应设置门禁设备，围挡上方应设置喷淋系统。占道打围时，应按照交管部门要求在围挡外侧设置防撞栏杆、警示牌等交安设施。围挡倒角处应采用透明围挡，确保行车、行人安全。

CHENG DU
成都

成都市建设工程围挡设置技术指南

2020年12月

主编单位：成都市住房和城乡建设局
参编单位：中国五冶集团有限公司
成都轨道建设管理有限公司

图5-31 成都市建设工程围挡设置技术指南

（3）围挡材质和技术要求。围挡结构提升为方钢骨架+喷绘亚光板。围挡地面至顶部高度2.5米，每幅围挡长9.9米，采用硬质一次成型板材，现场模块化整体式拼装成型。取消原围挡的重力式混凝土基础和披挂绿毯，每幅围挡由3挡组成。围挡顶部每隔9.9米设置一个方形灯箱，围挡下部设置黄黑相间图案警示挡浆板。

（4）由点到面，全面推广。成都地铁升级后的围挡因简洁、美观，被市住建局作为市政工程模板在全市推广、宣传。

2. 提升微环境治理细节要求

针对性制定微环境治理措施，对打围包保范围内共享单车管理，防尘、防噪声管理，建筑垃圾处理，绿化工程恢复，盲道恢复，围挡周边排水，污染防治管理，小广告治理等建筑工地涉及各类文明施工管理措施提出了明确要求和治理措施。同时，进一步加强安全文明施工费的支付管理，强化对安全文明施工的管控力度。图5-32为现场围挡冲洗及周边道路清洗。

图5-32 围挡冲洗及周边道路清洗

3. 渣土干湿分离

为进一步提升施工品质，落实环保及文明施工要求，成都轨道集团选取了部分试点单位进行盾构渣土无害化管理，提出三点要求：

（1）试点单位建立盾构渣土处理系统。利用渣土筛分系统（见图5-33）对渣土进行筛分处理，将不同粒径石块分离，中、小粒径的岩块通过渣土车进行外运。对于整个系统中产生的泥浆及污水，统一收集至污水中转池，加入外加剂反应后抽入泥浆罐进行絮凝，絮凝后实现泥水分离。

（2）总包单位及盾构施工单位建立盾构渣土弃渣相关管理制度，落实专业化盾构渣土运输、处置流程。

（3）要求各监理单位对盾构渣土无害化处置全程监督，做好日常影像记录。成都轨道集团将根据试点情况进一步推广应用。

图5-33 自动型板框式压滤机示意图

三、现场环境保护管理

1. 扬尘整治

（1）工地围挡内、基坑边、搅拌站内安装喷淋系统，钻孔、喷射混凝土或土方作业时须采用雾炮降尘，如图5-34所示。

（2）现场裸土管理。要求现场裸露地表应及时覆盖，长期存放时应硬化或临时绿化，如图5-35所示。

图5-34 雾炮湿法作业

图5-35 裸土覆盖

（3）强化降尘措施。一是施工现场围挡顶部设置雾状喷淋装置；二是施工现场每500米设置一个移动式雾炮；三是进行基坑土石方开挖作业时，应增设移动式雾炮；四是施工现场必须安装扬尘在线监测设备，实时监测扬尘数据；五是施工现场应按规定自行生成扬尘投诉二维码并悬挂于工地出入口外部醒目位置。

2. 非道路移动设备管理

非道路移动机械进场前应备案登记、张贴环保标识码（见图5-36）和喷涂排放编码，油料应从正规渠道购买，建立使用台账。

图5-36 进场机械张贴环保标识

3. 渣土运输管理

要求工地出入口设置自动冲洗设备、安装摄像头，对出入车辆进行监控和录像，加强对车辆冲洗和出入管理（见图5-37、图5-38）。易扬尘材料装卸运输时最高点不得超过槽帮上缘50厘米，两侧低于槽帮上缘10～20 厘米并用篷布覆盖，并适当采用喷淋降尘。运输中避免猛拐、急刹车，防止抛洒。

图5-37 运渣车辆冲洗

图5-38 运渣车辆改装

4. 施工棚应用

为减少地铁施工期间的噪声、粉尘和钢筋焊接产生环境污染，降低地铁施工对周边环境和居民生活的影响，成都轨道集团赴北京地铁、青岛地铁进行施工现场采用施工棚可行性的考察。考虑到成都地质特性、结合投资、工期等综合因素，设置钢筋加工封闭施工棚，集中加工现在需求的钢筋；在临近特别敏感的建构筑物施工时，根据车站周边环境及实施条件，采用封闭施工棚。

第5节　项目验收及移交

一、项目验收

1. 分阶段实体质量验收

轨道交通工程集土建、机电系统、装饰装修和大量市政配套项目于一体，工序交叉、搭接频繁，验收的不及时将严重制约下道工序的有效施工时间。成都轨道集团专门建立了“分阶段实体质量验收”这一工作流程，制定了完善的验收组织程序，解决了单位工程某区域或部位需在单位工程验收前隐蔽或移交给后续专业接管并施工的情况下，该区域或部位的质量验收把控问题，为后续工序和其他专业及时进场争取了时间。

2. 实体质量验前检查

为确保验收工作合理性和实效性，成都轨道集团在验收工作组织程序中创新性地加入了“工程实体质量验前检查”这一环节。

（1）轨道交通工程实施过程中，邀请运营公司提前介入，从运营角度对工程实体提出要求，以保证工程质量能够满足安全运营的功能需求。

（2）在施工单位质量自评、监理单位质量评估合格的基础上，要求总承包单位组织实体质量预检查并完成问题整改，整改合格后，建设公司组织施工、监理、勘察、设计等参建各方，并邀请运营公司参加，共同对工程实体质量进行验前检查，确定工程质量是否符合验收标准。验前检查发现的工程实体和竣工档案问题全部整改完成，经各方确认后，建设公司再组织工程实体质量验收，确保验收工作按线路运营节点目标及时完成并取得实效。在成都轨道交通已运营线路的初期运营前安全评估工作中，验收工作成效均获得了评估专家的好评。

二、政府专项验收

轨道交通工程体量大、路线长，国土、规划办理问题长期未得到有效解决，正式施工许可手续办理存在困难，且涉及城市的多个行政区域，各区县政府、行政主管部门对专项验收的要求也存在差异，加之轨道交通建设周期长，部分专项验收涉及的新旧规范衔接处理不到位，同时由于政府职能转变，部分专项验收行政主管部门发生变化，导致政府专项验收工作量大、协调难度高、验收流程不明确、完成时效性较差，在成都地铁1、4号线政府专项验收工作中出现了未及时完成验收、取得验收批复的情况。

针对严峻的工作形势，建设公司进行专题研究，制定如下工作措施：

（1）提前与专项验收主管部门进行对接，厘清工作流程。对接协调，编制轨道交通专项验收工作指南，固化验收工作流程和规定，并根据每条线路工程特点，制定针对性的专项验收工作方案。在工程实施过程中严格履行建设单位职责，严控工程质量，工程完工后组织参建单位开展查验，按时提交资料报行政主管部门审查。

（2）定期组织验收工作专题会，对各项行政验收的前置条件、目标节点进行细化，倒排出每个节点的完成时间，建立节点分级预警机制，与政府专项验收主管部门建立有效的沟通对接机制，各行政主管部门对工程实施过程进行指导，确保专项验收工作有序推进。近年来开通的各条线路均在运营目标节点前顺利取得了政府专项验收批复，确保各线高质量、高标准投入运营。

三、轨行区移交

轨行区移交是建设期施工向信号、车辆调试及综合联调转换的重要时期，轨行区管理权限包括三权移交，即属地管理权、设备操作权和调度权的移交。移交的质量直接影响后期调试的安全、进度及质量。

轨行区移交标准随着轨行区管理水平的提升不断转变。1号线聘请专家代管时期及2号线一期调度集中统筹摸索管理时期，轨行区移交标准相对较低，轨行区移交属地管理权和调度权时，部分工程还未完成，给调试及安全等带来一定影响。

2号线东延线阶段，在总结以往经验教训基础上，轨行区移交标准较之前有了明显的提升：轨行区内所有施工全部完成，整个轨行区形成封闭（站台门完成安装，端门封闭；区间联络通道防火门封闭、中间风井封闭、车站向轨行区各通道封闭、场段及出入段线封闭），区间具备正式照明、抽排水功能，通信800M能够使用，隧道冲洗完成，线路限界检查、接触网接地电阻测试、接触网冷滑、接触网热滑试验，同时提供线路限速报告；车站各站站务室、重要设备室、保安值守点具备电话通信条件，入住站卫生间具备使用条件等。

4号线一期建设中，根据线路特点，创新研究制定了轨行区分段移交方案，为信号调试、车辆调试、综合联调预留充足的时间，为后续线路快速建设奠定了坚实基础。

随着建设线路的增多，建设管理水平不断提高，轨行区移交标准也在不断提升，以第三期建设项目6号线轨行区移交为例：轨行区所有施工（包括移交前检查的问题整改）全部完成，土建、供电、轨道完成实体验收，车站设备区装修全部完成，设备安装及单机单系统调试完成，车站风亭具备投用条件，车站站台层装修基本完成（包括站台门绝缘安装），调度端PSCADA具备使用功能，站台门5000次试验完成等。

至此，轨行区移交体系已较为完备，为后期车辆调试和人员入驻提供了较为良好的条件，同时也为车站按期移交奠定了良好基础。

四、车站移交

车站移交是车站达到移交标准后，建设公司向运营公司移交车站工程实体，即进行属地管理权、调度指挥权以及设备使用权“三权移交”。车站移交是建设期施工向综合联调转换的重要标志，车站移交的标准将影响后期综合联调的工作开展。车站移交标准随着建设管理水平的提升不断提高。

2010年3月，在1号线一期工程探索管理时期，轨道集团制定了成都地铁第一个“三权移交”管理文件：《成都地铁1号线一期工程“三权移交”前提条件及标准（试行）》，结合当时成都地铁1号线一期工程的实际情况，对“三权移交”做了如下要求：车站土建通过子单位工程分阶段验收；机电安装工程完成分部工程地铁公司内部验收；装饰装修基本完成施工，无大面积施工，满足运营接管人员进驻的条件；车站至少有2个出入口基本完成，且其中一个可作为应急通道，供消防车、抢险车到达出入口；运营公司接管人员要对车站用电、照明、给排水、消防、环控系统工作状态、各类工程缺陷进行确认。

在《成都地铁1号线一期工程“三权移交”前提条件及标准（试行）》的指导下，建设事业部与运营事业部配合，完成了地铁1号线一期工程车站移交工作。在移交过程中发现了许多可以改进提升的地方，成都轨道集团对地铁1号线一期工程车站移交工作进行了总结。

根据对1号线一期工程车站移交工作的总结，2012年1月，成都轨道集团制定了《成都轨道交通有限公司建设工程移交管理暂行办法》，在1号线一期工程“三权移交”标准的基础上做了以下提升：车站土建、机电、设备安装及装修工程完工并通过工程实体质量验收；车站内、外部排水畅通，具备排水能力；车站及站外冷却塔噪声符合国家标准；车站开放使用的2个出入口卷闸门能正常使用；车站内材料、垃圾、工器具清理完毕并冲洗、打扫干净；承包商完成各类设备操作使用培训；机电设备备品备件、工器具、钥匙、文件资料按照清单移交给运营人员。

在新的管理办法指导下，地铁2号线一期工程（2012年）、地铁2号线西延线工程（2013年）、2号线东延线工程（2014年）车站移交工作实现了标准化管理。

2012—2014年，成都地铁连续三年开通三条地铁线路，成都轨道集团不断总结、提升，对车站移交工作有了更深的理解和更高的要求。

2014年以后，成都地铁建设进入快速发展阶段，在投融资建设、PPP建设模式等新建设方式下，车站移交工作出现了新主体责任单位。在新形势下，2014年8月，轨道集团制定了《成都地铁有限责任公司建设工程验收及移交管理办法》，2016年4月又对上述管理办法进行了修订完善。

2016年4月制定的管理办法对车站移交工作又做了进一步的完善，按照工程进行阶段对车站移交工作进行了阶段性的划分。综合联调联试开始前，进行属地管理权移交。接管单位在车站出入口封闭、通风、照明等基本条件满足要求后，接管车站属地管理权，但设备机房钥匙暂不移交。轨行区长轨贯通，具备热滑条件后，进行调度指挥权移交。由接管单位、建设管理单位及其他单位共同成立联合指挥小组，负责轨行区和车站的调度指挥，逐步将指挥权移交至运营公司。所有系统及设备通过综合联调后，安排设备操作使用权移交，接管单位接管设备操作使用权。

在2014年8月和2016年4月的两版《成都地铁有限责任公司建设工程验收及移交管理办法》指导下，成都地铁高标准地完成了地铁1号线南延线工程（2015年）、地铁3号线一期工程（2016年）、地铁3号线二、三期工程（2018年）、地铁4号线一期工程（2015年）、地铁4号线二期工程（2017年）、地铁7号线工程（2017年）、地铁10号线一期工程（2017年）车站移交工作。

进入加速成网建设时代以来，为适应公司深化改革转型发展，规范轨道交通建设工程移交管理工作，结合最新管控模式和现场实际需求，成都轨道集团依据《城市轨道交通建设项目管理规范》《城市轨道交通运营管理规范》《城市轨道交通初期运营前安全评估管理暂行办法》等文件，结合工作实际，于2019年7月制定了《轨道交通建设工程移交管理办法》。轨道集团不断总结提升，在规范文件的指导下，对车站移交工作提出了规范化、精细化的要求。

2019年7月制定的管理办法，结合加速成网建设实际情况，提出了“分步+整体”移交模式，实现了分批移交车站，有力推进了加速成网建设。

第6章 投资管理

投资管理是指从项目前期研究阶段开始，直至项目竣工结算为止整个过程中的全程动态管理，也是依法合规开展轨道工程建设工作的重要保障，主要包括概算管理、采购管理、合约管理等工作。城市轨道交通是一项投资金额特别巨大的市政基础工程，项目投资管理的好坏、投资管理水平的高低，直接影响项目的实施效果。

投资管理部门经历了地铁公司计划合约部→计财合约分部→合同结算部→合约管理部的演变，成都轨道交通建设也经历了自建、投融资及PPP等建设模式，围绕着不同的建设模式，在概算管理、采购管理、合同管理等投资管理工作中经历了探索与学习阶段、成长与加速阶段。通过不断地学习、总结，摸索出一套成都地铁的投资管理方法。在不同的建设时期，通过灵活调整投资管理方法，为一线工作顺利开展提供了有力保障，确保了相关工作的顺利推进。

第1节　概算管理

城市轨道交通工程设计概算是初步设计文件的重要组成部分，是全面反映建设项目投资规模和投资控制的重要文件，它应完整反映设计范围内工程项目建设全过程所需的全部费用。设计概算经批准后是确定和控制项目投资的主要依据，也是进行项目投资管理的重要依据。

为了合理确定和有效控制城市轨道交通工程造价，做好概算管理显得至关重要，在成都地铁高速发展的历程中，通过不断摸索，概算管理逐步由粗放式管理走向规范化管理。

一、探索与学习阶段

1. 概算管理方式及要点

在成都轨道交通建设初期，因为线路较少，工期相对充足，整个轨道工程建设均按部就班地开展，即初步设计批复后再开展施工图设计或招标图设计，根据施工图或招标图开展工程量清单招标，这期间投资控制的重点是招标控制价，初步设计概算管控较少，概算编制主要由设计单位依据《城市轨道交通工程设计概预算编制办法》（〔2006〕279号）和相应定额编制完成。

在2011年以前，上级投资主管部门对轨道交通无概算评审要求，因此未单独开展概算审查及评审相关工作。

2. 不足与存在的问题

在此阶段，概算管理主要以设计单位为主导开展。业主对概算管理重要性认识不足，未对概算进行系统性管理，没有专人负责概算管理工作。在概算编制、审查、评审整个环节均未制定合理的管理制度和办法来规范概算管理，整个概算管理较为粗放。

二、成长与加速阶段

1. 概算管理创新

随着成都轨道交通建设提速，建设模式也由自主招标为主逐渐变成投融资、PPP模式为主，在新的建设模式下，合同价直接与初步设计概算挂钩，概算管控的重要性凸显，针对前一阶段概算管理暴露出来的问题，有针对性地采取了多种措施来规范和提升概算管理工作。

（1）建立概算管理体系

设立概算管理机构，专门负责概算管理。建设公司组织相关单位及部门制定并发布了《成都轨道交通项目初步设计概算管理办法》，明确概算编制及审查依据、流程，理顺各单位和部门职责，建立了从概算编制至概算批复全过程严格的管控程序。

（2）制定设计概算编审规程

随着成都轨道交通建设提速，大量采用投融资、PPP模式，这种模式下概算价与合同价密切相关（即在批复初步设计概算基础上下浮一定比例就是合同价），这种创新的建设模式是基于成都轨道交通全面加速成网的特定背景下采用的方式。因为合同签订后概算尚未批复，所以在概算编制评审环节，业主与承包商争议多、分歧大、矛盾尤为突出。

随着成都轨道交通建设提速，对概算编制及审核都提出了更高要求，由于没有统一的概算编审指导文件，各概算编制单位根据自己的惯例和习惯编制概算，这就造成了同一时期不同的设计单位编制的初步设计概算格式、内容、选用的概算指标差异较大，这对概算的准确性和评审效率造成了极大影响，同时也加大了承包商与业主之间对概算合理性判定的难度和分歧。

基于上述原因，建设公司组织相关单位，在政府主管部门的指导下，在《城市轨道交通工程设计概算编制办法》（建标〔2017〕89号）基础上牵头编制了《成都市城市轨道交通工程概算编制规程（2018）》，并由成都市建委统一发布。规范了城市轨道交通概算编制方法，统一了费用标准，大大提高了各设计单位概算编制质量和效率，减少了承包商、业主、咨询单位对概算合理性的分歧，对概算编审的效率和合理性发挥来积极的指导性作用，同时在行业内发挥了积极示范作用，得到大家的充分认可。

（3）整合概算指标库

经过十多条线路的概算编制、审查、评审、批复，建设公司对这些数据进行了整理分析，建立了“成都轨道交通项目经济指标数据库”，为下一步概算编制和审核起到了积极的指导作用。

（4）装修概算补充评审

由于初步设计阶段无法对装修方案进行详细设计，在初步设计概算中装修工程均按指标暂列，由于合同模式采用概算下浮模式，无法准确确定并控制装修工程投资，在取得市政府相关政策支持下，成都轨道集团提出了装修概算补充评审的新做法，即在后期装修方案稳定后，再次根据施工方案及图纸进行详细评审装修工程概算，替换原指标暂列金额，使装修工程概算与项目实际情况相符。

2. 概算编审流程

（1）概算编制与审查

① 限额设计

所谓限额设计，就是按照批准的可行性研究报告投资估算控制初步设计概算。按照批准的初步设计总概算控制技术设计和施工图设计，同时各专业在保证达到使用功能的前提下，按分配的投资限额控制设计，严格控制不合理变更，保证总投资额不被突破。分解投资和工程量是实行限额设计的有效途径和主要方法，是将上阶段设计审定的投资额和工程量分解到各个专业，然后再分解到各单位工程和各分部工程。通过层层分解，实现对投资限额的控制和管理，同时实现对设计规范、设计标准、工程数量以及概预算指标等方面的控制。初步设计阶段应按照批准的可行性研究阶段的投资估算进行限额设计。控制概算不超过投资估算，主要是对工程量和设备、材质的控制。为此，初步设计阶段的限额设计工程量应以可行性研究阶段审定的设计工程量和设备、材质标准为依据，对可行性研究阶段不易确定的某些工程量，可参照设计和通用设计或类似已建工程的实物工程量确定。在初步设计限额中，各专业设计人员要增强工程造价意识，严格按照限额设计所分解的投资额和控制工程量以及保证使用功能的条件下进行设计，力求将工程投资和工程量控制在限额以内。

② 概算编制内审

收集整理已完成评审线路，形成概算评审指标库，并从概算编制办法阶段就介入审查，从源头上规范整个概算的编制过程，总体设计、各工点设计、设计监理均按概算编制办法编制和审核概算，做到概算编制原则和计价标准一致，规范统一，减少了不必要的返工和重复工作，提高了概算编制效率和质量。

（2）概算评审

① 评审前置条件

在概算编制及内审完成后，需向成都市发展和改革委员会申请评审概算，概算评审工作由成都市发展与改革委员会委托成都市政府投资项目评审中心具体开展，送评审需备齐表6-1所示规定资料。

表6-1 市评审中心（市PPP中心）项目评审受理单（投资概算）

序号	资料名称	具体要求	提供类别	数量	资料形式（打√）	备注
原件					复印件	电子版
1	委托评审函（1份）	发改委出具的委托评审函原件	应	□	□	□
2	项目可行性研究报告批复文件1份	含招标核准方式；应注意是否在有效期内；批复资金来源方式是否为市级财政资金	应	□	□	□
3	项目初步设计审查意见1份	可提供复印件；应为初步设计审查意见或设计审查意见，非方案审查意见；按项目类型需由建设、交通、水利等行业主管部门出具	应	□	□	□
4	投资概算编制书文本纸质及电子版各1份	编制单位为造价咨询机构，需加盖企业造价资质章、编制人执业印章、审核人资质印章；编制单位为设计院（若无造价资质章时），需加盖该单位公章（或单位出图章）、编制人执业印章、审核人资质印章	应	□	□	□
5	设计文件纸质及电子版各1份（附设计文件目录）	保证内容完整、版本统一、签章齐全	应	□	□	□
6	地质初步勘察报告1份		应	□	□	□
7	深基坑审查意见（涉及深基坑审查类项目）	针对特殊施工措施提供经审批的施工方案（需业主书面同意此方案）	应	□	□	□
8	经办人授权委托书或介绍信	需委托单位盖章、签字	应	□	□	□
设计规模和内容的要求					设计规模及内容与可研批复是否一致： 是□ 否□	可研批复金额：
概算编制金额：						
评审资料提供单位名称：		经办人签字及日期：		联系方式：		

项目名称：　　　　　　　　　　是否涉密：是□否□

② 评审流程（见图6-1）

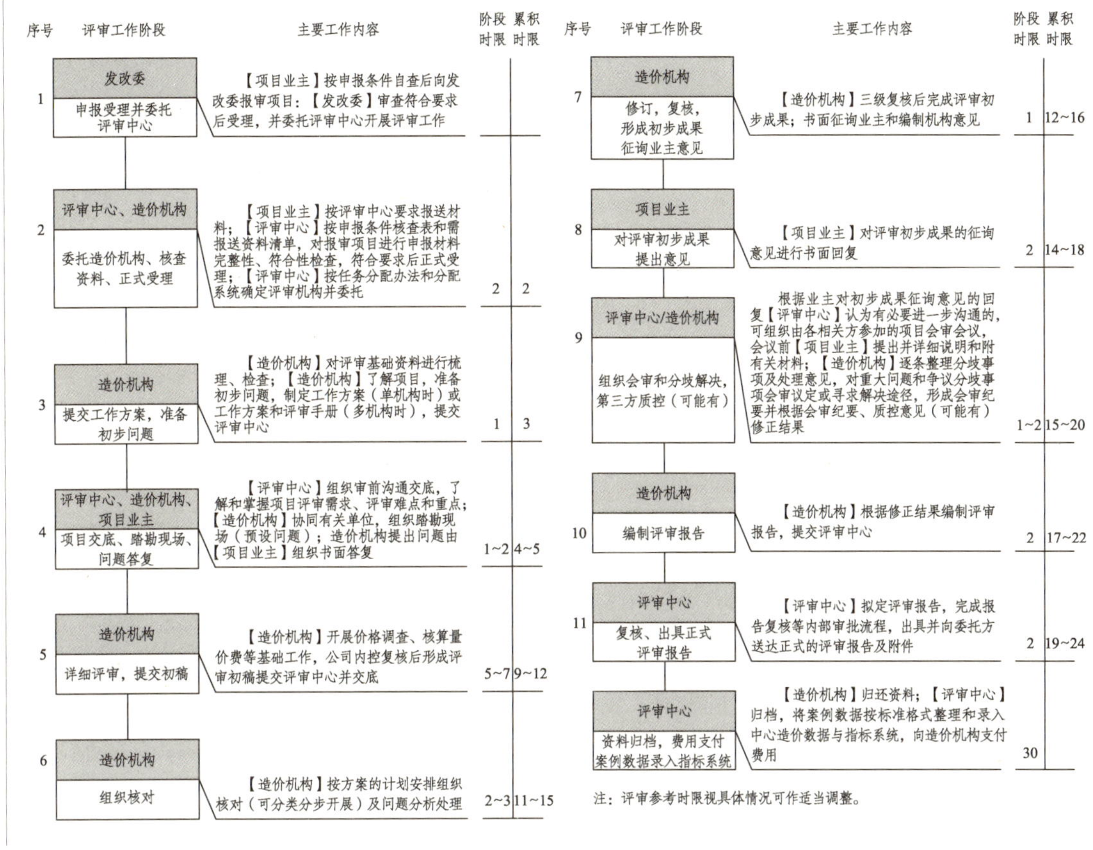

图6-1 概算评审一般流程图

③ 评审注意事项

送审初步设计图纸及相关资料须一次性提交完整，原则上评审单位在接受图纸及相关资料后不再受理新增资料，设计单位须对资料的完整性及正确性负责。

3. 概算的应用

（1）投资控制

可研投资估算是编制设计概算的依据，设计概算一般不应超过可研估算10%，这是项目总投资的最高限额，不得任意突破，如有突破须报原审批部门批准。经验表明，设计阶段影响项目投资的权重可达80%～90%，抓住此阶段的投资控制目标就抓住了投资控制根本。在实际工作中，一般业主委托设计的项目投资估算都偏低，这主要是为了能顺利完成项目立项或争取更大的建设规模。立项之后又提高标准，结果造成初步设计阶段概算超估算。这在成都地铁前期建设规划的线路比较明显。所以在投资决策阶段将投资估算做足也是十分重要的，否则将给设计阶段的投资控制增加风险。设计阶段投资控制目标确定的关键是要在方案设计阶段把方案估算做足，初步设计阶段把概算做全，施工图设计阶段把预算做准。

（2）概算回归

在线路结算时，需对各专业的合同结算进行整理，根据各合同结算情况，将合同按照概算章节分劈到概算对应专业，编制《竣工结算编制报告》。根据《竣工结算编制报告》中的分劈情况，参照概算章节将各合同结算金额重新归集，按照政府工程竣工决算审计的标准分析总结概算各项费用使用情况并出具《概算回归报告》，由此可掌握线路投资使用情况与概算编制之间的对应关系，找出概算编制环节与合同执行环节投资控制存在的问题，为后期线路的概算编制和合同执行环节提供借鉴。

（3）概算调整

初步设计概算一经批准，必须严格执行，任何单位和个人不得擅自修改。确需修改的，应遵循政府行政主管部门相关规定，根据《建设项目设计概算编审规程》规定，原则上每个项目的概算只能调整一次。

（4）改进与创新

除牵头制定《成都市城市轨道交通工程设计概算编审规程》（试行）、建立概算指标库、创新性提出装修二次评审等在概算管理中的取得的成绩外，通过与市造价站的充分沟通并在其大力协助下，进一步解决了定额使用中的大量难题，如：大直径盾构掘进指标问题、盾构掘进与管片预制拼装指标倒挂的问题、全自动驾驶线路综合联调及试运行计费标准、地下站车泵泵送混凝土计算规则、超高车站垂直运输降效等多个造价难题，尽量保证概算与现场实际情况的贴合。

4. 不足与存在的问题

规范概算管理的道路上取得了一些成绩，但依然存在或多或少的问题。在投融资+总承包模式下，合同价与概算直接关联，概算评审金额将直接影响最终结算金额，由于在初步设计阶段，设计深度无法达到施工图深度，存在概算与现场不符或深度不够造成无法评审等诸多问题。承包商往往也会在评审过程中介入，为自己争取最大的利益，造成评审过程较为缓慢，甚至存在线路已开通而概算尚未评审完成的情况，争议点较多，审计风险较大。已批复概算的部分内容因不太明确而造成业主与承包人之间存在争议，承包人进场后概算未批复的项目都存在概算评审批复困难等问题。

三、概算管理展望

1. 概算编制与评审应进一步规范

目前概算管理越来越规范，无论是概算编制还是概算评审环节都能做到有法可依、有据可查。整体概算管理环节都在规范地开展，但是编制规范中的个别指标价长时间未更新是否合理或满足需求、个别定额使用是否合理、个别设备材料价格的询价机制是否规范，这些情况都需根据实际情况进一步加以规范、完善。后续线路概算编制将规范概算编制模板，统一概算编制规则，提高编制质量，要求设计单位严格落实要求，避免设计单位“个性化、经验化”的编制，确保概算编制标准化和精细化，实现有效控制投资。

2. 合理确定建设规划投资

为了避免初步设计概算超可研过大（超过10%），在建设规划阶段及可行性研究阶段估算投资时，要充分考虑各种增加投资的因素，合理估算投资总额。

3. 合同价应与概算脱钩

无论采用何种管理模式，概算都只能作为投资控制的“天花板”。如有条件的前提下，合同价都不应与概算发生直接联系（即合同价不应在概算价基础上打折；合同价不应先设暂定价，后期通过概算评审调整合同价）。如果合同价与概算价有关联，也应该尽量在招标前完成概算批复，这样就会最大限度杜绝业主与承包商对概算评审产生分歧，同时也会减少审计风险。

在第四期建设规划阶段的项目，采用了清单招标方式，合同价与概算之间不再发生直接关联，有效地避免了上述问题的存在。

4. 概算分劈应进一步规范

涉及多条线路共同分摊投资的项目，或者为下一期提前建设或预留的项目等，概算如何合理分摊应进一步规范和优化。

第2节 采购管理

随着城市轨道建设项目的不断发展和完善，城市轨道交通项目的采购包括工程类采购、机电设备类采购和服务类采购，采购方式包括招标、遴选、询价、竞争性磋商、直接委托和其他采购方式，招标是最主要的采购方式。

建设公司成立以来，一直依照国家、省、市采购相关法律、法规、规范性文件建立规范的采购管理制度，并严格按照公司的采购管理制度开展采购工作。为遵照公开、公平、公正和诚实信用原则，所有招标活动都在政府指定的媒体和公共资源交易平台开展；对涉及国际采购的设备如信号系统、车辆牵引系统等，严格遵照国家商务部规范性文件，通过委托具有相关资质的国际招标代理机构开展招标工作。这十余年来，顺利完成各项招标工作共计约2000余项、投资约2000亿元，为地铁建设的顺利实施奠定了坚实基础。

一、初期采购管理

1. 建立采购管理体系

成都轨道交通建设初期，借鉴了广州、深圳等地铁公司的采购管理经验，结合国家、省、市采购、招标投标相关法律、法规和规范性文件以及成都地铁实际情况，先后制订了《招标委员会会议制度》《招标及比选管理制度》《合同管理制度》《非招标项目立项管理办法》《建设工程合同谈判管理规定》《建设工程内部评标专家管理规定》等采购相关制度，初步建立了采购管理体系，明确了建设公司采购主管部门和各相关部门的职责分工，规定了采购工作流程及审签程序，实现层层把关、分级控制和集体决策的全过程管理，通过科学的制度体系确保采购工作在各个环节都依法合规、有序、规范进行。

2. 严控采购文件编制质量

初期轨道交通项目采购主要采用自主招标的方式开展采购活动，所有采购文件由经验丰富的专业工程师编制，经相关业务部门会签会审，由律师出具意见并经建设公司决策会议审定后完成。后借鉴广州地铁、深圳地铁等单位先进的采购经验，在国家2007版标准施工招标文件的基础上，按照《四川省国家投资建设项目招标人使用标准文件进一步要求》的要求编制工程施工、技术服务、工程监理和机电系统、设备、安装等专业采购文件，同时根据专业特点对评标办法分类进行规范，除特殊项目规定采用最低评标价法外，主要采用综合评分法，选择实质性响应采购文件要求且技术先进、价格合理、综合评分最高的投标人中标，为项目保质、保量、按期顺利实施奠定了基础。

3. 规范采购组织过程控制

为了公开、公平、公正、诚实信用地开展采购工作，主要项目均通过省、市工程建设项目交易中心进行公开招标。依法必须招标的项目，由四川省发改委或成都市建委负责招标文件及中标结果备案，成都市招标监督办对项目的开评标及评标专家抽取进行全程监督；而其他非强制招标项目也参照强制招标项目的流程，由成都轨道集团法律事务部对项目的开评标及评标专家抽取进行全程监督。

根据轨道交通项目的特殊性，在省市发改部门的指导下建立《全国城市轨道交通专家库》，覆盖全国轨道交通有关设计、施工、采购、监理、咨询、科研、管理等方面的专家，有效地弥补了四川省评标专家库中城市轨道交通专业评标专家的不足，为评标工作提供专业性人才保障。所有评标专家依法依规在成都轨道集团评标专家库、四川省评标专家库或全国轨道交通专家库抽取，强化和保障评标过程的专业性，对确保轨道交通项目评标工作的顺利高效实施起到至关重要的作用，招标组织过程如图6-2所示。

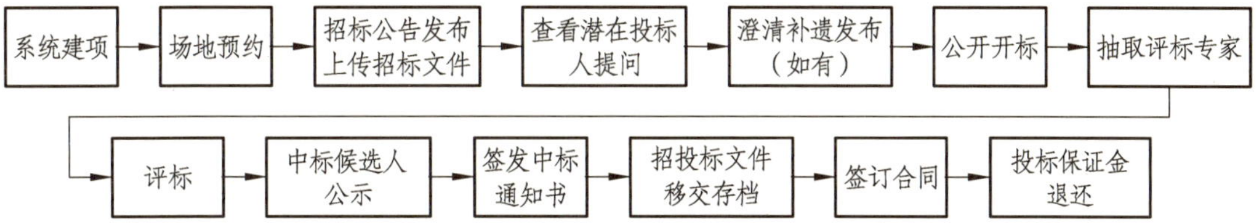

图6-2 招标组织流程

4. 严控重要设备材料采购质量

初期项目重要设备材料采购由业主负责，这种模式的优点是投资结构单一，操作成本低，管理难度小，确保了设备材料质量可靠。但在实际执行过程中也存在一定的问题，从项目可研到开通初期运营，所涉及的全部项目采购管理工作均由业主负责实施，采购工作量大，需要配备的专业工程师多。

5. 不足与存在的问题

建设初期采购活动的顺利开展，为项目顺利实施奠定了基础，但管理环节也存在一些问题和不足，主要体现在以下两个方面：

（1）采购文件编制质量不高

在轨道交通建设初期，采购文件编制都是在前期已采购过的类似采购文件基础上通过“修改”的方式来编制，由于轨道交通项目采购文件内容复杂、涉及专业多，类似采购文件来源具有随意性，因此，要编制好采购文件，不但要有丰富的专业知识，还要对项目特点、采购注意事项等都非常熟悉，这对专业工程师专业能力要求非常高。对类似采购文件哪些内容可以修改，如何改，改多少，主要都由专业工程师完成修改。不同的专业工程师对采购的理解不同，编制的采购文件质量也存在差异。这些都影响了采购文件的编制质量。

由于采购文件缺乏统一性，质量总体不高，如设置与项目规模不符的资质、业绩；评分办法没有做到“形式到内容”转变的要求，技术方案未体现项目重点、关注点，未细化、量化评审标准。这些问题增加了采购项目被质疑、投诉的风险，同时也增加了后期合同执行纠纷处理的难度。

为解决采购文件编制过程中的质量问题，采购完成后往往会进行合同谈判，这种做法直接导致合同签订时间较长，甚至出现个别项目通过专题会修改了采购实质条件的不合规行为。

（2）招标控制价设置不严谨

在轨道交通建设初期，因为线路较少，建设公司未引进专业的造价咨询机构专门编制招标控制价，控制价主要是结合前期类似的招标情况、其他城市类似招标情况、本地市场行情，在概算价的基础上下浮一定比例得来。这种方式相对简单粗糙，造价控制仅停留在概算范围内，即确保不超概即可。这种方式一是未体现精准控制投资，部分项目控制价与中标价差异较大，二是一旦部分概算低于市场价时会造成流标现象。

二、采购管理创新

1. 进一步健全采购管理体系

按照“战略引导—预算管理—经营分析—监督审计—考核分配—奖惩任免”的集团管控主线对下属建设公司进行管控，通过《建设公司管控制度》对建设公司进行分级授权管理。

成都轨道集团优化审批流程，对采购管理制度进行整合完善，根据国家、省市最新法律法规，在总结既有采购经验的基础上，建立《采购及合同管理制度》《建设工程乙供设备材料管理办法》和《关键子系统、设备、部件及重要材料品牌或供应商名录库遴选办法》等招标管理制度体系，进一步明确成都轨道集团和建设公司、建设公司采购主管部门和各相关部门的工作界面，优化采购工作流程（见图6-3）及审签程序，保障采购工作合法合规进行。

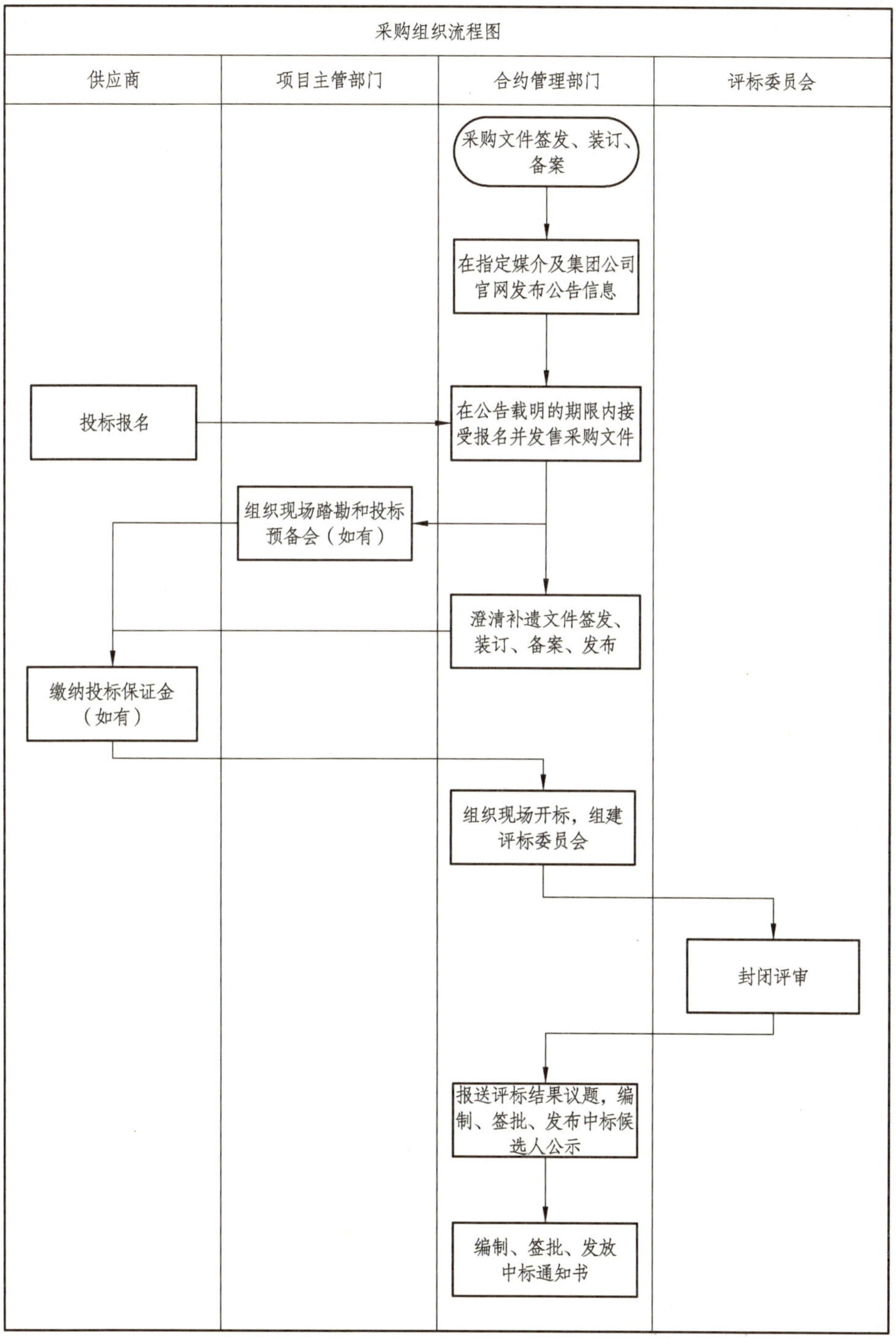

图6-3 采购招标作业流程

2. 进一步推进采购文件范本化管理

在前期采购文件的基础上，按照国家2017年发布的标准招标文件制定了施工、设计、监理、重要设备材料、咨询服务等各类项目的采购文件范本并进行动态调整。成都轨道集团组建涵盖各专业领域的技术小组，由技术小组对范本资格要求、评审办法、技术标准等进行全方位审查，剔除不合理因素、强化量化标准，切实提升范本编制质量，确保范本规范、合理、适用。范本由成都轨道集团统一管理、定期更新，使用单位只能在可修改范围内修改，范本的使用和更新都有完善的制度流程。这进一步规范了采购文件的编制质量，保证了采购文件的质量，提高了采购文件编制效率。

3. 进一步提升采购组织效率

（1）采用自主采购方式进行采购，随着在建、新建线路的不断增加，导致采购工作量及工作压力不断增大，为有效推进建设公司采购工作，建设公司根据实际情况，对设计、施工、监理、重要设备材料、咨询服务等项目合理分类后进行合并采购。

（2）为提升采购工作效率，引进有经验的采购服务单位负责招标文件挂网、专家抽取、评标组织等事务性基础工作。

（3）为了保障项目建设的顺利进行，加强工程建设过程中的采购、合同、验工计价等方面的管理，提高工程管理水平和管理效率，建立了采购及合同管理系统、电子商务平台等信息化管理系统，进一步提高了采购效率。

依法必须招标的项目实行事前、事中、事后管理，建设公司使用省、市同意的标准招标文件模板编制招标文件，通过省、市公共资源交易平台发布招标文件、评标结果公示等，成都市工程建设项目招标投标行政监督平台从交易平台获取招标资料进行随机抽查，确保了招标依法合规。

4. 进一步规范重要设备材料采购

在总结既有线路重要设备材料管理经验的基础上，采用施工总承包建设模式，该模式下部分材料设备的采购工作交由经公开竞争方式选取的投融资单位实施。

（1）涉及轨道交通正常运营的关键设备如通信系统、信号系统、AFC、环控系统和车辆等不纳入总承包范围，由成都轨道集团采用公开招标方式实施。

（2）对于包含在总承包范围中的材料设备采购，在合同中对采购事项做出严格的要求，如钢筋、混凝土、防水材料等重要材料规定参加投标的供应商须具有已开通城市轨道交通线路且评价良好的业绩；供电系统、通风空调系统、装修材料等规定必须采用公开招标的方式进行采购，并规定其招标文件发布前须经成都轨道集团审核，在评标完成后其评标结果须经成都轨道集团复核，如与招标文件有重大实质性偏差，则要求其澄清、修正和复审。

（3）合同技术谈判由建设公司与总承包单位共同参与，进一步对中标单位进行把关。

5. 进一步规范控制价编制

随着轨道交通建设的加速，建设公司引进了专门的造价咨询机构负责控制价编制，充分发挥造价咨询机构的专业优势（如工程量的计算、询价、定额的选取等），确保了控制价编制依据充分、程序合规。

三、采购管理展望

通过十余年的采购管理与经验总结，采购管理体系越来越完善，采购范本管理越来越规范，采购组织越来越高效。随着采购环境的进一步提高，合规化经营管理越来越高，面对未来的招投标管理有如下展望：

1. 持续优化采购管理体系

以服务建设工程总体工筹并保障现场连续施工为前提，以目标为导向，倒排工作计划，以节点目标为考核对象，激发各部门管理人员的主观能动性，督促招标工作按时完成，有效保障现场连续施工要求。持续优化管理流程，加强绩效考核在招标各环节的运用；持续优化采购管理体系，完善采购相关制度，进一步补齐采购方面的短板。

2. 持续优化采购文件范本

为进一步营造良好市场营商环境，落实成都市政府保障税收落地，提升本地产业配套率，量化评分细则等要求，持续优化调整施工及重要设备材料采购文件范本，从资格要求、评分办法等方面入手，对投标人产业落地提出实质性要求，为成都市产业发展提供保障。持续优化和加强了对采购范本的维护管理。采购文件范本随着最新的法律法规更新而保持同步更新，确保了采购文件范本与最新法律法规的一致性。

3. 转变乙供设备材料管理思路

为进一步提升乙供设备材料采购管理效率，严格执行国家最新法律法规要求，对乙供设备材料采购实行事前事中事后管理，从管采购向管现场转变。按照降低介入深度、减少审核环节、强化进场验收的管理思路，修订完成《乙供设备材料采购管理办法》，并制定《轨道交通建设项目关键系统、大部件和通用设备材料遴选指南（试行）》，逐步建立设备材料品牌库，积极支持品牌或供应商库成员参与轨道交通建设项目，确保工程建设质量和运营安全、服务质量及系统稳定性。

第3节 合同管理

合同管理是指从合同文件编制、合同签订、合同生效开始，直至合同失效为止整个过程中的全部合同动态管理，主要包括验工计价、变更和结算等合同管理工作。由于轨道交通项目具有合同价格高、管理周期长、施工难度大、外部制约多、变更情况复杂等特点，因此合同管理环节是投资管理中工作量最大、任务最繁重、问题最突出的环节，是整个投资管理的重点和难点，也是投资控制最重要的环节。

一、验工计价

验工计价是贯穿于轨道交通项目建设全过程的一项重要工作，根据项目种类不同、合同模式不同，验工计价方法也不尽相同，但无论采用何种验工计价方法，目标都是要能有效控制工程投资，保障资金及时拨付，确保项目建设有序开展。验工计价工作直接关系到资金拨付，与发承包双方的利益息息相关，是审计关注的重点，所以如何在合法、合规的前提下，准确高效地开展验工计价就显得尤其重要。

1. 自建模式下验工计价管理

在轨道交通建设初期，通过不断的探索，初步建立了《成都地铁有限责任公司建设项目验工计价管理办法（试行）》，用于指导和规范自建项目验工计价管理行为。

（1）自建模式下验工计价管理特点

①标段多、金额小、验工计价周期短

在成都轨道交通建设初期自主建设模式下，一条线路被划分成多个标段进行工程量清单招标，特点是标段多、金额小，基本上每个月开展一次验工计价，验工计价周期短，合约管理工作细致全面且工作量大。

②重要的设备材料采用甲招乙供方式

在成都轨道交通建设初期，包括钢材、混凝土、防水、盾构管片、钢弹簧浮置板、轨道扣配件等采用甲招乙供方式。这种管理方式有效地确保了工程质量，但客观上也增加了管理难度，经常因为材料短缺、材料涨价、材料供应不及时或货款到账不及时造成供应商、承包商相互推诿扯皮，影响工期，甚至会造成投资增加的风险。

③ 无造价咨询单位，锻炼了队伍，积累了工作经验

轨道交通建设初期的验工计价工作量相对较小，因此未引进第三方造价咨询单位，本着学习的态度和对投资控制的严苛要求，所有具体的验工计价基础业务工作都是由合约工程师完成。工作量巨大，但做到了横向到边、纵向到底、无死角的验工计价管理工作目标，确保了验工计价工作的顺利开展。合约管理人员的业务水平和管理能力获得了较大幅度提升。

（2）不足与存在的问题

① 管理制度不够完善

初期《成都地铁有限责任公司建设项目验工计价管理办法（试行）》基本满足计量支付的需要，但制度还是有需要进一步完善的地方，例如，如何防范“超验”的风险？如何提高验工计价审核效率？验工计价需要提供哪些凭证资料？这些问题都需要在验工计价过程中不断完善和解决。

② 工作量太大，无法满足大规模建设管理需求

标段多、金额小、验工计价周期短这一特点在成都轨道交通建设初期自主建设模式下，适应了当时的建设环境和建设强度，但客观上增加了发承包双方的验工计价工作量，无法满足大规模的建设管理需求。

2. 多种模式并存下验工计价管理

随着投融资建设模式的引入，新建立了《投融资项目工程量清单编制相关规定》《总承包（含投融资）建设项目验工计价与支付管理办法》，分别用来指导和规范投融资项目的工程量清单编制及验工计价行为。

此阶段同时存在多种建设模式，不同模式的管理方式和要点也有区别。

（1）自建模式如何开展验工计价管理

在这一阶段，早期部分自建项目仍然采取了发包人分别对施工单位、材料供应商、设备供应商等单独招标方式，但经过上一阶段的摸索后，标段划分时规模更大，标段数量减少，验工计价周期加长（由月改为季），同时引入了造价咨询单位加强验工计价管理，一定程度上减少了发承包双方的管理工作量，基本流程如图6-4所示。

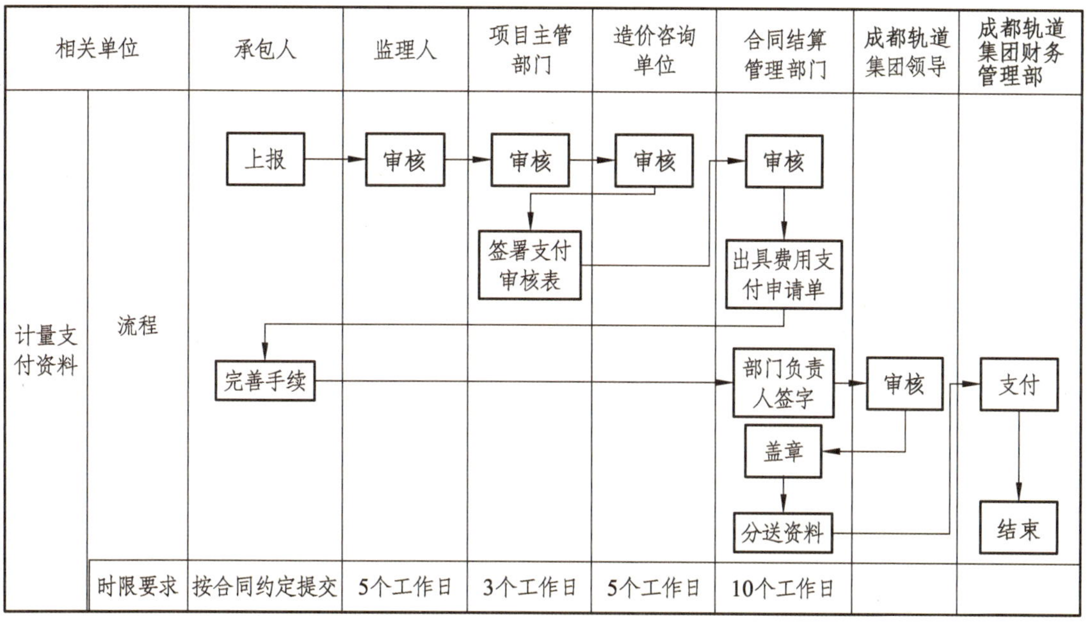

图6-4 自建模式验工计价流程

（2）投融资模式如何开展验工计价管理

投融资模式下，验工计价管理分为清单编制阶段、验工计价阶段、支付阶段。

① 清单编制阶段

投融资模式下的合同价是在批复的初步设计概算下浮一定比例后得来的，由于初步设计阶段和施工图阶段的设计深度差异，初步设计阶段与施工图阶段的工作内容和清单开项往往不匹配，每个计价周期只能统计施工图对应的工程量，无法统计初步设计概算量，而验工计价的基础是初步设计概算，因此需要找到初步设计阶段与施工图阶段的对应关系。这种对应关系就是通过单独编制可用于验工计价的工程量清单。编制工程量清单，就像架起一座桥梁，巧妙地解决了初步设计阶段与施工图阶段工程量不对应的问题。

清单编制阶段即在验工计价工作开展前编制与现场匹配、可直接用于验工计价的量价清单阶段，编制方式是在施工图出图完成后，将概算子目与施工图工程量开项进行对比整合，验工计价清单子项名称及合价以整合后的初设概算子目为准，验工计价清单子项工程量以其对应施工图工程量为准，不使用初设概算子目的单价。清单编制可随施工图出图时序分多次进行，在验工计价工作开展前完成，经发包人确认后在验工计价阶段使用。

管理流程：设计院出具施工图→承包人按施工图编制→咨询单位审核→发包人复核确认→转入验工计价阶段。

管理要点：

· 清单子目整合原则确定

清单子目的整合以便于验工计价工作开展为基本原则，考虑在验工计价阶段的可操作性，整合后的子目要便于计算施工图数量及统计实际完成数量，同时要兼顾清单的全面性，须完整、及时反映工程实际进度，整合后的子目包含的分项工程过多易导致个别分项工程未完成而影响整个子目无法验工计价，造成验工计价滞后；整合后的子目对应的分项工程也不宜过少、过细，避免造成现场实际完成数量统计工作过于烦琐，甚至造成子目无法统计已完工程量，影响验工计价工作进度。

建筑、安装工程：分专业或系统根据概算子目进行整合，将同类别、施工工序相近的概算子目进行整合；同类别概算清单中规格型号相差较大的可以按规格型号区间整合；概算中以指标计列且无具体明细清单的项目，以该专业中分部分项工程进行工程量清单单独开项，附属零星项目费用可整合到对应的清单子目中。在验工计价时经整合的项目在中间计量申请单中应列明所整合的所有子目。

将设备分类别单独开项，将同类型设备及附件的概算子目进行整合。

清单列项整合时，为验工计价时方便材料及工程量调差，应根据合同约定，将需要调差的材料项目根据规格分别单独列项。

专业或系统概算中除定额直接工程费以外的管理费、安全费、税金等折算一个系数分摊到每个开项中，分摊系数=单项概算价值/定额直接工程费。

· 初设概算子目与施工图工程量开项不一致的处理

在清单编制整合过程中，初设概算子目与施工图工程量开项与不一致可能引起两种情况：一是按施工图统计的工程量无法对应到概算金额，即有量无价；二是概算子目无法找到与之对应的施工图工程量，即有价无量。这两种情况均会导致清单子目与现场完成情况不匹配，不能有效地控制投资。

处理方式：概算子目中含有的项目，但在施工图中没有对应的工作内容，属于变更的按照变更审批程序办理；不属于变更的，若该子目对应的工程实体功能已取消，则不予进行清单编制，若该子目对应的工程实体功能未取消，则与其他相近子目整合后编制；概算子目（清单项目）中没有的项目，但在施工图中含有的工作内容，则视为该施工图内容（属于设计变更的内容除外）已包含在其他已开项的概算子目（清单项目）中，与其他相近施工图内容整合编制。

· 施工图与初设工程量差的处理

成都地铁的投融资模式采用初步设计招标，施工图设计阶段在对初步设计进行深化后不可避免地会出现工程量变化，进而对项目投资及承包人施工成本造成影响，为公平分担合同风险，减少承发包双方矛盾，合理完成工程投资，在概算招标下浮包干的基础上，成都地铁也对施工图与初步设计不一致的情形的按产生原因进行了分类处理。

按产生原因将施工图与初步设计不一致的情形分为A、B两类变更。A类变更为“初步设计批准后，因甲方或政府原因引起的工程范围、建设规模、建设标准、使用功能、线站位变化以及根据施工现场实际情况发生的工法（明挖、暗挖、盖挖、盾构以及深基坑支护方式）调整引起的设计变更；装饰装修标准变化引起的设计变更；与地块合建或接口实施引起的设计变更”，B类变更为除A类以外，施工图与初步设计不一致的变化及施工图完成后的变化。A类变更调整合同价款，B类变更不调整合同价款。

② 验工计价阶段

验工计价阶段实行投融资总包单位牵头组织，各标段单位同步开展具体验工计价支付资料编制、报审工作，第三方造价咨询单位作为过控参与收方并审核验工计价资料，发包人对第三方造价咨询单位审核后的验工计价资料进行复核确认的基本流程。

主要验工计价原则：验工计价分标段验工计价资料报送审核、投融资总包单位汇总验工计价资料报送审核两阶段，以季度为验工计价周期；建筑工程费和安装工程费以实际完成工程量占施工图总量的比例折算到对应概算，用完成比例计算当期完成投资，前期准备工程费按形象进度验工计价；对价格波动超过一定幅度的钢材、商混、钢轨、道岔、部分电缆及人工费按信息价进行调差。

管理流程：标段编制标段验工计价申请→监理单位审核→咨询单位审核→发包人复核确认→总承包单位编制线路汇总验工计价申请→咨询单位审核→发包人复核确认→转入支付阶段。

管理要点：

投融资项目建设周期长、投资大、计量内容繁杂，承包人为了自己的利益，提前收取工程款，在验工计价申报时存在虚报、超报的可能，对发包人来说是一个普遍存在的风险点，如何通过建立一套完善的管控体系来规范各级审核行为，防范验工计价审计风险是验工计价管理工作的重点。

在管控体系建立的基础上，实行以合同为基本前提，严格执行合同约定的验工计价支付条款，对合同中仅作为原则性指导的条款或合同约定不明可在执行过程中有自主裁量空间的条款，通过制度细化、明确为可操作的实施细则来加以管控，基本形成了监理、造价咨询两级审核、发包人复核的三级管控机制。

通过制度，对验工计价工作的办理流程进行详细规定、对各参建单位的职责进行明确，对在验工计价工作中弄虚作假、把关不严、故意刁难等违规行为制定处罚措施，保证合理分工、各司其职、合法合规地开展验工计价工作，并通过对管理实践中各类问题的归纳总结不断动态调整、完善管控制度。

引入第三方造价咨询，加强验工计价审核专业水平

投融资项目验工计价审核工作时间紧、任务量大、专业性强，发包人验工计价管理人员配置有限且专业水平上可能存在一定的短板，原自建项目发包人验工计价管理人员自行承担全部审核工作的方式已经无法适应新模式下的管理要求，为增强验工计价审核专业水平、提升验工计价审核效率、进一步强化对现场的监管，成都地铁引进了造价咨询单位作为发承包双方外的第三方参与验工计价管理工作。

各线路设置牵头咨询单位及标段咨询单位，牵头咨询单位主要负责统筹推进线路各期验工计价工作，包括统筹验工计价工作进度、统筹对验工计价工作中存在的问题进行研究并提出解决方案、参与对标段咨询日常工作考核评分等；标段咨询单位主要对所负责标段的验工计价清单编制、标段验工计价支付审核的具体业务提供全过程造价咨询管理服务，包括审核已完合格工程量、设备到货、安装、验收等资料是否与现场工程进度是否一致、建立验工计价支付相关管理台账以及梳理计价过程中需协调解决的问题等，对各项业务出具审核成果报告。

对验工计价过程中概算版本的控制适用

原则上清单编制应采用经政府主管部门批复的概算，但概算评审工作往往是与工程建设同步进行，通常无法在验工计价工作开展前完成，因此对采用过程概算开展验工计价工作的项目存在过程投资超批复概算的风险，应根据概算深度采用不同的上限控制过程计价金额，在概算批复后再对累计计价金额进行调整。

以册概算作为控制单元，验工计价金额超过控制上限时，仅确认该单位项下各期完成工程量，不累加计价金额，待概算批复后再根据各期确认的工程量重新计算各期计价金额。各概算版本计价控制上限如下：采用修编送审版概算，以概算按合同约定下浮后金额的80%为计价控制上限；采用评审中心初审版概算，以概算按合同约定下浮后金额的95%为计价控制上限。

③ 支付阶段

验工计价工作完成后，投融资总承包单位根据全线汇总计量金额向财务管理部门提交支付申请，经建设公司内部各级审核后进行支付。投融资项目涉及投融资资金占用利息，通常

情况下为保证建设资金及时到位、降低发包人承担的资金占用利息，建设公司在支付阶段根据资金状况研究提前支付比例，在合同约定的付款时间前提前支付建设资金。

（3）PPP模式下如何开展验工计价管理

在项目前期，为确保工程项目正常推进，轨道集团先期完成了可研、勘察设计、土建监理、第三方材料检测、第三方桩基监测、第三方监测等项目招标及合同签订工作，并按合同约定开展了计量、支付等工作。在项目公司成立后，按照特许经营合同要求，针对上述合同，采取成都轨道集团、项目公司、承包商签署三方协议的方式，将原合同中轨道集团的权利义务概括转移至项目公司，轨道集团退出原合同，由项目公司继续履行合同验工计价、计量支付等发包方的权利义务。针对前期轨道集团已开展计量支付的合同，由轨道集团与项目公司进行双方确认，项目公司向轨道集团支付前期已付合同金额。

3. 施工总承包模式下验工计价管理

成都地铁在第四期建设项目中采用施工总承包模式，在验工计价管理方面，通过总结自建模式及投融资模式管理经验教训，对施工总承包项目的验工计价支付管理提出了新的要求，同时也在进一步地优化投融资建设项目的管理方式。

（1）施工总承包模式验工计价支付的新要求

① 采用清单模式招标，招标图与施工图之间的差异，按发包人要求及施工图出图时序分阶段进行清单更新后方可进行验工计价支付。

② 随着项目建设越来越密集，一个季度才完成一次验工计价的效率已经不能满足现场需求，新的总承包模式以工区为单位办理验工计价支付，验工计价周期为月度，加快资金拨付。

③ 进一步加强资金监管力度，要求承包人开立工程资金专户及农民工工资专户，并签订资金监管协议，农民工工资单独拨付到农民工工资专户，确保工程资金专款专用以及农民工工资按时发放。

（2）验工计价支付的优化

① 清单编制管理流程优化

将“承包人先编制，咨询单位后审核”的模式流程调整为“咨询单位编制，承包人配合编制同时核对”的模式，避免承包人和咨询单位重复工作，精简了流程时间，优化对比见表6-2。

表6-2 清单编制管理流程优化表

序号	原投融资项目流程		修订后流程		
	部门（单位）	审核时限（工作日）	部门（单位）	审核时限（工作日）	备注
1	承包人图纸齐全后编制申请资料	10	监理单位下发指令	根据出图情况及时下发	在本阶段承包人应将图纸准备齐全
2	监理单位审核申请资料	3	咨询单位核对图纸，出具报告	15	本阶段时承包人应共同参与编制并核对
3	咨询单位审核申请资料，出具报告	10	承包人签署	1	上一阶段已参与编制及核对，本阶段仅进行签署，缩短时间
4	分公司合约部门审核，分公司总经理审批	4	监理单位核对	1	
5			项目主管部门签署	2	分公司仅需签署到副总经理，缩短流程
6			合约管理部门签署，分管领导签批	2	
	合计时限	27	合计时限	21	

② 验工计价支付管理流程优化

通过调整组织架构及流程设置，将投融资原“先进行标段审核，再进行全线汇总审核”的两阶模式调整为“分标段编制计价资料，全线汇总后与标段资料同步报送审核”的一阶段模式，优化对比见表6-3。

表6-3 支付管理流程优化表

序号	原投融资项目流程			修订后项目流程			
	单位（部门）	工作内容	完成时限（工作日）	单位（部门）	工作内容	完成时限（工作日）	备注
1	承包人	编制标段计价申请书		承包人	编制计价申请书		按工区编制，投融资项目全线汇总后报送，第四轮施工总承包项目按工区报送，无须汇总
2	监理单位	审核标段计价申请书	4	监理单位	审核计价申请书	2	按标段审核
3	分公司项目主管部门	审核标段计价申请书	2	造价咨询单位	审核计价申请书、出具咨询报告	5	按工区出具报告
4	分公司合约管理部门	初审计价申请书	2	项目主管部门	审核计价申请书及咨询报告	2	仅签署申请书，分公司由副总经理或总经理签署均可

续 表

序号	原投融资项目流程			修订后项目流程			
	单位（部门）	工作内容	完成时限（工作日）	单位（部门）	工作内容	完成时限（工作日）	备注
5	造价咨询单位	审核标段计价申请书、出具咨询报告	5	合约管理部门	审核计价申请书及咨询报告	2	签署申请书及报告
6	分公司合约管理部门	复核咨询报告	3	合约分管领导	签批汇总计价申请书及咨询报告	1	签署申请书及报告
7	分公司合约分管领导	签署计价申请书及咨询报告	1				
8	分公司总经理	签批咨询报告	1				
9	承包人	编制全线汇总验工计价申请	3				
10	分公司项目主管部门	审核汇总验工计价申请	2				
11	造价咨询单位	审核汇总验工计价申请	3				
12	分公司合约管理部门	审核汇总验工计价申请	3				
13	建设公司合约管理部门	审核汇总验工计价申请	3				
14	建设公司总经理	签署汇总验工计价申请	1				
15	集团分管领导	签批汇总验工计价申请	1				
16	承包人	编制财务支付单	3	承包人	编制财务支付单	0.5	
17	造价咨询单位	审核财务支付单	1	造价咨询单位	审核财务支付单	1	
18	分公司	审核财务支付单，移交财务	3	合约管理部门及分管领导	审核财务支付单	0.5	审核财务支付单，移交财务
	合计时限		41	合计时限		14	0

4. 未来展望

（1）继续完善验工计价管理制度

无论是何种建设模式，验工计价工作都需要做到依法合规、高效规范。通过不断总结验工计价工作中遇到的问题，持续弥补和完善验工计价管理制度。完善的验工计价管理制度是高效规范开展验工计价工作的重要保障。

（2）加强对第三方造价咨询单位管理

在投融资阶段引入专业化的造价咨询单位负责验工计价的基础审核工作，减轻了合约基础审核工作压力，验工计价工作的重心从审核具体基础业务工作转变为重点审核第三方造价咨询单位出具的咨询报告的工作质量。虽然由第三方造价咨询单位审核基础业务工作，但丝毫不能减轻业主的验工计价审核责任，因此需加强对第三方造价咨询单位在各个审核环节的监管，确保整个审核工作高效规范完成。

二、变更管理

城市轨道交通工程具有投资大、建设周期长、施工工序繁杂、施工风险高等特点且受征地拆迁、地质条件、环境等外部因素影响，与一般项目相比，城市轨道交通工程变更原因更复杂、涉及金额更大，如业主对工程变更管理不善，势必影响工程进度和投资控制目标。城市轨道交通工程变更的一般定义为：建设工程项目实施过程中，业主根据工程需要下达指令对合同原设计或经业主批准的建设规模、技术标准、设计方案、整体布局、使用功能、装饰风格及标准、设备材料型号及数量等方面的调整。

成都轨道交通历时15年“从无到有，从有到全”，实现轨道交通高质量快速发展的同时，亦在不断夯实管理优化创新上苦练内功。对于工程变更，着重源头控制、突出成本管控、强化过程管理、压实各方责任，在自主建设、投融资、PPP项目、施工总承包多模式、多阶段的探索和创新道路上不断积累经验，逐步形成极具企业特色的管理体系，将工程变更细分设计变更、施工签证、工程索赔、合同范围变更、工程量清单更新、图纸勘误、设计调整等，科学统筹分级分层管理，为工程建设顺利推进保驾护航。

1. 自建模式下变更管理

（1）初步建立管理制度

建设初期，为规范建设工程变更管理，实现地铁工程安全、质量、工期和投资目标，结合成都轨道集团实际情况、组织架构以及部门职责分别于2006年5月、2007年3月先后制定了《成都地铁有限责任公司技术变更管理办法》（成地铁发〔2006〕61号）、《成都地铁有限责任公司工程变更补充管理办法》（成地铁发〔2007〕49号），两个办法互为补充，涵盖地铁建设初期“图纸勘误、技术变更、工程范围变更、现场签证、工程量清单”等工程变更，是成都轨道集团现行《轨道交通建设工程全过程造价管控办法》（成轨建制〔2020〕22号）最早的雏形。按照成都轨道集团早期组织架构以及制度体系，内部主要由建设事业部（主管部门）、总工办以及计划合约部共同对工程变更进行分类管理。

（2）自建模式变更管理创新

第一期建设规划项目1、2号线为自主建设模式。此模式下土建、轨道、装修、机电系统各专业平行发包，合同大多采用单价包干与合价包干形式，合同变更条款简单且变更范围约定不明确，如土建合同对变更条款：“增加或减少本合同中的任何工程的数量；取消合同中的任何单项工程；改变合同中的任何工作的性质、质量或种类；改变本工程任何部分的标高、线形、位置和尺寸；完成本工程所必需的任何种类的附加工作”。同时变更调价条款约定：“① 属于合价包干（基坑土石方及围护结构总价）的项目，除了因发包人要求而引起的建筑规模、设计标准变化或专用合同条款、工程量清单说明中其他规定可以进行合同价格调整外，在整个合同执行期间，项目合价及其组成项目合价的各分项的工程量及单价均不做任何调整；② 车站结构外轮廓的水平投影面积或相邻区间工程长度超过（减少）招标图纸给定的面积或长度，基坑土石方、围护结构费用按招标图给定的车站结构外轮廓的水平投影面积比例进行调整，相邻区间工程按招标图给定的长度比例进行调整”。由于合同变更条款针对性不强，聚焦点不明确，变更范围过大，加上建设初期设计单位经验不足，初步设计深度不够，招标工程量清单实质上为模拟清单，施工图阶段发生较大变化，产生大量技术变更，且较容易突破合同风险条款。

成都轨道集团为强化技术变更管控规范流程管理，于2006年5月发布《成都地铁有限责任公司技术变更管理办法》，该办法结合地铁1号线建设情况对技术变更进行了简单分类，其中按金额划分为：投资增减200万元以上为Ⅰ类变更；土建投资增减40～200万元、机电20～200万元为Ⅱ类变更；土建投资增减15～40万元、机电10～20万元为Ⅲ类变更；土建投资增减15万元以下、机电10万元以下为Ⅳ类变更。该办法关于变更审核审批程序与现行制度有较大不同：采用“会签-审核-审批”单一化流程，通过部门会签形式共同对变更技术经济指标进行评价，最终由总经理办公会完成审批。以Ⅰ类技术变更为例，申请单位填报技术变更申请单并经施工监理、相关设计单位（设计监理、工点及总体）初步确认，业主代表汇总初步意见后报主管部门，由主管部门签署意见后报计划合约部、成都轨道集团规划与技术部

（总工办）以及其他相关部门会签，总工办汇总各部门意见后报集团公司领导审核，经总经理办公会议定后，由总工办根据会议精神报原初步设计审查单位审批，主管部门负责办理和执行，如图6-5所示。Ⅱ-1类技术变更经总经理办公会议定、总经理审批后执行；Ⅱ-1类及以下技术变更由建设公司分管领导或主管部门领导审批后执行。

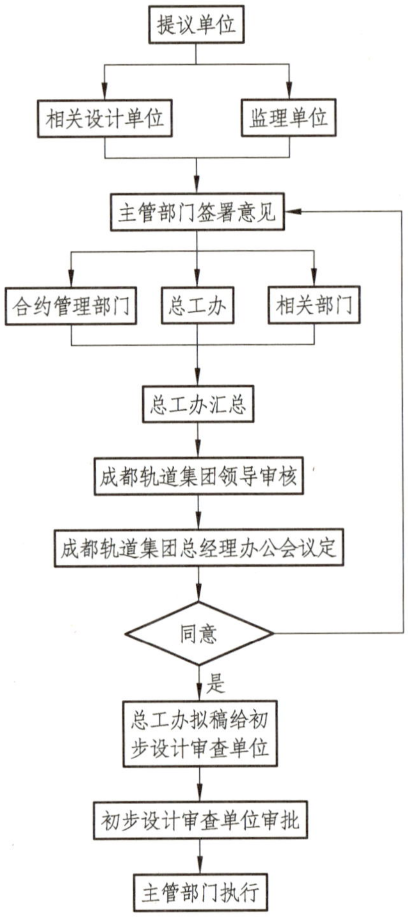

图6-5 Ⅰ类技术变更审批流程

《技术变更管理办法》作为成都轨道交通建设初期重要的管理制度，及时完善了轨道集团制度体系，有效弥补管理短板夯实管理基础，对推动合法、合规建设程序发挥了积极作用。随着建设工程的推进，技术变更以外的其他类型变更逐渐增多，为实现工程变更全方位管理，成都轨道集团于2007年3月发布《工程变更补充管理办法》，办法对图纸勘误、工程范围变更、工程量签证、工程量清单等变更内容进行了补充，两个制度涵盖了所有类型的工程变更，成都轨道交通工程变更管理体系基本形成。初期的变更制度理清了“明确责任主体、建立审查机制、分级审批变更”基本思路和中心思想，在一定程度上规范了参建各方行为，但由于建设初期轨道集团组织架构未健全，职能职责不完善，管理偏粗放，未建立一套行之有效的管理体系对技术变更进行科学管控，导致初期变更制度类似于业务流程指导手册，未贯穿“先批准后变更，先设计后施工”核心原则，未对变更范围、标准等进行详细定义和归类，未对变更各方的职责进行明确规定，未对变更申报、审批流程和时限做详细要求，缺乏严格管控变更的合理有效手段。建设初期成都轨道集团源头控制意识较淡，对设计单位、监理单位管理不严，未压实其责任，存在随意变更的情况；造价咨询单位服务质量低下，服务内容单一；集团内部管理人员工作经验和业务能力参差不齐，变更审查把关不严。内外管理松软，一定程度上增加了领导决策风险，同时也加大了投资控制风险。受早期管理思路局限，变更制度旨在解决流程问题打通执行堵点，未深入思考如何通过建立一套科学合理的工程变更审查审批机制以促进“限额设计、控制成本”理念成型和落地，从而实现“治未病防未然”的顶层制度设计目标。

2. 多模式并存下变更管理

（1）完善管理制度

为不断强化轨道交通工程变更管控，成都轨道集团和建设公司先后制定了《投融资建设项目设计变更管理办法》（成地铁发〔2013〕381号）、《轨道交通建设工程变更管理制度》（成地铁制〔2017〕1号）、《建设工程全过程造价管控办法》（成轨道制〔2019〕19号）、《轨道交通建设工程全过程造价管控办法》（成轨道制〔2020〕22号）、《建设工程变更管理制度》（成轨建管制发〔2019〕78号）、《建设工程变更管理制度》（成轨建管制发〔2020〕31号）。随着成都轨道交通加速成网进程中新旧制度的更迭和变迁，在穿透式成本管控理念的指导和促进下，工程变更管理逐渐迈向科学化、严谨化和规范化。

（2）多模式并存变更管理创新

① 自建模式变更管理

土建、轨道、装修、机电系统各专业平行发包，合同采用单价包干与合价包干形式，合同变更条款简单且变更范围约定不明确，其中4号线一期设置了较为复杂的合同调价条款，制度上沿用《成都地铁有限责任公司技术变更管理办法》（成地铁发〔2006〕61号）和《成都地铁有限责任公司工程变更补充管理办法》（成地铁发〔2007〕49号），在变更审批方面重流程轻管理，除Ⅰ类（200万元以上）和Ⅱ-1类（土建投资增减100～200万元、机电80～200万元）须经集团总经理办公会审议批准外，其余变更按照等级由部门或集团分管领导审批，审批权限见表6-4。

表6-4　自建模式变更管理分类

<table>
<tr><th>变更分类</th><th>会签</th><th>审核</th><th>最终审批</th><th>办理</th><th>备注</th></tr>
<tr><td>Ⅰ</td><td>总工办、计划合约部、相关部门</td><td>公司领导</td><td>原初步设计审批单位</td><td>总工办</td><td>总工办提出初步意见，经总经理办公会议定后，根据会议纪要精神办理</td></tr>
<tr><td>Ⅱ-1</td><td>总工办、计划合约部、相关部门</td><td>公司领导</td><td>总经理</td><td>主管部门</td><td>总工办提出初步意见，经总经理办公会（或部长联席会）专题议定后审批，主管部门根据会议纪要精神办理</td></tr>
<tr><td>Ⅱ-2</td><td>总工办、计划合约部、相关部门</td><td>总工程师</td><td>公司分管副总经理</td><td>主管部门</td><td>1. 总工办提出初步意见
2. 审批前应由最终审批者向总经理汇报</td></tr>
<tr><td>Ⅲ</td><td>计划合约部、相关部门</td><td>总工办</td><td rowspan="2">主管部门领导</td><td rowspan="2">业主代表</td><td rowspan="2">1. 审批前应由最终审批者向分管副总经理汇报
2. 有分歧时由总工程师组织协调</td></tr>
<tr><td>Ⅳ</td><td>相关专业室、计划合约部</td><td>主管业务室</td></tr>
</table>

此制度下的变更管理为单一化流程模式，缺乏有效的变更审查审批机制支撑，未压实设计单位和监理单位责任；造价咨询单位服务价值低，仅限于简单的价格审核；各方未深入研究方案技术可行性和经济合理性，未有效结合合同条款对变更调价原则和依据进行详细分析进而做出准确判断，个人或部门审批权限较大，一旦因管理人员业务能力不足、专业知识欠缺等因素做出误判，将为领导决策造成风险，也为项目埋下审计隐患。

控制工程造价一方面要从源头控制做好限额设计，另一方面要加强过程管理严控工程变更。在设计深度不够、方案不稳定的情况下，需通过限额设计并设置合理的合同风险分配条款进行双控，最大限度实现进度和投资可控的目标。以110kV主变电所总承包项目为例，前三期建设规划项采用初步设计招标，招标阶段未解决外电通道规划红线落地的问题，若采用单价包干的合同模式则存在极大的投资失控风险，同时鉴于主所外电通道方案不确定性以及施工协调难度大等客观情况，为激励承包人在项目实施过程中充分利用自身经验和资源，发挥主观能动性积极优化电源路径以达到缩短工期、实现盈利的目的，采用固定总价并设置合理的变更条款（风险与利益分配条款）：

a. 由于非承包商原因引起某一外部电源接入点调整，如果引起工程量变化，则按合同约定调价条款进行调整；

b. 由于承包商的工作原因引起某一外部电源接入点调整，如果引起工程量减少，则按合同中该路送电线路综合单价和实际施工图数量进行结算，该项工程节约费用按40%提取作为承包商的奖励，剩余60%部分费用归发包人所有；如果引起工程量增加，则增加部分费用由承包人自行承担；

c．在外部电源接入点不变情况下由于路径走向变化等引起工程量增减，则外部电源工程部分为总价包干。

4号线一期主所总承包项目承包商在合同执行过程中，经过自身努力取得外部电源接入点调整并引起工程量减少，轨道集团根据以上第2条约定将外部电源工程节余部分40%作为对承包商的奖励，通过设置合理的变更条款对承包商进行正向激励，满足进度工期目标的同时节约了工程投资，实现业主和承包商“双赢”。

由于主所项目的特殊性，外电工程从初步设计到工程实施是一个不断调整的过程，受征地拆迁、站址红线以及路径方案等诸多因素影响，若初步设计到工程实施时间跨度较大，由于城市地下管线快速发展，很可能初步设计阶段按新建考虑的电缆通道到了实施阶段借用已建通道，因此合同价格自签订阶段便包含了较大的优化空间，这与发包人允许承包商在实施过程中通过自身努力积极推进工程并获取应得利润的意愿相背离，尽管不是发包人主观失误，但客观上使发包人面临审计风险。

针对上述情况成都轨道集团对变更条款（以上第3条）进行优化，优化后的条款为：在外部电源接入点不变情况下由于路径走向变化等引起工程量减少（含通道形式变化），则按合同中该路送电线路综合单价和实际施工图数量进行结算（含对侧间隔），该项工程节约费用按40%提取作为承包商的奖励，剩余60%部分费用归发包人所有；如果引起工程量增加，则增加部分费用由承包商自行承担。

建设公司在总结前三期经验教训的基础上对第四期建设规划主所总承包项目招标范本条款进行深入思考：一是招标阶段稳定外电路径方案并取得规划红线，避免项目实施过程中出现重大变更（设计深化）从而影响工程投资；二是合同采用单价与合价包干形式，对于征地拆迁、路面恢复、青苗赔偿、市政接驳等费用采用包干价；三是变更条款充分考虑前三期主所总承包项目争议和疏漏项，如电缆长度变化导致SVG容量调整、上级变电站负荷转接工程、综合管廊入廊相关费用等条款。

综上所述，任何项目的合同变更条款并非一成不变，所谓合理的条款应随着不同的建设模式、不同专业并紧紧围绕节约成本控制投资的基本目标进行动态调整。

② 投融资模式变更管理

1号线南延线、3号线一期作为第一批投融资项目，既有《技术变更管理办法》和《工程变更补充管理办法》已无法满足概算下浮包干的投融资合同计价模式，因此轨道集团于2013年12月发布《投融资建设项目设计变更管理办法》（成地铁发〔2013〕381号）。由于1号线南延线、3号线一期等同期投融资合同变更条款约定较简单，该制度对投融资项目变更定义进行了补充，明确“先批准、后变更，先设计、后施工”原则，并对变更各方责任、变更程序及时限要求进行了规定。按照该制度投融资项目设计变更分为A、B、C三类，定义如下：

A类变更：政府行政主管部门批准的初步设计发生重大变化，须修改或补充初步设计并修编工程概算来处理其费用变化的设计变更；装饰风格及标准变化引起的设计变更。

B、C类变更：政府行政主管部门批准的建设标准、建设规模、工程范围、使用功能发生变化，且以上变化不需通过修改初步设计进行该项目概算调整，工程费用变化在200万元以上的设计变更为B类变更，工程费用变化在200万元及以下的设计变更为C类变更。

其中，A类变更由成都轨道集团按照设计管理程序进行初步设计修改并报政府行政主管部门审查批复，根据批准的修改总概算并按照投融资合同约定原则重新核算合同价格，B类变更审批流程如图6-6所示。

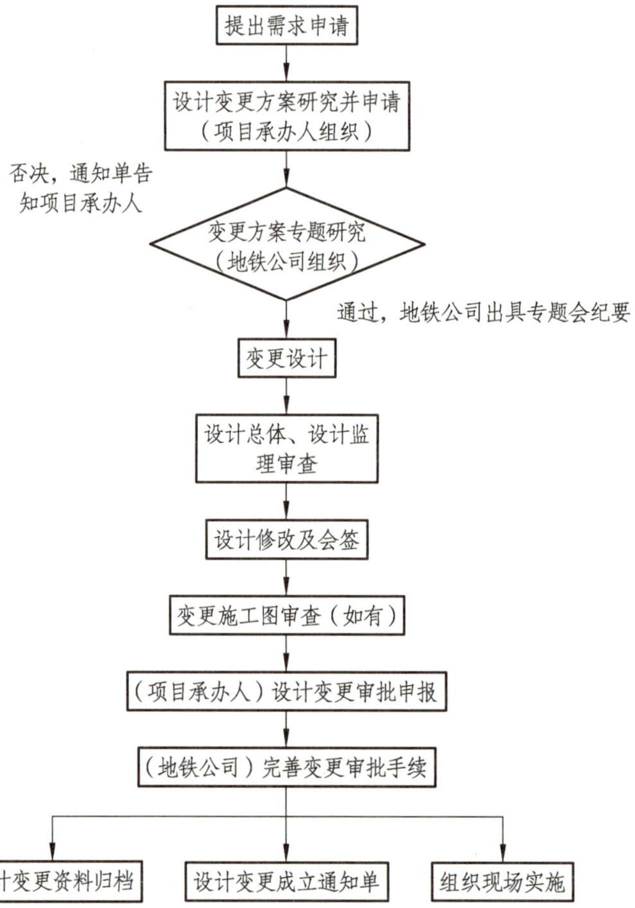

图6-6 B类变更审批流程

投融资项目设计变更管理办法与之前变更制度本质区别在于首次建立了方案审查机制，要求项目承办部门组织设计单位、监理单位对设计方案进行研究后报成都轨道集团专题会审议，对方案审查的重视程度提升到制度层面的高度，为不断优化变更流程设计、提升管理水平打开了思路。投融资项目初步设计深度不够、施工图阶段变化大、投融资合同调价条款不清晰、风险包干范围约定不明确，项目实施过程中产生的大量变更需通过完善审批流程来解决，由于投融资项目设计变更管理办法在流程设计上存在缺陷：缺乏完善的审批机制难以科学、规范决策变更，存在较大的廉洁风险和投资风险。

投融资项目建设初期变更管理存在两大问题，一是变更数量较多，二是审批流程不规范。产生大量变更的根源在于初步设计深度不够、合同变更范围界定不清晰。1号线南延线等同期投融资合同变更及风险包干费条款约定如下：

a. 初步设计批准后，由于工程范围、建设标准及建设规模而引起变化；

b. 除本工程建设标准、建设规模和工程范围变化外，由于政府、甲方原因引起设计变化；

c. 设计调整不属于变更，不调整合同价款；

d. 风险包干费：以初步设计为基础、初步设计概算为依据，因政府、甲方导致设计发生变化的，不属于风险包干费范畴；因乙方原因导致设计发生变化的，属于风险包干费范畴。

1号线南延线等投融资项目采用概算下浮包干的计价方式，合同价款包含3%的风险包干费，其中风险包干费含200万以下的单项变更费用。由于投融资合同变更关于"工程范围、建设标准及建设规模"定义不明确、风险包干费条款前后矛盾（200万以下变更是否不分原因全部纳入风险包干费范围存在争议）、设计调整与设计变更界面不清晰，初步设计以后的大部分变化均以设计变更方式推进，且大多数都是政府或甲方原因引起，按照总承包单位对投融资合同条款理解需调整合同价格，如此一来投资风险全部转移到甲方，失去了风险包干的意义。

1号线南延线等项目实践证明，投融资概算下浮包干模式下的"资金池""风险包干费"等变更条款属于较落后的条款，且由于合同条款设置不规范和不严谨，合同执行期间存在较大的争议，从而影响竣工结算工作推进。

3号线二三期、5号线一二期、10号线二期等后续投融资项目对合同变更条款进行调整，将设计变更划分为A、B两类，其中A类变更调整合同价款，B类变更不调整合同价款：

A类变更：初步设计批准后，因甲方或政府原因引起的工程范围、建设规模、建设标准、使用功能、线站位变化以及经甲方批准的根据施工现场实际情况调整工法（明挖、暗挖、盖挖、盾构以及深基坑支护方式）引起的设计变更；装饰装修标准变化引起的设计变更；与地块合建或接口实施引起的设计变更。

B类变更：除A类以外，施工图与初步设计不一致的变化。

调整后的投融资合同变更条款较原条款有较大改进：对变更范围以及变更是否调整合同价格进行较为明确的约定，尽管合同对“建设标准、使用功能”等定义未做明确解释，双方仍存在理解上的争议，但相较于1号线南延线等项目，争议内容大大减少，双方分歧从合同条款转移到变更本身，一定程度上是合同条款日臻完善的体现。

为了进一步强化投融资项目变更管理，有效控制工程投资，实现科学、规范决策变更的目的，集团公司于2017年制定《轨道交通建设工程变更管理制度》（成地铁制〔2017〕1号）（以下简称《工程变更管理制度》）。《工程变更管理制度》将原《技术变更管理办法》和《工程变更补充管理办法》进行整合，工程变更包括设计变更、施工签证、工程索赔、工程量清单更新、合同范围变更、图纸勘误和设计优化。制度明确变更严格执行“先审查后实施，先设计后施工，先审批后支付”原则，将设计变更按照“重要程度”和“投资金额变化大小”两个指标进行详细分类。其中，按重要性程度分为Ⅰ、Ⅱ、Ⅲ和Ⅳ类；按投资金额变化大小分为Ⅰ-1、Ⅰ-2、Ⅱ、Ⅲ和Ⅳ类，不同类别的设计变更对应不同的方案审查和审批权限，变更各方权责明确、流程清晰，Ⅰ-1设计变更审批流程（成地铁制〔2017〕1号）如图6-7所示；对变更申报、审查及审批各环节做出了具体时限要求，同时对参建单位在变更管理过程中的违约行为和经济处罚进行了详细规定，该制度建立起完整的设计变更方案审查和审批机制。

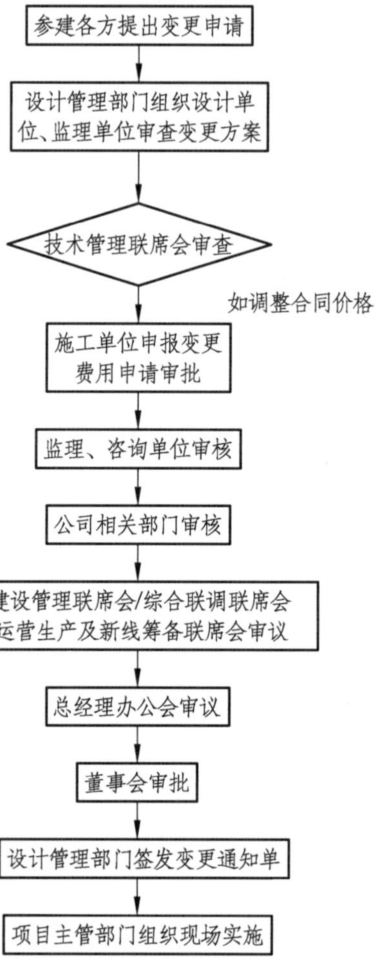

图6-7 Ⅰ-1设计变更审批流程

为进一步加强轨道交通工程全寿命周期造价管控，合理控制工程造价成本，实现轨道交通建设项目质量、工期及投资目标，成都轨道集团于2019年4月发布《建设工程全过程造价管控办法》（成轨道制〔2019〕19号），制度将投资估算、概算、计量支付、工程变更、工程结算等全过程造价业务和环节进行深度融合，将穿透式成本管理理念深入贯穿。建设公司结合实际管理需求，针对合约业务板块制定了相应计量支付、变更等管理办法。Ⅰ-1设计变更流程（成轨道制〔2019〕19号）如图6-8所示。

③ PPP模式变更管理

针对特许经营合同约定的工程变更，项目公司需上报实施机构审批。PPP项目工程变更的申报、审核、审批较传统模式在责任主体上发生了实质性改变。同样，实施机构审核、审批PPP项目工程变更在以往地铁项目中也无经验可循。根据特许经营合同约定，PPP项目工程变更的核心在于变更费用是否纳入投资调整额，针对因变更发生的费用变化，PPP项目公司按照特许经营合同要求上报实施机构审批。但在实施机构现有机构人员配置条件下，由实施机构完成大量的工程变更管理工作，难度较大。故实施机构通过委托授权的方式，委托成都轨道集团参照传统模式来开展PPP项目工程变更审核，即项目公司将各项变更上报至成都轨道集团，成都轨道集团依据自身专业水平以及审查流程，对各项变更方案可行性、变更属性进行判断，并给出是否同意该变更以及变更费用是否纳入投资调整额的意见，并将意见反馈至实施机构，由实施机构按照特许经营合同约定完成变更最终审批。通过成都轨道集团对PPP项目的工程变更管理，在技术方案审查、变更费用判断等方面具有丰富的经验，从技术方案源头上对工程变更进行了把控，给实施机构变更审批提供了专业意见，为PPP项目投资控制奠定了基础。

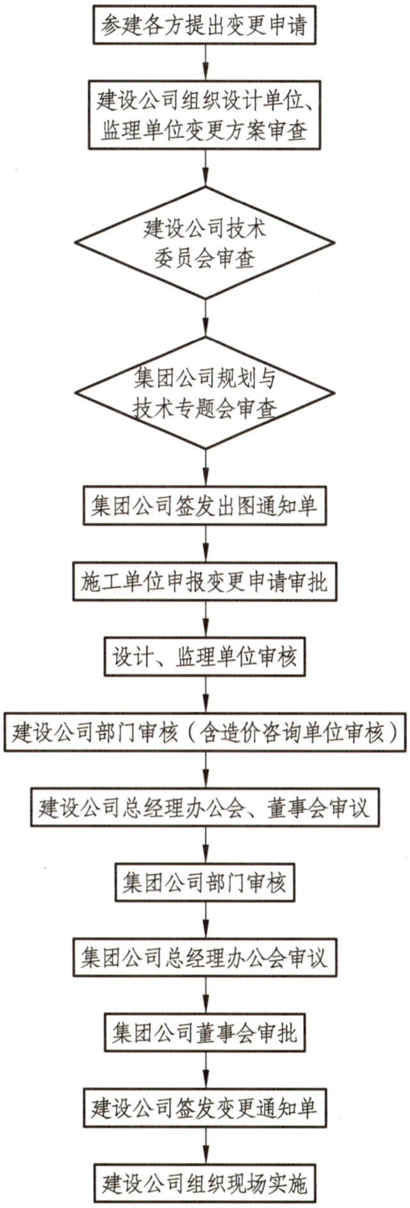

图6-8 Ⅰ-1设计变更审批流程

3. 变更管理展望

2020年11月，成都轨道集团发布《建设工程全过程造价管控办法》（成轨道制〔2020〕22号），建设公司根据集团最新全过程造价管理制度对变更管理办法进行修订。修订制度在全面总结既有变更管理工作的基础上，根据成都轨道集团“三重一大”事项决策制度以及集团对建设公司的最新授权，并充分考虑前三期投融资项目、PPP项目以及第四期施工总承包项目的适用性，对变更分类、审查审批权限流程及时限要求、各部门（单位）职责、参建单位违约处罚等进行了细化和优化，同时针对变更推进过程中的难点、堵点问题的处理原则进行明确，如：连带变更处理方式，单方变更申报流程，变更等级变化审批流程、争议事项处理原则、甩项项目及未实施变更的处理原则等。制度压实了变更五方主体（即业主、施工单位、设计、监理以及造价咨询单位）责任，促使各方充分参与变更方案审查和费用审批各个环节，同时极大地提高咨询单位服务定位和服务质量，使其充分发挥专业特长和优势更好地全过程造价管理服务。

随着成都轨道集团进一步放权赋能，如何在现有制度体系下推进工程变更工作提质增效，是亟待思考和解决的问题。一是做好源头管理，采用初步设计限额设计与施工图精细化设计相结合的手段，严格控制工程变更。二是强化工程变更过程管控，对外压实承包人、设计单位、监理单位及造价咨询单位责任，严格审查变更方案，对变更方案技术可行性、经济合理性以及连带影响进行反复论证和充分研究，抓实抓牢合同及制度考核手段，有效解决承包人变更申报难、咨询单位审核超时限等问题；对内厘清项目管理中心、各部门职责边界，强化项目管理中心变更推进主体责任，以组织目标绩效考核为导向，纪检审计效能监察辅助，畅通制度运行关节；加强制度宣贯和培训，进一步规范管理人员工作行为；营造良好的部门内部竞争氛围，有效提升人员管理水平和专业技能，打造专业、高效的建设团队。

三、结算管理

工程竣工结算是反映项目实际造价和投资成果的技术经济文件，是进行经济核算的重要依据，是项目接受政府审计前的最后一个控制投资环节。合理严谨的结算审核工作能够帮助建设单位节约建设投资，并维护承包商的合法权益；严谨的结算审核结果能够为建设单位在日后的审计工作中提供最为扎实的资料支撑，避免审计风险的发生。因此，业主、承包商、第三方造价咨询单位都应该高度重视，积极配合，严格按照合同约定积极推进结算工作。目前已开通的线路中，1号线一期、2号线一期、2号线东、西延线、4号线一期已完成竣工结算审核，其余线路结算工作正有条不紊地开展。

1. 初期结算管理

（1）初步建立结算管理体系

为规范竣工结算管理，有效控制建设工程投资，保证项目投资目标的顺利实施，根据2004年财政部建设部关于印发《建设工程价款结算暂行办法》（财建〔2004〕369号），制定了《成都地铁有限责任公司竣工结算管理办法》《成都地铁有限责任公司建设分公司竣工结算管理办法实施细则》等相关管理制度，主要明确了建设项目竣工结算适用范围、竣工结算条件、参与各方职责、竣工结算分类及原则、审核原则以及争议处理等主要环节和基本程序，以制度为抓手，让结算审核工作有规可靠、有据可依地开展。

（2）初期结算管理不足

① 结算制度不完善

在成都轨道交通建设初期，由于缺乏经验，虽然制定了相应的结算管理办法，但实施性较差，同时建设公司管理机构变更频繁，早期制定的结算表格因为建设公司部门职能的调整而调整，造成大量结算资料因为结算表格调整需要推倒重来，这客观上严重推迟了结算工作的顺利推进。

② 对结算管理重视不够

结算工作的开展是一项综合性极强的复杂工作，需要承包商、业主（现场管理和合约管理）、监理、造价咨询等单位共同配合来完成，其中任何一个环节出问题，结算工作也无法正常推进。在成都轨道交通建设初期，承包商往往更重视施工阶段，不重视结算工作，结算阶段将大量熟悉项目的人员抽调到其他项目，新接手的人员无法很快熟悉项目情况，甚至结算文件编制都困难。业主、监理、造价咨询单位都或多或少对结算工作不够重视，造成结算工作推进困难。

③ 遗留问题太多

在成都轨道交通建设初期，由于各种各样的原因，虽然项目已完工，但在结算阶段暴露出各种各样的争议问题，如：承包商报送结算审核材料的消极态度、变更严重滞后、零星工程混乱、对结算审核方式、结算审核原则、合同条款理解不一致、施工现场与设计文件不一致、隐蔽工程因资料缺失导致结算审核困难、竣工归档资料不完整、甚至存在结算审核金额与合同金额差异过大的情况等。上述一系列问题都在结算审核过程中逐一暴露。经过深入剖析，这些问题很多是合同条款不明确或自相矛盾，或是过程管理经验的缺乏、现场管理机制不健全，结算管理机制的不健全、合同条款的漏洞等原因造成。大量类似的遗留问题需要合理解决，这些情况严重制约了结算工作的顺利推进。

（3）初期结算问题及整改

① 合同条款定义不清晰、不明确：涉及变更、费用、工作范围等关键条款的定义须清晰明确，尽量不要出现歧义条款。例如，地铁4号线土建合同将总价包干项目量差风险条款放在变更条款之下，投融资合同对变更涉及的范围、标准、规模未进行具体解释，连砂石的处置在合同中也未进行明确等，导致不同经办人员对此类条款有不同理解，造成执行差异。

② 注意合同条款设定的可执行性：审核过程中出现个别合同条款，特别是违约条款，因处罚过重无法执行到位的情况，如更换施工、监理人员不分职务重要性全部收取违约金，实际执行过程中，产生的违约金过高已超过承包人合理承受范围，导致无法全面执行。后续合同文件制定时，合同条款应结合实际，落地落实，使其具有真正的可执行性。

③ 应对常见及基本风险有所预判，以风险转移为目的体现在具体的合同条款内：如投融资合同施工图与概算或总价包干项目实际完成工程量与招标工程量虽然存在一定量差，但应充分考虑量差的合理范围，有效进行风险分担，科学设置合同条款，做好投资控制。

④ 合同文件尽量避免设置自由裁量幅度条款的约定（比如综合单价发包人有权予以下调5%~10%），或者根据自由裁量幅度设置执行条件，便于合同文件设置的裁量条款可执行且执行标准统一，避免后期结算审核造成争议。

⑤ 结算工程量计算不准确、单价套用不当、审核取费标准不统一，在结算审核过程中，咨询单位对工程量审核存在不深入的情况，从而导致结算工程数量不准确，部分项目多计工程量，且存在审核过程中未能及时发现施工单位报送结算资料时单价套用错误的情况，导致结算单价高于合同单价，造成建设投资损失。

2. 结算管理创新

（1）进一步完善制度体系

在总结已建线路结算经验的基础上，以制度建设为主线，坚持纪检审计为结算工作保驾护航。及时修订完善结算管理制度，结合合同标的性质，将合同类型细化分类，强化五方责任主体职能职责，优化审批流程，健全结算推进机制、全面压实责任链条，提前谋划项目竣工结算，构建完善科学有效的结算管理体系。解决工程结算中大量合同争议问题、历史遗留问题等疑难杂症的同时，达到持续提升对建设投资的把控、科学有效地统筹结算的目的。

（2）提前谋划结算工作

成都轨道交通已开通尚未完成竣工结算的项目包括1号线三期首期、1号线三期南段、3号线二三期、7号线、10号线二期、5号线一二期、6号线一二期、6号线三期、8号线一期以及有轨电车蓉2号线十个项目，建设公司计划用两年时间完成上述10个项目的竣工结算。根据结算目标制定了详细结算推进计划，将结算目标层层分解，形成横向到年、纵向到月、责任人员明晰的详尽工作计划，并将推进情况纳入绩效考核。实行部门、个人双重考核机制，其中个人按照经办人、部门负责人、分管领导三级进行考核。通过以绩效为导向强化目标考核形成推进合力，从而保障结算工作扎实推进，确保兑现结算目标。

（3）建立结算推动机制

为妥善解决合同争议与历史遗留问题，保障项目资金及时支付，全力推进项目竣工结算工作，合约管理部门成立了结算推进小组，明确为保障竣工结算工作顺利推进建立三级协调机制，即合约分管领导每两周组织召开一次结算工作例会，总经理每个月组织召开一次结算工作推进会，董事长每季度组织召开一次结算领导小组会。通过多层级、高频次的沟通协调，及时统一推进过程中出现的分歧，扫清出现的障碍。各职能部门加强沟通协调、上下联动，确保结算工作顺利推进。同时，成立成本管理委员会，由董事长任组长，总经理和各业务分管领导、相关部门负责人、造价咨询单位负责人、律师为成员的研究小组，专题研究重大合同争议事项和历史遗留问题，保证竣工结算的有效推进。

（4）强化过程合规管理

建章立制的同时，坚持纪检审计为结算工作保驾护航，强化过程跟踪审计，建立效能监察机制，纪检监察审计部门对变更和结算工作进行全过程监督和审查，实行效能问责，有效督促各相关单位和职能部门严控审核时限，实现审批流程更优、效率更高、程序更规范，从制度源头上促进管理不断完善。

（5）夯实技术保障措施

充分发挥造价咨询单位专业优势，从造价咨询单位中抽选业务能力强、经验丰富的项目负责人，组织建设公司法律顾问，并邀请相关部门业务人员组建竣工结算技术小组，对合同中重要条款的理解、重大分歧的解决进行技术研讨，从而确保结算中的重大问题能在充分尊重合同、最大限度规避审计风险的前提下科学、合理、及时地提出处理意见，保障竣工结算连续推进。

（6）强化学习教育培训

大力开展学习教育培训，组织合约系统人员到建设现场进行实地观摩学习，开展工程建设专项知识讲座，邀请专家进行工程建设全过程管控知识的分享。通过组织各种业务的相关学习，不断夯实合约从业人员的专业能力基础。

（7）不断完善结算台账统计分析

为补齐短板，厘清合约业务底数，增强数据统计分析判断能力，不断完善结算管理台账。全面梳理、逐项完善各项台账数据内容，在数据内容的基础上梳理出问题清单，实行定人、定责挂图作战销项处理并进行动态监控与管理，为规范高效开展结算工作创造基本条件，大幅提高工作效率。

（8）把控潜在风险

目前，前期地铁线路在办理结算过程中，由于承包商对合同的理解不同等原因均对结算结果提出了异议，其中争议主要内容包括：2000定额人工费调差、钢轨及电缆材料调差、风险包干费计取基数、200万元以下变更处理原则等。对于争议问题，建设公司进行逐项梳理，组织相关部门、律师以及造价咨询单位本着尊重合同、防范审计风险的原则进行了充分研究，并在此基础上提出处理建议，就争议问题的处理建议与各承包商各层级进行了充分协商，但均未达成一致意见，不排除后续有提请仲裁或诉讼的可能。建设公司已将各种往来函件、协调会议纪要进行了梳理归类，以备应诉。

（9）PPP模式结算管理

为及时完成PPP项目结算工作，推动PPP项目投资补偿额扣回，按照“2021年底完成PPP项目结算工作”的总体工作目标，成都轨道集团参照自建项目，倒排各PPP项目结算工作推进计划，要求各项目公司根据总体计划，对各阶段结算目标进行分解，按计划目标节点推进结算工作。在PPP项目开展结算过程中，重点关注前期迁改工程合同结算、工程变更审批、零星委托项目结算、概算二次评审等重难点，用服务类项目打开结算工作突破口，建立结算工作总体台账，分类、分项目制定结算工作推进计划，落实责任部门、责任人，建立结算工作协调机制，逐项解决重难点，逐个推进各个合同结算工作。

3. 结算管理展望

目前，成都轨道交通第四期规划项目正处于全面建设阶段，如何做好第四期项目竣工结算，避免出现结算滞后的情况是当前需要思考的重要问题。“思前想后”，就是全面反思总结以往结算项目教训，前置研究后续改进措施，找到下一步工作的突破口。“除弊革新”，就是敢于啃硬骨头，对处理遗留问题敢于担当，扭转诸多拖延不决的问题，通过持续不断的改进，开启竣工结算工作新模式。结合第四期项目工程量清单计价的合同模式，将从以下几个方面入手提前开展项目竣工结算：

（1）结算工作推进的及时性

在轨道交通建设初期结算工作推进缓慢的一个重要原因就是未及时推进结算工作，重视不足，因此，在项目完工后就应及时推进结算工作，同时应制定相应的奖惩机制，确保业主、承包商、监理、造价咨询都能及时主动推进结算工作。

（2）结算工作推进的延续性

在轨道交通建设初期结算工作推进缓慢的另一个重要原因是机构调整和人员不断变化，造成很多结算走到一半又推倒重来的现象，无论机构如何调整、人员如何变化，在结算制度中应充分考虑结算表格的延续性，以提高结算效率。

（3）结算工作推进的灵活性

第四期建设项目均为总承包及各工区联合体中标，针对这一合同特点，应及时调整结算方式，将竣工结算化整为零，按照分专业、分阶段的方式灵活推进竣工结算。即以工区为结算编制单元，以单位工程为单位，各单位工程完工以后各工区、各单位工程平行办理竣工结算，项目完工后再进行汇总结算。该方式将竣工结算前移至项目实施过程中，与项目实施同步进行，可避免项目竣工后承包商结算办理人员不足的困难；同时，提早释放结算资金，可提升承包商结算办理的积极性；并将结算贯穿于项目全过程，有利于进一步规范项目管理，在项目管理过程中植入审计意识。

（4）夯实过程管控

为及时解决项目实施过程中出现的问题，避免出现大量遗留问题到项目竣工后集中解决的情况，在第四期规划项目建设过程中进一步提升了造价咨询单位的过程管控力度，将造价咨询单位独立为五方责任主体，全方位、全过程参与项目管理；同时建立造价咨询例会制度，通过造价咨询例会的召开，定期梳理项目管理中存在的问题，并逐级在实施过程中予以消化解决，从而为竣工结算扫清障碍，确保项目竣工后即具备办理竣工结算条件。

（5）持续深入推进全过程造价管理

深入贯彻执行建设公司的全过程造价管控的理念，将穿透式管理贯穿于建设项目管理的全过程。从项目执行的各个阶段入手，深入分析工程成本立项、设计、招标、施工、结算的全过程，结合建设公司实际情况抓好穿透式成本管理的落实工作。进一步强化组织保障，明确牵头统筹推进部门，各部门及下属单位各司其职，保障穿透式成本管理有效开展。强化管控措施执行，制定全面落实穿透式成本管理工作实施方案，加快管控措施的推动，确保各项措施落到实处。推动建立从项目初设到资金支付的全过程监管体系，采取事中督查和事后检查相结合、经常性检查与专项督查相结合的方式实施全过程监督。

综上，结算审核是一项专业性、综合性强的工作，应及时总结经验教训，采取有效措施对关键节点和风险环节进行控制完善，避免同样的问题在后续结算线路中再度发生，全面实现建设公司制度化、标准化、规范化运作，确保项目管理、投资目标的顺利达成。

7

第 7 章 财务管理

随着成都轨道交通的快速发展，财务管理机构及管理模式和内容都发生了相应的变化。

2004年10月，成都地铁有限责任公司注册成立，成都地铁有限责任公司下设财务投资部，分为会计室、资金室、投资室及运营财务室。

2010年9月，成都地铁有限责任公司作为成都市出资者代表，与成都铁路局合资组建了“成都轨道交通有限公司”。成都轨道交通有限公司下设计财合约分部，分为计划合约和财务管理2个部门。

2012年3月，按照成都市市政府与成都铁路局签署的《关于调整成都地铁建设和运营管理方式的协议》，成都地铁有限责任公司重新接管地铁建设和运营业务，2017年2月，成都地铁有限责任公司更名为成都轨道交通集团有限公司（本章以下简称“成都轨道集团”）。成都轨道集团下设财务部，分为资金室、会计室、综合室及资产室，同时成立建设分公司财务管理部，财务管理模式按照成都轨道集团相关制度执行，主要负责和地铁线路建设有关的业务。

2018年3月，依托于建设分公司的职能职责，成都轨道集团成立了具有独立法人资格的全资子公司——成都轨道建设管理有限公司（本章以下简称“建设公司”）。建设公司下设财务管理部，通过搭建独立的制度体系，对资金管理、预算管理、工程管理及经营管理进行管控。

财务管理部根据建设公司组织结构和业务模式变化，不断调整和完善财务管理模式，通过推进财务信息系统建设，优化各业务系统之间的数据交换通道；建立全过程闭环的预算管理，严格成本费用控制；加强数据集中，实现分级负责的会计核算；深化业财融合，完成动态反馈的资金管理，从而不断提升财务管理水平和效率。

第1节 资金管理

轨道交通项目建设前期资金投入大，属于资金密集型行业，因此轨道交通建设资金管理尤为重要。轨道交通资金管理根据轨道交通建设模式不同，通过不同的渠道筹集到足够的轨道交通建设资金，确保轨道交通的建设；建设资金在使用过程中要加强对资金拨付的事前计划、事中管理和事后跟踪，加强预算管理，细化年度投资计划、月度支付计划，完善资金支出的预算制定和分解执行，保证资金筹集和支付供需平衡，降低资金沉淀成本。

一、融资管理

成都轨道集团作为轨道交通项目业主承担轨道交通项目建设资金筹集工作，建设公司配合成都轨道集团及时筹集轨道交通项目建设所需资金。

1. 融资管理模式

成都轨道集团坚持“财政资金+银团贷款+多渠道融资”模式解决建设资金需求。其中，财政资金根据《成都市人民政府关于印发成都市轨道交通建设发展专项资金筹措方案的通知》（成府发〔2021〕1号）按照“政府引导、市区共担、企业筹资”原则，通过轨道交通专项资金进行筹集；银团贷款主要通过国家开发银行为牵头行，工农中建交等商业银行为参团行的银团提供项目贷款融资；多渠道融资则主要通过融资租赁、债券发行、信托资金等渠道筹集资金。

截至2020年12月末，成都轨道集团累计收到财政拨付资金756.3亿元，其中项目资本金734.16亿元、运营补亏资金22.14亿元；累计提取贷款余额1269.89亿元；通过信用债、保险资金、融资租赁等方式累计筹集资金568.47亿元，有效缓解了财政资金阶段性不足问题。同时，还完成了70亿元四川省首支绿色债务融资工具绿色中票、150亿元西部地区最大额度优质主体企业债注册发行，并通过发行含权中票等权益性融资主动降低资产负债率约4个百分点。

2. 融资管理创新

（1）创新轨道交通融资模式

“贷款融资再安排”是全国轨道交通领域“第一弹”，该融资模式延长了公司所有轨道交通项目的还款期限，平滑了短期及长期偿债压力，也间接缓解了财政支出压力。创新型融资模式是化解轨道交通领域政府隐性债务风险的重大举措，为全国轨道交通企业进一步规范融资行为、响应国家严控地方债务风险政策树立了行业标杆。

（2）推动出台文件，厘清政企间的资金关系

推动成都市市政府创新出台了《成都市城市轨道交通运营服务成本规制暂行办法》（成办发〔2018〕33号），对成本规制下的轨道交通票款补贴机制进行了明确，实现财政补贴与偿债现金流的隔离，将财政补贴转化为企业现金流，从制度上厘清了政企之间的资金关系，彻底消除了公司政府隐性债务风险，为公司持续财政资金保障及后续项目融资奠定了政策基础。

3. 紧抓外部契机，持续降低融资成本

受新冠疫情影响，央行多次定向降准并下调5年期LPR，成都轨道集团抓住外部融资成本下行的契机，及时对公司债务情况进行彻底清查和分析，第一时间制订了存量融资降成本计划，多次与金融机构商谈存量融资成本下调事宜，将存量债务中融资租赁、流动资金贷款、三个固定资产贷款合计162.33亿元债务的融资成本从4.51%~4.9%下降至3.6%~4.65%，切实为公司节约利息支出共计1.85亿元。

成都轨道集团通过把握融资形势、抢抓政策机遇、争取银行支持、优化资金结构，努力降低融资成本，减轻财政负担，确保了综合融资成本低于同期人民银行贷款基准利率水平，较好地满足了项目建设资金需求。

二、资金计划管理

建设公司以成都轨道集团每年下达的建设任务为基础，科学谋划建设期资金需求，为成都轨道集团融资和资金保障提供强有力的计划支持，保障地铁建设目标的顺利推进。为提高资金使用效率，避免资金短缺，减少资金闲置，建设公司财务管理部以资金计划为抓手，积极开拓思路，挖掘资金计划管理潜力，节约融资成本，发挥资金管理最大效能。

1. 资金计划管理创新

（1）强化资金计划编制过程管理，确保资金计划准确科学

每年根据年度投资计划编制年度资金需求、每季度根据现场进度编制季度资金需求、每月根据实际计价情况编制月度资金需求，通过季度、月度资金计划的编制，掌握现场实际进度，同时对资金计划进行不断梳理和调整，确保资金需求数据更细化、更准确；财务管理部与业务部门充分沟通，深入了解业务部门各项流程、现状，提示重大事项，检查有无遗漏，并梳理出重大事项和不确定因素，避免信息孤岛与盲区，确保月度、季度、年度计划的一致性，力争资金计划更为准确、科学。

（2）加强资金计划执行过程控制，提高审核效率

为了更好地解决重大项目资金支付申请不及时的问题，财务部门与各业务部门充分沟通并梳理投融资项目的计量支付时间节点，及时对接跟踪掌握重大项目计量签批情况，合理预计资金支付时间；梳理资金支付审核的注意事项，并反馈施工单位和相关业务部门，尽量避免支付审核过程中的返工，提高审核效率，缩短审核时间。

（3）以现场实际需求为准绳，动态调整资金需求

加强与施工单位及成都轨道集团的沟通协调，充分了解现场维稳需求等情况，掌握第一手资料，适时调整线路资金需求，确保现场进度有序推进；提前参与重大项目的招标及合同条款设置工作，跟进线路竣工结算及各项审计工作，了解项目进展，对资金计划的重大调整提前谋划。

（4）制定资金计划考核标准，提升公司资金管理水平

动态跟踪各业务部门资金计划执行情况，每月中旬对已报计划但未支付的项目进行梳理并提醒沟通，及时找出原因并采取补救措施，力争资金支付按计划执行；明确各业务部门的职责与分工，将资金计划的编制报送及执行情况纳入组织目标绩效考核中，促进全员在平时工作中主动融入资金计划管控的意识，将资金计划形成工作常态，提升公司资金管理水平。

2. 资金计划管理要点

（1）提前谋划重点项目资金需求

施工单位未根据合同约定按期办理计价支付申请，年底突击申请办理计价支付的情况很多；前期征地、管线迁改等特殊项目，因涉及与各区市县政府部门以及各产权单位沟通协调无法准确预计支付节点。若不能按期付款将产生滞纳金或影响现场施工进度，造成财务审核时间集中且审核时间较短，在特定时间内资金需求突增，给资金筹集带来一定困难。针对这些问题，财务管理部通过主动参与重大项目的合同编制审核工作，提前介入项目；加强与施工单位及业务部门的日常沟通，掌握现场实际情况，对重点项目资金需求提前谋划，提升资金计划准确性。

（2）提升资金计划信息化管理水平

建设板块涉及线路多、资金分类细致、资金需求量大，资金计划统计工作还停留在手工电子表格录入阶段，相关资料信息报送采用电子文档和纸质文件传递，资金报表的统计、管理工作量非常大且信息查找不便。针对这些问题，财务管理部将依托成都轨道集团全面信息化管理的契机，通过信息化实现工程计量与资金计划的填报同步完成，信息适时更新，汇总数据自动生成，实现资金计划及资金支付的及时推送和自动化管理，进一步提升资金管理水平。

第2节 资产管理

资产管理由成都轨道集团总体牵头，建设公司负责具体实施，主要包括设备采购、现场施工、资产移交等环节。建设公司资产管理部门负责协调线网运营资产的移交工作，对资产录入、移交过程进行管控，各业务中心按要求组织承包商进行资产录入，对满足移交条件的项目办理资产移交。

一、PMS系统上线前的资产管理

在建设阶段，资产管理部门负责牵头建设期的资产管理，由合约管理部门组织业务部门制定采购清单，根据设计图纸对采购清单中设备设施等资产进行现场实施。

在移交阶段，资产移交由移交方和接收方双方共同主导，根据现场实物编制移交清单进行移交。

二、PMS系统上线后的资产管理

1. PMS系统资产管理过程

在建设阶段，线网运营资产由投入（采购）、建设环节构成，目前根据成都轨道集团相关管理制度，建设公司负责建设期的资产管理，由合约管理部门组织业务管理部门制定采购清单，根据设计图纸，对采购清单中设备设施等资产进行现场实施。

在录入阶段，资产录入阶段应包括前期准备、中期录入、后期审核三个阶段。

（1）前期准备

前期准备工作包括基础数据收集、录入培训、移交方案制定。基础数据收集包括收集需录入的合同、车站、区间、场段所等信息；录入培训工作是前期准备工作中重要的一环，涉及具体操作及规则的培训，直接影响录入工作的整体质量；移交方案根据收集到的基础数据来制定，要求体现移交的范围及要求。

（2）中期录入

投融资项目由总承包商负责集中组织录入单位录入资产信息，建设公司对录入的进度进行监督，按成都轨道集团要求报送录入进度，且要求录入的资产信息要与合同（包括补充合同）、现场实物三者一致。

（3）后期审核

审核依次由监理、业主代表、运营专工进行，各级审核人根据合同清单对录入的资产信息结合现场实物进行审核，并给出审核意见。

在移交阶段，录入单位将通过监理、业主代表、运营专工审核的资产信息导出后，按移交模版编制移交清单，完成移交清单五方签字盖章，移交工作完成。

2. PMS系统资产管理创新

（1）提高了资产管理信息化程度

PMS系统上线后，提高了资产管理信息化程度。能够全方位地反映资产总量、资产构成以及资产变动等信息，实现了固定资产的动态监管、实时统计和寿命周期的全过程监控。目前，在成都轨道集团的统筹下，PMS系统也进行了二期升级，更多类型资产也逐步纳入PMS系统中进行日常管理。

（2）引入了“唯一识别码”新概念

PMS系统引入了“唯一识别码”这一新概念。承包商在PMS系统里申请物资编码、录入资产信息并自检，包含合同、线路、线段、设备的名称、型号、位置、数量及价值等信息。录入资产信息由监理、业主代表、资产接收单位专业工程师逐一完成线上系统审核，三级审核通过后将在系统中生成“唯一识别码”，通过扫描“唯一识别码”，能快速了解该资产的相关信息，为后期开展竣工决算提供了有力保障。

三、PPP项目模式下的资产管理

PPP项目的资产管理责任单位是PPP项目公司，PPP项目公司参照成都轨道集团资产管理模式并结合项目公司实际需求来开展，成都轨道集团对PPP项目建设期的资产管理进行监管并给予指导，提升PPP项目资产管理能力。

第3节　核算管理

成都地铁前三期建设规划项目管理主要采用自建项目模式、投融资项目模式和PPP项目模式三种模式，不同建设模式对应采用不同的财务核算管理。

一、自建模式下的财务核算管理

自建模式下的财务核算管理有如下特点：

1. 甲招乙供材料模式

成都地铁1号线一期、2号线、4号线一期的钢材、商混、防水材料、管片等主材采用甲招乙供模式。上述主材统一由成都轨道集团招标并与供应商签订合同，由供应商直接发货至施工标段，施工标段对材料数量、质量、规格、型号进行验收。供应商根据施工标段验收相关资料与公司办理材料款结算，建设公司在审核施工标段的工程款时扣下相应的材料款，并支付给材料供应商。

在地铁1号线一期及2号线材料采购合同执行过程中，由于钢材供应紧张，为保证施工进度，物资采购部门申请预付钢材采购款，后期再从期中计量扣回预付款，此举带来了预付款无法扣回的风险。为消除此类风险，在4号线一期的计量支付过程中，计价支付方式变为在施工标段实施单位办理工程款申请手续时先扣除其施工耗用材料款，材料供应商才能申请材料款的计量，且在施工标段实施单位所扣材料款限额内支付，不再对材料款进行预付。

2. 实现跨账套综合分析

在跨线路核算管理时，应加强分析对比。在地铁建设中，一个承包单位参与多条地铁建设任务，与公司签订多个项目合同，在不同的账套中核算，通过不断优化财务信息化系统，已经可以实现对承包商债权债务情况的综合分析。

二、投融资模式下的财务核算管理

投融资模式下的财务核算管理有如下特点：

1. 灵活确定支付时点，节约资金占用成本

投融资项目按季度进行验工计价，每个计价年的投资和资金占用费原则上分三次支付至90%，余款10%分别在结算初审、缺陷责任期满、结算审计后支付。

资金占用费根据资金占用额、资金占用时间和资金占用费率计算确定，计算周期为每计价年计算一次。同时，根据合同约定可视资金情况提前支付投资款，相应减少资金占用费的支出，在一定程度上也缓解了承包商的资金压力。

财务管理部提前介入投融资合同条款的设置和讨论，对资金占用费具体计算方式做了明确约定，如：工程款支付中银行审核时间不计入资金占用时间（即支付时点为支付申请单提交银行时间）、成都轨道集团在资金允许的情况下有权提前支付投资款，上述约定均相应节约了工程项目资金占用成本。

2. 制定《会计核算手册》，规范日常会计工作

制定了成都轨道集团《会计核算手册》，建设公司梳理会计核算范围及业务现状，结合实际业务，对在建项目、代建项目等各项业务的会计处理、财务报告做了详尽说明，明确了各项业务的账务处理方式及工作流程，提高了会计核算的准确性和规范性，也为新员工快速熟悉财务核算业务提供了学习教材。

三、PPP项目模式下的财务管理

PPP模式下的财务核算管理有如下特点：

成都轨道集团作为政府方出资代表，对PPP模式下的三家项目公司出资比例均为30%。在财务管理方面，成都轨道集团对项目公司派驻了财务管理人员担任项目公司财务部门负责人，对财务派驻人员制定相应考核制度。同时，按季度开展对项目公司资本金到位情况、工程款拨付情况、年度预算上报及执行情况、财务制度建设及执行情况等多方面的专项检查。

四、工程项目税收管理

1. “营改增”前的税收管理

（1）纳税方式

根据税收征收管理要求，成都轨道集团对跨县（市、区）提供建筑服务的施工单位代扣代缴营业税及附加，相关税费全部在成都市各区税务局缴纳。

（2）纳税特点

代扣代缴方式既减少了施工单位自行缴纳税款的流程，又保证了地铁建设项目的税源留在了成都市，高效实现税收入库，充盈了市财政资金，有利于地铁建设更快、更好地开展。

2. “营改增”后的税收管理

（1）纳税方式

2016年5月1日，我国全面实施营业税改征增值税政策。对于在“营改增”政策前已经在建的地铁建设项目，按“营改增”过渡政策，所涉及的合同按要求在税务局备案为“老项目”，按简易征收程序由施工单位自行开具税率为3%的增值税专用发票。

“营改增”后开建的地铁建设“新项目”主要为投融资项目和施工总承包项目，由施工总承包单位向成都轨道集团开具最新税率的增值税专用发票（建筑行业2016年5月1日至2018年4月30日税率为11%，2018年5月1日至今税率为9%）。

（2）纳税特点

备案为“老项目”的地铁建设项目，由施工单位在项目所在地（成都）预缴相关税费，不再代扣代缴，预缴税费留在了成都市。

“营改增”后开建的地铁建设“新项目”，在前三期建设规划项目中，涉及跨县（市、区）提供建筑服务的承包人，在建筑服务发生地主管税务机关（成都）预缴部分税款（增值税2%，所得税2‰），在机构所在地主管税务机构申报纳税。因此，在第四期轨道交通建设规划项目中（总承包模式），成都轨道集团与施工总承包单位联合体签订总承包合同，明确约定联合体成员均须在成都市注册成立分支机构，由分支机构向牵头单位开具发票，牵头单位（机构所在地在成都）向成都轨道集团开具发票，保证了税源全部留在成都市。

8 第 8 章

政策保障

第1节　机制保障

一、上下贯通的政策支持机制

2015年以来，成都市委、市政府先后出台了《城市轨道交通加速成网建设计划实施意见》《成都市轨道交通专项资金筹措方案》等系列文件，从体制机制、资源投入、保障措施等方面为推进成都轨道交通加速成网建设提供了政策上的保障。

1. 完善的工作机制

按照市政府的统一部署，建立轨道交通三级协调机制，依托以市长为召集人的联席会议、以分管副市长为指挥长的指挥部工作会议及以建设行政主管部门主要负责人为主任的指挥部办公室会议，实现了分级决策、上下贯通。完善督查考核机制，由市委、市政府督查室会同市轨道办逐项制定下发加速成网督办通知，明确工作任务、责任主体、完成时限，不定期开展专项督查，通过纳入年度目标考评体系，促进项目加快推进。

此外，为贯彻落实市委、市政府关于轨道交通建设和TOD综合开发决策部署，统筹推进全市轨道交通建设和TOD综合开发各项工作，2021年2月，经市委、市政府同意，将原有成都市城市轨道交通建设指挥部和轨道交通综合开发工作领导小组职能职责进行整合，成立成都市轨道交通建设和TOD综合开发领导小组。其中，市政府市长任领导小组组长，相关市委常委、分管副市长任领导小组副组长，发改、财政、规划、住建、生态、交通、应急等部门负责人及各区（市）县主要负责人为成员，领导小组办公室设在市住建局，承担领导小组日常工作。同年10月，市委、市政府制订了成都市轨道交通建设和TOD综合开发领导小组及办公室相关会议议事规则，具体包括：

设立领导小组工作会、领导小组调度会、市轨道办例会三个层级的议事机构，明确了各层级会议主要职责及会议程序，以及各成员单位主要职责。其中，领导小组工作会由领导小组组长主持，每季度召开一次；领导小组调度会由领导小组相关副组长主持，每1~2月召开一次；领导小组办公室工作例会由市轨道办主任或副主任主持，每周召开一次。市委、市政府全面统筹推进轨道交通建设和TOD综合开发各项工作，研究审议轨道交通建设和TOD综合开发有关重大事项，协调解决工作推进过程中的重大问题，对领导小组三级会议确定事项，由市委、市政府督查室会同领导小组办公室进行督办，确保议定事项及时推进落实。

2. 有力的资金保障

在市政府层面，增加财政投入，加大财政资金统筹使用力度，调整城市轨道交通年度专项资金安排，存量资金、新增财力和地方政府债券优先用于城市轨道交通项目，集中力量重点保障城市轨道交通项目建设。拓宽资本金筹集渠道，将政府和社会资本合作（PPP）模式引入城市轨道交通建设领域，设立城市轨道交通项目投资引导基金，充分发挥财政资金的放大和撬动作用，引导社会资本投入。

二、左右联动的协同推进机制

成都轨道交通在十余年工程建设过程中，与市级相关部门如市发改委、住建局、市规划和自然管理局、公安局、交管局等部门以及地铁沿线各区（市、县）相关部门之间不断加强联系与沟通、提升协同配合意识，形成了行之有效的协同推进机制，为工程建设的加快推进提供了充分保障。

以工程建设中的横向拆迁为例，城市轨道交通建设拆迁量大、谈判难、耗时长，严重制约着建设工期。为此，成都建立了“控规先定、拆迁属地、统一迁改”的建设用地拆迁联动机制。一方面，先行稳定控规，规划部门提前确定用地红线，落实车辆基地、车站等用地控规，对车站用地做到“方案稳定一站、审核一站、出图一站”。另一方面，拆迁工作实行属地化，由市政府统一向各区县政府下达轨道交通拆迁任务，由属地政府负责征地拆迁工作，全力保障按时移交用地。

三、健全合规的集团管理机制

成都轨道集团在实行项目群管理中采取的管理经验，以及在授权管控、企业治理、经营绩效考核等方面制定出台的相关制度，为项目高效、规范、平稳推进提供了有效支撑，例如：

1. 成立加速成网推进办公室，统筹负责轨道交通加速成网推进中的目标制定、督查督办、节点考核等工作。

2. 成立综合联调指挥部，研究推进保开通线路施工、验收及移交等工作。

3. 定期与各区县开展对接，寻求属地政府的支持和帮助。

4. 每季度召开加速成网协调会，与总承包单位协调解决项目建设过程中存在的问题，建立保开通工作机制，集中优势力量破解保开通工作中的难点。

四、科学高效的人力资源（管理）机制

建设公司在改革发展历程中，始终贯彻“人才强企”工作思路，结合不同时段的业务发展实际和发展规划，坚持“严控编制、挖潜增效”的基本原则，从紧、从严配备员工数量，大力提升队伍综合素质能力，以远低于同行业配置标准的人力资源水平（建设高峰时期每公里在建配置人员约为0.97人，远低于行业平均水平的1.53人/公里），高效完成了轨道交通“加速成网”任务。目前，建设公司已形成科学、高效的人力资源管理机制。

1. 广泛招引人才

在工程建设推进过程中，公司结合建设规模和业务发展实际，实施人员编制的动态管理，坚持以事设岗、以岗定人的原则，精准开展人才招聘工作，广泛吸纳业界精英人才，有力保障了轨道建设人才需求供应。

（1）人才来源

在公司成立初期，为顺利推进第一期规划建设工作，公司主要以社会招聘的形式从轨道交通行业大型设计单位、建设单位、重点高校以及其他城市地铁公司选拔具有丰富工作经验的中高级专业技术人才担任业务骨干，引领工作的推进实施；同时，通过校园招聘以及与高校合作采取委托培养等方式，有计划地从全国重点交通院校选拔优秀应届毕业生，为公司发展储备人才。

随着轨道建设事业的持续快速发展，为了满足大规模线网同步建设对成熟人才的巨大需求，自2013年起公司调整了人才引进模式，将“社招+校招”招聘模式调整为“以社会招

聘为主、特殊人才引进为辅”的人员招录模式，充分吸收行业内经验丰富、专业技术强的人才。经统计，公司累计招聘员工537人，其中校园招聘110人，社会招聘427人，历年招聘情况及年末职工人数统计分别如图8-1和图8-2所示。

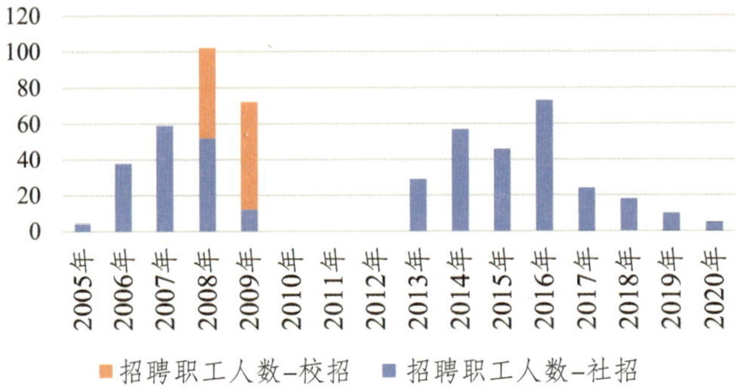

图8-1 建设公司历年职工招聘情况统计

注：2010—2012年为合资过渡时期，因组织架构调整，职工内部调配力度较大，未开展批量招聘工作。

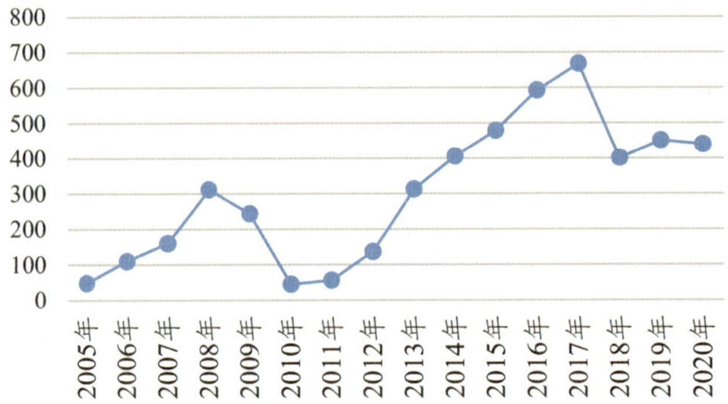

图8-2 建设公司历年年末职工人数统计

经过多年的人才招引，截至2021年6月，公司现员（不含公司领导，下同）365人中，具有高级职称167人，占比45.7%；中级职称166人，占比45.5%；初级职称24人，占比6.6%；无职称8人，占比2.2%，如图8-3所示。该人力资源结构使得公司能充分吸收、融合行业内的优秀经验，在较短时间内形成了坚实的建设管理能力，为成都轨道交通全面启动“加速成网”计划打下了扎实的人才基础和专业基础。

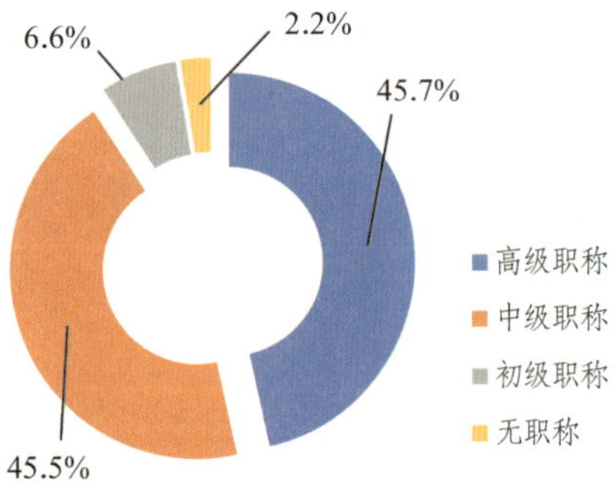

图8-3 建设公司员工职称分布

（2）招聘管理

为切实提升人才招引的精准性，把好选人用人关，公司持续规范和完善管理体系，优化人才引进机制：先后制定了《招聘管理办法》，通过明确招聘方式、招聘流程、相关部门职责等，进一步规范招聘工作；制定了员工《岗位说明书》并及时根据架构和职能职责调整情况进行更新，为招聘工作提供依据，提高人、岗匹配度；建立了《新进员工能力素质要求》，分类设置岗位任职资格条件，结合公司员工配置结构目标，将“双一流”高校按学科进行细分，实现人才招引的精准性、合理性，同时，细化员工招聘的学历、专业和年龄要求，结合建设业务特点，逐步推进新进员工年轻化、专业化。经过多年的招引及人力资源结构优化，截至2021年6月，现有员工有博士1人、硕士58人（占全员15.9%）、大学本科303人（占全员82.4%），如图8-4所示。

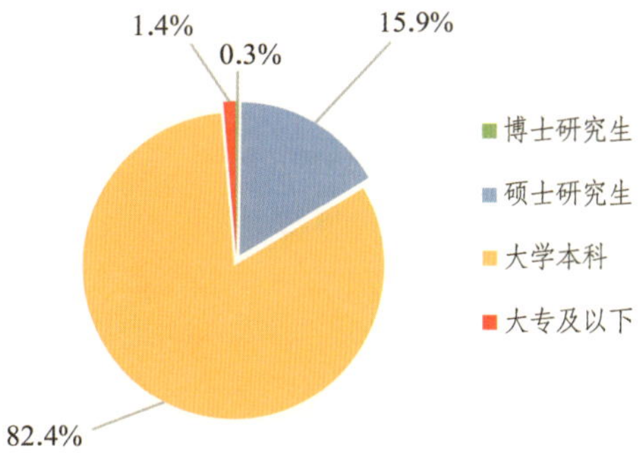

图8-4 建设公司员工学历分布

大学本科学历员工中，来自“双一流”大学166人，占比55%，非“双一流”大学但专业为B-及以上的11人，占比4%；其他人员126人，占比41%，在这126人中，轨道交通知名院校40人、军事院校3人、普通本科51人、境外高校1人，在职学历31人，如图8-5所示，总体形成了一支高学历、专业化的人才队伍。

图8-5 建设公司本科学历员工毕业院校分布

2. 强化人才培养

公司高度重视员工的发展和培养，通过完善制度机制、健全培养矩阵等方式，深挖人才

"蓄水池"，将多渠道招引的各类人才锻造为合格的"轨道建设人"，为企业改革发展提供源源不断的动力。

（1）完善制度设计

紧密结合业务需求和成熟人才居多的实际情况，有针对性地制定《培训管理制度》《内训师管理制度》等各项配套制度，同时明确对在职参加学历教育的员工予以现金奖励，发放不同标准的学历津贴、职称津贴和注册资格津贴，鼓励员工加强在岗学习提升。

（2）健全培养机制

建立健全"通识培训""业务培训""跟岗培训"的培训矩阵，切实将多渠道来源的员工培养成为合格的轨道建设者。一是开展通用类的通识培训，主要包括公司规章制度、职业道德、服务意识、法律基础知识等方面的培训，以增强员工的制度认同、文化认同和集体认同，帮助员工尽快完成角色转换、提高综合素质，使员工的工作行为与公司发展的方向始终保持一致。二是开展针对性的业务培训，主要包括项目管理、人力资源、财务管理、市场营销、各专业新技术培训等，提高专业技术岗位人员的岗位知识与能力，使得员工的技能水平满足轨道建设管理实际需要。三是开展系统性的跟岗培训，主要是建立健全新员工导师制，按照理论授课、现场案例讲解、跟岗锻炼的模式，通过配备"导师"带动新员工一起学习、开展工作，形成工作经验的"传帮带"，缩短新员工集中学习周期，延续轨道交通建设项目的优秀管理经验。

3. 强化员工管理

公司高度重视员工的日常管理，通过合理的保障激励和考核管理手段，不断激发员工的工作热情，持续提升人力资源综合效能。

（1）福利保障

在薪酬方面，积极争取薪酬增长空间，公司在职员工历年薪酬增长幅度平稳增长，整体薪酬水平保持一定的外部竞争力；在福利方面，设置了六险一金、企业年金、补充医疗保险、防暑降温费、取暖费、餐费补贴和定期健康体检，各项标准均处于成都市属国企中等偏上水平，充分保障了员工的基本权益。

（2）员工激励

一是完善绩效考核，在薪酬激励方面向一线生产倾斜，将利益与直接产出者紧密关联，适度拉开各层级薪酬水平，充分体现生产岗位和保障岗位的贡献价值；同时，凸显业绩导向的薪酬分配机制，合理拉开绩效分配差距，不断提升绩效薪酬的激励效应。二是建立职级、职务双通道晋升机制，通过“跳起摸高”式的目标管理模式，给予员工看得到的成长平台和发展机会，激励员工更好地为实现组织目标贡献力量。三是构建干部梯队，以工作业绩为导向，以发展潜力为基础，实施中层干部接班人计划，通过公开竞聘的方式常态化保留一支30人左右的后备人才队伍，帮助员工清晰职业发展道路，激发公司潜在的人力资源潜力，实现公司人才接替的良性发展。

（3）人事改革

深入推进“三项制度改革”，一是推进劳动制度改革，实现员工能进能出。严格员工选用标准，制定《新组织架构人员配置结构模型设置》《新进员工能力素质要求》进一步明确岗位任职资格标准及员工能力素质要求，把好进人关。全面推行公开招聘，制定《招聘管理办法》，全面落实面向社会、条件公开、平等竞争、择优录用的原则和信息公开、过程公开、结果公开的要求。建立员工退出机制，修订《员工管理办法》，明确召回退出条款，建立员工召回、退出制度，对考核不称职、不胜任、不作为等情形的严格实行召回机制，召回培训考核不合格的，依法解除劳动合同。二是推进人事制度改革，实现干部能上能下。完善中层管理人员选聘机制，推行竞争上岗，实行聘任制、任期制，公开竞争、择优聘用。加强中层管理人员考核评价，以经营业绩和工作实绩为主，建立定量与定性相结合的考核评价指标，考核结果与职务升降、薪酬调整紧密挂钩，对考核不合格的自动不再聘任，初步形成了“能上能下”的良性机制。三是推进薪酬分配制度改革，实现收入能增能减。完善工资总额决定机制，建立与劳动力市场价位相适应、与企业经济效益和劳动生产率相挂钩的工资总额决定机制。强化全口径人工成本预算管理，将人工成本与效益同向联动，不断提高人工成本投入产出率。建立“以岗定薪、绩效导向”的员工薪酬分配制度，建立贡献薪酬机制，坚持以岗定薪，调整不合理的偏高、过高收入，优化岗位薪酬结构，根据不同岗位序列与岗位层级，差异化确定薪酬固浮比例，绩效薪酬与个人业绩紧密挂钩，实现个人收入与业绩有效联动、上下浮动。

第2节 党建引领

一、点燃“红色引擎”，驱动轨道交通高质量建设

建设公司党委自成立以来，始终坚持以习近平新时代中国特色社会主义思想为指导，认真贯彻落实新时代党的建设总要求和新时代党的组织路线，紧紧围绕成都市轨道交通加速成网目标和集团“三个跨越”发展战略要求，勇担“以轨道交通改变城市发展格局”使命和“服务城市战略、服务民生需求”重任，坚持和加强党对国有企业的全面领导，贯彻“大党建”工作理念，落实“成都国企·强根铸魂”系统工程要求，聚焦党组织标准化建设、党建品牌创建、党建成果倍增重点任务，持续推动党建创新提能，不断提升党建工作的引领力、融合力、服务力，以高质量党建为轨道交通建设锻造了坚强有力的“红色引擎”，为“加速成网”攻坚决战取得决定性胜利提供了坚强的思想政治组织保障。

公司党委先后被授予2017—2018年度成都市国资国企系统“先进基层党组织”和第二批“蓉城先锋·党员示范行动”党员示范单位（2019年），公司被授予“四川省五一劳动奖状”荣誉称号（2018年）（见图8-6），公司团支部被授予“成都市五四红旗团支部”荣誉称号。先后有11人荣获“四川省五一劳动奖章”“四川省优秀共产党员”“四川省重点工程劳动竞赛先进个人”等荣誉称号，5人荣获“成都市五一劳动奖章”“成都市劳动模范”“成都工匠”等荣誉称号。先后有两个青年集体被授予成都市“青年突击队”“复工复产青年突击队”荣誉称号，累计有7个青年队伍荣获“集团先进青年集体”称号。

图8-6 四川省五一劳动奖状

1. 强化思想政治教育

公司党委以“两学一做”学习教育、“不忘初心、牢记使命”主题教育等为契机，通过政治学习、党性锻炼、日常教育等方式，促进公司广大党员干部进一步坚定理想信念、牢记初心使命，凝聚为轨道交通建设事业拼搏奋进的共识，以思想自觉引导行动自觉。

（1）强化政治学习

始终将政治理论学习放在首位，抓好“两学一做”学习教育、“不忘初心、牢记使命”主题教育，开展“大学习、大讨论、大调研”“大学习、大调研、大走访”活动（见图8-7），年均组织党委理论中心组学习20次以上，充分运用学习园地、宣传栏、官方微信及建设工地宣传载体等，认真学习贯彻习近平新时代中国特色社会主义思想和《习近平新时代中国特色社会主义思想学习纲要》《习近平关于“不忘初心、牢记使命”重要论述选编》《习近平谈治国理政》系列丛书，学习党的十八大及历次全会精神、十九大及历次全会精神、习近平总书记对四川工作系列重要指示精神以及省委市委相关精神，进一步深化思想认识，坚定政治方向。

图8-7 组织员工开展政治理论学习

（2）深化党性锻炼

始终将党性锻炼作为思想政治教育的必修课，并开展了一系列形式多样、内容丰富的主题教育活动，例如，组织190余名党员干部到邛崃长征纪念馆开展“传承红色基因、坚定理想信念”党性教育活动（见图8-8）；组织110余名党员干部到国家行政学院西昌现场教学点参加“长征精神忆初心、爬坡过坎再出发”党性教育培训；多次选派党员干部参加集团“弘扬长征精神、坚定理想信念”“不忘初心、牢记使命”等党性教育培训班；通过学习新思想新理念、党章党纪党规，重走长征路、体悟长征精神等，进一步锤炼党员干部党性修养、提升思想觉悟等。

图8-8 “传承红色基因、坚定理想信念”党性教育活动

（3）注重文化浸润

注重将党建文化融入企业文化建设，结合党的建设要求和企业发展实际，开展了党的十九大精神主题征文活动、“我与祖国共奋进——国旗下的演讲”主题党日活动、“三个跨越”大讨论、“不忘初心跟党走·加速成网勇争先”知识竞赛活动、“树先锋·学榜样”道德讲堂活动（见图8-9）等，丰富教育形式，深化文化浸润；通过“三会一课”“学习强国”“蓉城先锋·党员e家”“微党校”“轨道驿站”等载体，综合采用领导干部讲党课、观看专题教育片、参观文化教育基地、邀请专家授课等方式，将党建文化建设融入日常、抓在经常。

图8-9 党务知识培训暨道德讲堂活动

2. 强化党组织建设

（1）突出组织引领

认真贯彻落实《中国共产党国有企业基层组织工作条例（试行）》，严格落实“四同步、四对接”要求，按照公司业务发展和改革转型需要，及时完善公司党委、纪委组织架构设置，配齐、配强相应班子成员；于2018年、2019年、2020年三次调整了公司党组织架构，优化并设置了9个党支部，规范做好党支部组建及支委班子选举，在公司行政组织各层级、业务各领域保证了党组织政治功能的充分发挥，有力推动党的建设和企业改革同步谋划、党的组织及工作机构同步设置、党组织负责人及党务工作人员同步配备、党的工作同步开展。严格落实重大问题党组织讨论研究前置程序要求，充分发挥党组织“把方向、管大局、保落实”作用。

（2）建强制度保障

坚持将制度建设作为落实全面从严治党的根本之策，制定公司《党委会议事规则》《党委中心组学习制度》《党委班子成员党建工作联系点制度》《党员领导干部民主生活会制度》《党组织书记抓党建工作述职评议考核细则》《党支部考核实施办法》《党费收缴、使用和管理细则》《基层党组织党建活动及经费管理办法》，从党组织决策把关、党的组织生活制度落实、党建工作考核管理、党费收缴使用管理等方面，不断健全党建工作制度机制，扎牢党的建设制度笼子，推动管党治党常态化、长效化。

（3）夯实基层基础

严格落实《成都市属国有企业基层党组织建设标准（试行）》、集团党委《关于进一步加强基层党组织达标升级工作的通知》等要求，扎实推进基层党组织规范化标准化建设，编制印发《党建标准化制度手册》（见图8-10），进一步明确党建工作规范，为基层党支部落实标准化规范化要求提供了参考；每年常态化开展检查考核、自查自纠，其中2020年开展党建工作检查3次、基层党务培训2次；组织开展软弱涣散基层党组织自查自纠，指导督促其加强整改、提档升级，高标准、高质量提升党建基础工作水平。

图8-10 建设公司编制印发《党建标准化制度手册》

3. 推进党建融入中心工作

（1）擦亮党建品牌

深入贯彻落实集团公司党委“大党建”工作部署和“强根铸魂·轨道先锋”党建创新提能专项行动要求，以“社企共建”为抓手，依托与社区、参建央企共建的“人民公园片区地铁项目临时党总支”（见图8-11），在集团范围内率先完成打造“可进入、可参与、可共享”的新型党建阵地3个，集中举办了党建服务阵地揭牌活动，充分展现了轨道建设者服务城市、服务社区、服务市民的精神品质，擦亮了“红色加速度”轨道建设党建品牌，获得了上级党组织和市民、媒体代表的高度肯定。公司党建品牌建设相关做法多次被国家级、省级和市级媒体报道。

图8-11 共建“人民公园片区地铁项目临时党总支”

（2）深化共建融合

坚持“党建共建”理念，与市委市政府督查室、市住建局、市发改委、市规自局、市质监站等政府部门以及各参建单位定期开展共建交流活动（见图8-12），进一步增进相互沟通，为推动轨道交通建设问题的解决提供了有效平台，发挥了积极作用。统筹发挥各参建力量，推动党建与业务工作深度融入，实施“党建+安全管理”模式，打造地铁6号线三期3标项目党支部“安全体验馆”，强化安全知识教育和文化建设，实现平台共建、安全共抓、成果共享；实施“党建+技术攻坚”模式，以“组织引领技术创新，党员示范技术攻坚”为导向，在水电七局安装分局输变电事业部党支部打造“共建联控”平台，在轨道交通建设保电通、保移交、保调试的过程中发挥了战斗堡垒作用。

图8-12 “党建共建”交流活动

（3）推动成果倍增

实施党建成果倍增计划，通过理论调研、“融创1+1”、星级评定等工作的实施，充分发挥党建促进中心工作的作用，提升党建工作质量效益。领导班子形成《贯彻“总要求”、践行“总方针”，全力推进新时代轨道交通加速成网再出发》《全面深化企业改革发展，不断提升经营管理质量》等调研成果；党员突击队、攻关小组、创新创效课题组发挥攻坚作用，完成课题攻关14项；开展“两优一先”“星级员工”“金牌轨道建设者”评选表彰，促进党建工作成效在业务领域、队伍建设方面实现成果倍增。

4. 强化员工关爱服务保障

（1）积极帮贫扶困

始终坚持群众路线，切实践行国有企业社会责任，积极助力脱贫攻坚。按照集团统一安排部署对简阳市望水乡石岩寺村、大邑县新场镇石虎村开展对口扶贫，对13户贫困对象开展精准帮扶，坚持精准施策、因户制宜、细化举措，保证扶贫攻坚出实招、见实效。累计发放帮扶资金3.15万元，发放助学金1.72万元，实实在在为困难群众办实事、解难题。

（2）真诚关爱职工

夯实职工服务体系，完善工会组织设置，制定《工会工作制度》；定期召开职代会、工代会，多渠道听取职工意见建议，做好职工提案办理；成立篮球、足球、羽毛球等协会，建设“职工休闲区”，联合参建单位打造在建工地健康小屋53个。常态化做好职工慰问，累计为3个罹患重病的困难职工捐款20余万元。

（3）助力青年成长

积极助力青年职工成才成长，鼓励支持青年队伍开展课题创新创效，实施青年先锋行动计划，成立青年联络小组，积极打造青年建设阵地，为青年成才成长营造良好团队氛围。

二、强化意识形态，筑牢企业宣传阵地

1. 完善宣传机制

全面贯彻落实集团公司党委意识形态工作责任制，按照集团党委《贯彻落实意识形态工作责任制实施细则》，认真制定意识形态工作责任清单，压紧压实做好意识形态工作的政治责任、领导责任，定期分析研判公司意识形态形势，迅速及时准确掌握意识形态领域的新情况，把牢舆论导向；紧紧围绕建设中心任务，不断规范、强化宣传工作和宣传成效。具体措施包括：

（1）制定出台《成都轨道建设管理有限公司宣传工作制度》，建立了宣传员、网评员队伍，搭建了成都轨道建设公众号、企业号微信平台和微博，并通过平台及时回复粉丝相关建设类投诉、咨询、建议，畅通市民诉求渠道，助力轨道交通建设。官方微博已上升到四川交通系统微博综合排名前十位。

（2）围绕深化改革、疫情防控、安全生产、党建引领、工程管理及推进节点等重点工作和关键业务环节，开展主题宣传并邀请媒体前往现场报道。

（3）轨道建设企业号开辟“建设头条”“新线速递”“攻坚克难”“管理创效”等多个栏目，发布工程建设动态及特别策划等信息上万余条，独立策划宣传稿件上千期，在重大工程节点、重要时刻传达攻坚克难的奋斗声音。

（4）按照“既有高度、又有温度、还有深度”的原则，深入轨道建设一线挖掘轨道建设背后不为人知的攻坚故事和温暖瞬间，通过小切口来反映大主题。结合城市发展需要和周期性、季节性重点建设任务，有针对性地开展专题策划，挖掘更多有轨道建设特色的新闻点，从不同的角度全方位展示轨道交通建设的特点，不断提升宣传品质。不断挖掘轨道建设者为决胜加速成网迎难而上、奋力攻坚的正面形象，全面展示公司全体干部职工在加速成网“奋进之路”上顽强拼搏、攻坚克难的事迹和风采。

2. 创新宣传方式

（1）先后策划拍摄《建设者的初心》《高温之下》短视频，制作《我和我的祖国》MV，拍摄企业形象宣传片，设计制作时光印象纪念册、纪念徽章，制作MG动画、VLOG视频等系列创新宣传，进一步增强宣传效果。

（2）每年主动与中央电视台、人民日报、学习强国等合作，进一步提升影响力，加强宣传力度，每年均超额完成宣传目标任务。

（3）加强双向沟通。为更进一步消除民众误解，化解轨道建设与市民之间的矛盾，建设公司每年开展“开门评风·百姓听音”活动（见图8-13），邀请市民和媒体代表前往工地

图8-13 “开门评风·百姓听音”活动

参观，现场解答市民和媒体所关注的各类问题，及时回应民众诉求，听取群众建议，同时也开设了24小时建设热线，畅通了沟通渠道。

3. 强化舆情管控

（1）加强制度建设

先后制定并下发《关于规范舆情办理的通知》《关于进一步加强宣传舆情工作的通知》《关于加强十九大召开期间舆情监控工作的方案》等一系列文件，对舆情管理、突发事件应对的原则、方法、要求等工作形成制度化的规定，让舆情管理工作有章可循、有制可依。

（2）加强队伍建设

在设置专职舆情管理岗和集团公司指定的网评员基础上，在各部门以及各总包单位、各线路及标段、工区均设立舆情处置岗，指定兼职网评员，组建覆盖全公司及所有在建工点的网评员和舆情联络员队伍，确保在舆情处置过程中做到专人抓、抓到底。

（3）建立舆情日常监控机制

针对日常容易出现的市民诉求和网络舆情，建设公司建立“关键信息数据库”，利用舆情监控软件进行日常监控；同时加强与专业舆情管理机构合作，24小时进行全网监控，并形成“普通舆情日日报、重大舆情时时报”工作模式，确保负面信息不遗漏。

（4）加强业务培训，提升舆情处置水平

“练为战”，建设公司坚持每年至少举办一次网评员队伍突发事件应对技巧和舆情处置培训，至少举行一次舆情处置实战演练，同时积极组织参加集团公司举办的同类型培训和演练，通过业务知识培训和模拟演练，提升全体网评员队伍的突发事件应对和舆情处置能力，提升舆情管理水平。

（5）加强舆情研判

建设公司定期组织召开舆情工作专题会，对重点舆情事件进行回顾和分析总结，汲取在处置过程中的经验和教训，面对可能出现的舆情隐患，提前研判，制定预防措施，防患于未然。

十五年来，建设公司的舆情处置工作取得了明显成效，所有舆情均得到了及时、妥善处置，未发展成为较大舆情。

第3节 纪检监督

一、纪检监察机构概况

针对成都轨道交通建设体量大、目标任务重、资金规模大、廉洁风险高的特点，建设公司以政治建设为统领，认真落实从严治党要求，围绕重点服务一线，压紧压实“两个责任”，加强纪检精准监督，拓宽渠道强化教育，精准有力正风肃纪，强化担当履职尽责，扎实推进党风廉政建设和反腐败工作，多维度夯实廉洁国企创建工作基础，铸造高效运转、责任明确、科学合理、高效有序的党风廉政工作体系，为成都轨道实现“三个跨越”提供坚实的纪律保障。

2010年6月至2018年3月，党风廉政建设和反腐败工作先后由综合管理部、党群纪检部负责，纪检监察工作只是从属于综合管理部或党群纪检部门职责的一个板块。

2018年3月建设公司成立后，设立纪检监察审计部（监事会办公室），负责落实党风廉政建设监督责任、开展执纪审查、内部审计、监事会日常事务等工作，具体从事党风廉政建设监督检查、惩治和预防体系建设、领导干部警示教育、信访举报件及问题线索的分类处置和执纪审查、廉洁文化品牌打造、制度建设、内部审计以及监事会日常事务等工作。公司纪检监察审计部强化使命担当，扎实履职尽责，努力探索强化全面从严治党的有效路径，充分发挥纪检监察监督“前哨”“探头”作用，将纪律挺在前面，持续涵养风清气正的政治生态。

二、工作实践与创新

自2018年纪检监察审计部设立以来，公司纪检监督工作持续强化规范、完善、提高和创新理念，纪检监督工作得以全面改进，在责任落实、廉洁教育、监督质效等七个方面取得了较为显著的成效。

1. 落实从严治党“两个责任”

公司纪委严格落实党风廉政建设责任制，督促和协助加强党风廉政建设和反腐败工作，牵牢从严治党“牛鼻子”，明确并落实好纪委的监督责任，制定切实可行的责任考核细则，督促检查各部门及下属单位落实党风廉政建设各项工作任务。公司纪委以“拒腐防变·地铁廉动力”提升行动为工作抓手，每年年初印发《党风廉政建设和反腐败工作安排》，明确目标任务，督促制定班子成员主体责任、监督责任个性化清单，完善党风廉政建设工作目标考核评分细则并严格考核，构建“明责、履责、述责、考责、问责”的从严管党治党责任链条。以“责任单+路线图+时间表”，通过推行“挂图作战”，牢牢牵住“主体责任”牛鼻子，推动主体责任和监督责任贯通联动。公司组织所有班子成员、党支部书记签订《党风廉政建设责任书》，全体干部员工签订《廉洁承诺书》，既抓好领导班子“关键少数”，又管好干部员工“绝大多数”；既要求“关键少数”正人先正己，又要求“绝大多数”见贤思齐，推动“两个责任”落地生根，将全面从严治党延伸到“神经末梢”。

2. 拓宽廉洁教育宣传渠道

公司纪委在丰富党风廉政载体上下功夫，抓实廉洁教育，将廉洁文化内植于企业文化，寓廉洁自律、秉公办事、不徇私情、不谋私利等要求于各种教育载体中，坚持多形式、常态化抓实抓好，从源头上预防和减少腐败现象发生。公司定期组织开展“以案说纪”“每月一考”“每周一学”“清风学堂”、印发家庭助廉信、参观廉洁警示教育基地等活动，其中，“清风讲堂进一线”活动更是将廉洁教育课堂从建设公司内部拓展到施工项目现场，将教育对象从业主代表延伸至总包单位、施工、监理等一线建设者。同时，公司还面向成都广大市民、成都轨道集团土建及常规机电总包单位征集党风行风监督员，开展“我与轨道建设零距离”专题活动，对建设公司党风廉政建设、推动重大项目建设等情况进行监督。此外，公司还面向社会征集弘扬廉洁文化、涵养清风正气、传递廉洁理念的廉洁文化作品，制作公司廉政宣传快闪片，巩固提升廉洁文化感染力和浸润力，持续打造“廉洁国企”。

3. 提升精准发力监督质效

公司纪委强化监督检查，负责对公司各级党组织和党员贯彻执行党的路线、方针、政策、决议和落实上级党组织各项决策部署的情况进行监督检查，对公司生产管理关键节点和重点环节组织开展效能督察、专项检查。每年编制公司地铁廉动力行动计划，聚焦中心业务，紧扣权力运行关键领域和重要环节开展纪检监察精准监督“统筹联动、分类推进”等工作，在精准发现、精准严惩、精准施治上下功夫，堵塞管理漏洞，切断利益输送链条，完善制度体系，消除权力监督真空地带，确保公司政令畅通、执行有力、落实到位。对公司各个岗位进行全方位梳理，排查出多个廉政风险点，构建权责清晰、流程规范、管控精准的廉政风险防控机制。印发《建立建设公司中层管理干部廉洁档案工作方案》，健全完善了中层管理干部监督管理机制。

4. 用好监督执纪问责利器

公司纪委根据相关法律和党内法规，对党组织和党员违反党章和其他党内法规，违反国家法律、法规，违反党和国家政策、社会主义道德，危害党、国家和人民利益的行为，依照相关规定给予党纪政纪处分，进行责任追究。公司纪委始终坚持严字当头，深入推进作风建设，坚持挺纪在前，强化问题线索管理，加强案件查处力度，严格按照四类标准对问题线索进行集体研究处置，把执纪问责作为从严治党的重要抓手，强化干部职工规矩纪律意识。聚焦招投标、项目建设等重点环节，通过实地走访、查阅资料、重申纪律、以案说纪等形式，对落实全面从严治党主体责任、执行“八项规定”精神和反对“四风”及履职尽责等情况开展督查检查和调查。准确把握监督执纪“四种形态”，对各类专项监督检查、专项治理工作过程中发现的落实上级决策不力、履职尽职不到位等问题的责任人严肃问责。认真开展不作为及“懒散拖”问题专项整治、形式主义官僚主义问题专项整治、“赌博敛财”专项整治、年轻干部职工“涉网”腐败问题专项整治、配合开展借培训名义搞公款旅游问题排查整治等活动，通过自查自纠、开展案例警示教育、组织全体员工签订承诺书，全面落实整治成效。

5. 强化审计先行监督作用

公司纪委根据集团公司“审计先行，纪检跟进”的工作思路持续强化审计监督，对审计发现的问题会同相关部门及时“集体会诊”，坚持边审计、边整改、边规范的工作原则，强化审计整改和源头治理，提升审计工作质效。主要措施有：制定了审计制度，规范了审计流程；开展“制度建设”“疫情防控款物管理”“验工计价及支付管理”等专项审计和检查，促进内部管理规范化，实现运行风险防控常态化；积极推进专项审计配合工作，不断学习审计工作思路，聚焦审计工作重点，强化审计监督整改，有效减少企业审计风险；联合公司监事会及纪委，开展公司财务运行状况专项检查、设计变更效能监察，有效推进轨道交通工程建设管理规范化。

6. 深化共建联控防控机制

针对轨道交通工程建设体量大、施工难度高、大额资金往来频繁、廉洁风险大，甲乙双方全面从严治党工作“各自为战、单打独斗”等特点，成都轨道集团联合参建央企从党建共建切入，拓展深化到党风廉政建设和反腐败工作领域，创造出“共建联控”这一特有工作方式，充分发挥“拒腐防变·共建联控”平台作用，着力构建互利共赢“亲”“清”新型合作关系。甲乙双方按照“共同建设阳光地铁廉洁国企，共同联合防控廉洁风险”目标，整体谋划“共建联控”工作，制发《关于深化和提升“共建联控”工作的实施方案》，共同签署《“共建联控”合作备忘录》及《廉洁建设合同书》，打造“共建联控·拒腐防变”轨道建设先锋队，建立沟通对接机制、信息共享机制、工地监督机制，把“共建联控”工作与轨道交通建设中心工作一起谋划、部署、推动、落实。积极推动廉洁从业主要条款纳入轨道交通建设工程施工总承包项目合同工作，让“共建联控”体制机制纳入法定约束范畴。精心打造了一批“共建联控”示范点，拍摄“共建联控”宣传片，并组织了“拒腐防变·共建联控”首次工作推进会，持续完善“信息共享、案件共查、成果共用”三共机制，构建横向融合、上下联动的“大监督”格局。

7. 锻造忠诚担当纪检队伍

纪检监察审计部设立以来，从集团纪检监察部、公司办公室、合约管理部抽调专业人员担任部门负责人，配备专职纪检人员及审计人员，各部门及下属公司均确定纪检监察审计分管负责人和联络员，不断加强纪检监察队伍自身建设。编制发布《纪检监察审计常用制度汇编》及《廉洁从业手册》，多次安排员工到市委巡察组助勤以及至集团纪委、集团审计部上挂培训，数次参与兄弟单位联合办案，提升业务能力。持续推进纪检监察系统作风建设，召开“五查五看强作风，严守纪律树形象”作风建设专题活动，从严从实抓好纪检监察干部队伍自身建设，将作风建设“把队伍建强、让干部过硬”的要求落细落实。认真开展系统内廉洁风险防控，开展案件质量查办自查自纠，将权力关进制度的“笼子”，防止“灯下黑”。组织纪检监察业务大练兵，以业务培训、实战提升为手段，不断提高纪检监察干部的监督执纪能力，打造忠诚坚定、担当尽责、遵纪守法、清正廉洁的纪检监察铁军。

第 9 章

管理创新

第1节 创新机制

为增加社会经济效益，降低工程建设或运营成本，提高工程效率，确保工程质量与安全，成都轨道集团通过构建创新机制对轨道交通项目新技术、新材料、新工艺、新设备（以下简称“四新”）的引入、试用、评价和推广进行管理以激励和规范成都轨道集团在各方面的创新创效。

一、创新项目分类

创新包括了新技术、新材料、新工艺、新设备，是指对轨道交通安全、质量有重大影响，可显著提高轨道交通安全性，降低轨道交通建设或运营成本，具有较高经济效益、社会效益或能切实提高作业效率，技术先进、成熟但尚未普遍应用于城市轨道交通行业的技术、材料、工艺和设备。

①Ⅰ类：城市轨道交通行业内首次应用的新技术、新材料、新工艺、新设备。

②Ⅱ类：城市轨道交通行业已有应用，但涉及行车、运营组织等轨道交通安全性的新技术、新材料、新工艺、新设备。

③Ⅲ类：城市轨道交通行业已有应用，且不涉及行车、运营组织等轨道交通安全性的新技术、新材料、新工艺、新设备。

二、管理机构

1. 项目主办部门确定

（1）因成都轨道集团运营、建设、综合开发、资源经营等需要引入“四新”项目的，按照“谁提出谁主办”的原则，项目主办部门（单位）负责“四新”项目全过程管理，其他相关部门（单位）负责职责范围内的相关工作。

（2）因新技术发展或产业发展需要，拟在轨道交通领域试用或试验的“四新”项目，由成都轨道集团根据业务板块划分确定项目主办部门（单位），规划与技术部（总工办）负责归口管理，其他相关部门（单位）负责职责范围内的相关工作，相关费用由推广单位负责。

2. 项目主办部门（单位）职责

“四新”项目主办部门（单位）是“四新”项目实施主体部门（单位），主要职责如下：

（1）牵头组织成立“四新”项目组，对项目进行全过程管理。

（2）负责“四新”项目改进、替换工作。

（3）负责“四新”项目各阶段相关资料的收集和移交。

（4）负责“四新”项目知识产权的申报及维护工作。

3. 成都轨道集团各部门（单位）职责

成都轨道集团各部门（单位）除需负责作为项目主办部门的“四新”项目管理工作外，还应按职责分工配合做好相应工作。

（1）规划与技术部（总工办）职责

① 负责成都轨道集团“四新”项目的归口管理，建立项目管理台账。

② 统筹组织成都轨道集团“四新”项目技术审查。

③ 统筹组织和协调“四新”项目向国家、省、市科技行政主管部门申请科技成果评价（鉴定）和评奖。

④ 负责成都轨道集团“四新”项目专利权、著作权等知识产权的登记、备案、使用和统筹管理工作。

（2）下属子公司职责

① 负责本公司“四新”项目的归口管理，建立项目管理台账。

② 负责“四新”项目涉及本公司业务范围相关的技术审查，并参与成果评价工作。

③ 负责“四新”项目涉及本公司业务范围相关的实施、验收、应用等相关工作。

④ 配合提供“四新”项目涉及本公司业务范围相关的资料。

三、流程管理

1. 协作管理

（1）“四新”项目可委托有能力的院校、研究机构、勘察设计、监测、检测、施工等单位协作完成。

（2）“四新”项目协作单位应按成都轨道集团招标、合同管理相关规定确定。

（3）“四新”项目涉及采购及合同管理的，应遵从成都轨道集团采购及合同管理办法执行。

（4）合同内容应与所依托工程签订合同中的相关规定相协调，且须明确“四新”成果权属及是否涉密。对于由多个单位联合开展的项目，须在合同中明确各单位应承担的责任和义务。

2. 项目引入

“四新”项目的主办部门（单位）根据业务需求，在不涉及知识产权纠纷，且根据国家或行业要求涉及行车安全的相关产品已通过安全认证的前提下，按照拟定的计划，对拟引入的“四新”项目进行调查研究、专题和专家论证，制定试用实施方案并组织审查，完成《新技术、新材料、新工艺、新设备引入论证报告》。报告经成都轨道集团副总工程师审查后，报送规划与技术专题会审议。

3. 试　用

由主办部门（单位）根据项目实际情况，成立“四新”项目组。主办部门（单位）根据审批意见制定详细实施计划，组织相关部门（单位）实施，实施完毕后由实施部门（单位）进行工程验收。

主办部门（单位）对各阶段资料（包括：过程记录、试验报告、监测报告、检测报告、试用数据等）进行收集和整理，并按照成都轨道集团档案管理办法进行移交归档。

主办部门（单位）牵头，会同“四新”项目组，根据现场实际试用情况组织编写《新技术、新材料、新工艺、新设备引入总结报告》，并报送成都轨道集团副总工程师审查。

4. 成果评价

（1）成果评价前置条件：

① 已通过工程验收。

② 已提交《新技术、新材料、新工艺、新设备引入总结报告》。

③ 已通过成都轨道集团副总工程师审查。

④ 不存在知识产权争议问题。

⑤ 各阶段技术资料齐全，满足评估、评审要求。

（2）成果评价标准及等级划分（见表9-1）。

表9-1 成果评价标准及等级划分

等级	评价标准
优良	在技术上有重大创新，试用效果良好，总体技术水平和主要技术经济指标达到了本行业领先及以上水平，能显著降低成本、提高劳动生产率、提高产品质量，取得重大的经济效益、社会效益，能明显提升公司的技术水平和竞争力，可直接进行推广应用
合格	在技术上有较大创新，试用效果较好，能降低成本、提高劳动生产率、提高产品质量，取得了较大的经济效益、社会效益，但技术方案还存在一定的不足需改进后再进行推广应用
不合格	在技术上有一定创新，但试用效果较差，且对降低成本、提高劳动生产率和产品质量作用不大，经济效益、社会效益一般，不建议推广应用

（3）主办部门（单位）在“四新”项目实施完成并达到试用期限后，经初步评估达到评价条件后，组织专家评审会进行评价，并形成《新技术、新材料、新工艺、新设备成果评价报告》，经成都轨道集团副总工程师审查通过后，由规划与技术专题会审定。

5. 推　广

（1）根据“四新”项目成果评价情况，按以下原则提出推广应用建议：

① 评价结果为优良的，直接进行推广应用。

② 评价结果为合格的，需按照《新技术、新材料、新工艺、新设备改进措施表》制定改进措施并进行改进。在完成改进后，由主办部门（单位）组织相关部门（单位）进行确认，按照《轨道交通项目新技术、新材料、新工艺、新设备应用管理办法（试行）》重新组织成果评价。再评价结果达到优良的进行推广应用，仍无法达到优良的不再进行推广应用。

③ 评价结果为不合格不再进行推广应用。

（2）Ⅰ、Ⅱ类“四新”项目完成成果评价，或Ⅲ类“四新”项目完成项目引入后，由主办部门（单位）编制“四新”项目应用推广方案，提交成都轨道集团副总工程师审查后，经规划与技术专题会审议，上报成都轨道集团总经理办公会审定。

（3）对于不再进行推广应用的项目如需进行设备等替换，由主办部门（单位）组织按照后备替换方案，提交成都轨道集团副总工程师审查后，经规划与技术专题会审议，上报成都轨道集团总经理办公会审定。相关部门（单位）组织实施，完成替换工作。

6. 后评估

“四新”项目在后续应用推广过程中，主办部门（单位）应根据实施阶段情况对项目进行后评估。后评估原则上在推广应用后不得超过两年，形成相关技术总结或标准。技术总结或标准应报送成都轨道集团完成技术审查后，方可用于指导后续工程，以提升整体技术水平。

四、创新成果管理

1. 成果申报

需向国家、省、市科技行政主管部门申请项目成果评价（鉴定）和评奖的项目，由规划与技术部（总工办）统筹组织和协调，并按科技主管部门的规定程序组织申报，“四新”项目主办部门（单位）配合提供相关资料。

2. 知识产权管理

（1）申报

“四新”项目知识产权申报由项目主办部门（单位）组织协作单位按照国家知识产权法相关规定及成都轨道集团制度执行。

（2）维护

知识产权维护由项目主办部门（单位）负责，如涉及侵权及后期保护过程中的法律纠纷及诉讼案件，按成都轨道集团法律纠纷和诉讼案件管理相关制度执行。

（3）管理

知识产权申报完成后的专利权、著作权等，由“四新”项目主办部门（单位）提交至集团公司规划与技术部（总工办），由规划与技术部（总工办）负责成都轨道集团“四新”项目专利权、著作权等知识产权的登记、备案、使用和统筹管理工作。

任何单位或个人均不得将项目所取得的“四新”成果擅自转让或申请知识产权登记（包括专利、著作权等），否则成都轨道集团将根据相关制度予以处理或追索，情节严重将追究法律责任。

3. 保密管理

“四新”项目成果原则应遵从成都轨道集团《保密工作管理办法》，“四新”项目相关人员未经允许不得向他人泄露或传播保密信息。

如需公开发表“四新”成果，须经成都轨道集团同意后发表。“四新”项目相关人员如离职，应根据需要签订保密协议，履行保密义务。

4. 成果转化与应用

（1）成都轨道集团在建设、运营等领域取得的“四新”成果，原则上应转化和应用到所依托工程项目或企业同类项目，或应形成相关技术标准指导后续工程，以促进成都轨道集团整体技术水平的提升。

（2）“四新”成果、专利及其他知识产权的转让、许可使用，原则采用有偿方式进行，并签订书面合同。知识产权的成果转化实施流程按成都轨道集团知识产权转让相关规定执行。

第2节 创新实践

一、盾构管理

1. 概 述

成都地区特有的高富水砂卵石地层，给成都地铁盾构施工出了一道难题，业内专家曾一度否定该地层采用盾构施工工艺。成都地铁总结过往盾构施工管理存在的不足和经验教训，从盾构管理人员配置、地质风险及设备风险评估、危大工程前期管控和盾构施工实施阶段管控四大方面建立健全了管理制度，对盾构施工管理进行强化提升。成都地铁以盾构施工创新案例为标杆，不断升级进化盾构技术强化盾构管理，取得了一定的创新实践成果。

2. 创新案例

（1）1号线一期工程

1号线一期工程成功解决了盾构隧道在富水大粒径（含飘石）砂卵石层中长距离掘进的世界性技术难题，丰富了砂卵石地层中盾构隧道的设计施工理论。首次在富水大粒径（含飘石）砂卵石层中（见图9-1）实施了大断面矿山法隧道，完善了砂卵石层地层中矿山法隧道的设计施工经验。

通过盾构适应性研究和关键技术攻关，确定了优先采用复合式土压平衡盾构机，“排出为主，破碎为辅”的盾构机选型与掘进的指导思想，以及提高刀盘开口率、增强刀具耐磨性、

图9-1 成都地铁大粒径卵石地层现场

改良土仓内渣土流动性的盾构选型原则；提出了线路纵断面与复杂地层的合理线位关系，砂卵石地层塌落拱高度确定及上覆荷载取值、管片结构拼装方式、管片防水等设计计算理论，解决了下穿特殊复杂困难地段（铁路、桥梁、河流、建筑物）、盾构进（出）洞门围护桩中玻璃纤维筋替代钢筋，以及相关盾构掘进控制、安全换刀等设计技术难题。

以火车南站为玻璃纤维筋桩的实验站，北端头盾构洞门采用玻璃纤维筋桩，根据玻璃纤维桩的课题研究实验结果同步进行计算，采用的玻璃纤维筋桩的各实验参数采用，也与实际测得结果比较接近。

红花堰站南端、天府广场南渡线南端、锦江宾馆端墙盾构洞口处、华西坝端墙盾构洞口处、倪家桥端墙盾构洞口处、桐梓林站端墙盾构洞口处围护桩也采用了玻璃纤维筋技术，大大降低了盾构机破除围护桩的施工难度。

（2）2号线一二期工程

成都地铁2号线一二期工程区间盾构井端头围护结构也采用玻璃纤维筋新技术，如图9-2所示，不仅节省了盾构始发、到达前人工凿除围护结构的费用和工期，还避免了由于盾构始发、到达造成的盾构端头井失稳事故，行业标准《盾构可切削混凝土配筋技术规程》（CJJ/T192—2012）已由中华人民共和国住房和城乡建设部正式颁布实施，正在全国地铁、公路、市政等相关领域大力推广。

图9-2 玻璃纤维筋在盾构工作井的应用效果图

成都地铁2号线一二期区间盾构井端头地层加固统一采用“大管棚＋注浆”专利结构（专利名：盾构法隧道工作井外端头地层加固结构，专利号：201220550101.2），该结构不仅能有效控制盾构始发、到达过程中地层、地表的变形及位移，还能保证既有地下管线、建（构）筑物等的变形安全。

2号线一期工程东段膨胀岩土地区地铁工程结构设计，不仅是国内膨胀岩土地区建设规模最大、施工工法和结构形式最全的地铁工程结构设计，同时也是国内膨胀岩土膨胀率和膨胀力最大的地铁工程结构设计。成都地铁2号线一期天府广场站以东约12.25公里的结构均位于具有较大膨胀率和膨胀力的含卵石黏土、黏土或泥岩地层中。从建设规模看，2号线一期工程包括12个地下区间（其中盾构法10个、矿山法1个、明挖法1个）和11个地下车站（其中标准站10座、换乘站1座），在膨胀岩土地区修建如此规模的地铁工程不仅是国内首次，世界范围内也很少见；从施工工法看，2号线一期工程设计包括明挖法、盾构法和矿山法，包含了目前地铁工程地下结构的主要施工方法，其中总长度达20355米的盾构区间隧道不但为国内首个膨胀性岩土地层中的地铁盾构隧道，也是国内首个膨胀性岩土地层中的盾构隧道；从结构形式看，2号线一期工程设计包括矩形框架结构、圆形拼装结构、拱形结构和马蹄形结构，涵盖了目前所有的地铁地下工程结构型式。特别是已经施工并投入运营的膨胀岩地层盾构法隧道，为成都地铁今后相应地层的盾构法区间隧道建设积累了可借鉴的经验。

2号线二期工程西区站—外语学校站区间不仅为国内首个地铁线路换边工程、首个砂卵石地层重叠隧道工程，同时还在国内首次实现了盾构隧道基础上采用明挖法扩挖形成地铁中间风井和地铁区间隧道的施筑方法。2号线二期工程西区站—外语学校站（现百草路站）区间盾构隧道在长约600米的范围内完成了“平行小净距-重叠-平行小净距”左线和右线的空间关系转换。2号线二期工程还实现了仅4.0米净距的重叠盾构隧道，创造了目前大粒径、高强度、砂卵石地层重叠隧道的纪录。我国地铁车站（或工作井）与区间盾构隧道的施工工序通常为先施工地铁车站（或工作井），再施工区间盾构隧道，但由于受现场拆迁、交通疏解、工程筹划等特殊因素的影响，滞后开工的地铁车站（或工作井）往往给后续的区间盾构隧道关键节点工期和地铁项目总工期造成压力。虽然广州、北京等国内地铁发展较快的城市均在“盾构隧道基础上扩挖地铁车站（或工作井）施筑方法”领域进行了研究，但目前国内“盾构隧道基础上采用明挖法扩挖形成地铁车站（或工作井）”领域仍无成功的工程实例。为妥善解决由于现场环境、拆迁进度等外部因素对该区间工程工期的影响，2号线二期工程外语学校站—互助路站区间中间风井和互助路站西端长约200米的区间隧道在国内首次尝试实现了先施工区间盾构隧道，再采用明挖法扩挖形成地铁中间风井和大断面区间隧道的施筑方法，不但满足了工程工期要求，妥善解决了地铁工程与现场环境、拆迁进度等矛盾，还为我国地铁车站（或工作井）与区间盾构隧道的施工工序和接口条件提供了新思路，如图9-3所示。

图9-3 西（区站）—外（语学校站）区间重叠盾构隧道空间关系

（3）4号线二期

4号线二期攻克了含大粒径漂石地层盾构掘进难题。4号线二期西延线工程位于成都市温江区，地处岷江冲积平原上游，该砂卵石地层漂石含量高、粒径大，漂石最大粒径57厘米，砂卵石岩性主要为岩浆岩和砂岩，岩质坚硬，抗压强度大，且地下水丰富、地层透水率高，如图9-4所示。该特殊地层对于盾构施工来说，在全国乃至国际上都是极为罕见的复杂地质，安全风险极高，稍有不慎就极易造成地面坍塌、陷落。

图9-4 现场大漂石照片（最大粒径57厘米）

首先，在盾构机选型上就进行了详细的对比、分析和研究论证，以确定最适合该地层的盾构机型、刀盘配置及参数设置，并在开工之前就编制了详细的盾构施工控制方案及人员值班管理办法。其次，通过试验段摸索总结经验，掌握相关掘进的技术参数，对可能出现的喷涌、涌砂、刀盘被卡而造成停机、河堤、河底坍塌、盾尾漏水等一系列潜在风险源进行了细致分析、充分评估并制定了相应的应急措施。最后，在施工过程中，严格按照以往线路总结出来的砂卵石地层盾构施工“控制欠压，充分注浆，深层量测，主动防护”的十六字原则，优化施工工艺、加强设备改进，通过高质量的渣土改良和掘进参数控制技术有效地解决了在松散漂卵石富水地质条件下盾构机快速脱困、连续掘进和漂卵石频繁卡刀盘的难题。

通过上述技术和措施，盾构成功穿越二道河、毛家堰、凤溪河等重大风险源，特别是在汛期成功穿越江安河，确保了西延线盾构区间按期“洞通”。

（4）5号线一二期工程

富水卵石土地层是典型的力学不稳定地层，具有卵石含量大、卵石单轴抗压强度高、地下水量极其丰富、卵石内摩擦角大、渣土流动性差的特征，富水卵石土地层中盾构隧道施工面临掌子面稳定性较差、土仓压力难以建立、出渣不畅、滞后沉降较大等难题，富水卵石土地层地铁隧道下穿铁路咽喉区复式交分道岔群在国内没有先例。

铁路咽喉区涉及6股道、4组道岔，全天超160列次动车及普速列车通行，在常规的基于轨道的纵横抬梁（D型梁）或扣轨加固无实施条件的情况下，需要寻求隧道穿越铁路咽喉区加固技术新突破。地铁隧道上方为拟建蓉北商贸大道市政下穿框架（跨线桥），铁路、市政下穿框架（跨线桥）、地铁隧道构成了立体式、多元化交通枢纽，外部环境异常复杂，地铁隧道上方紧贴的市政下穿框架大范围开挖卸载，如何保证后期市政下穿框架施工期间地铁的运营安全是该工程又一大难点，如图9-5所示。

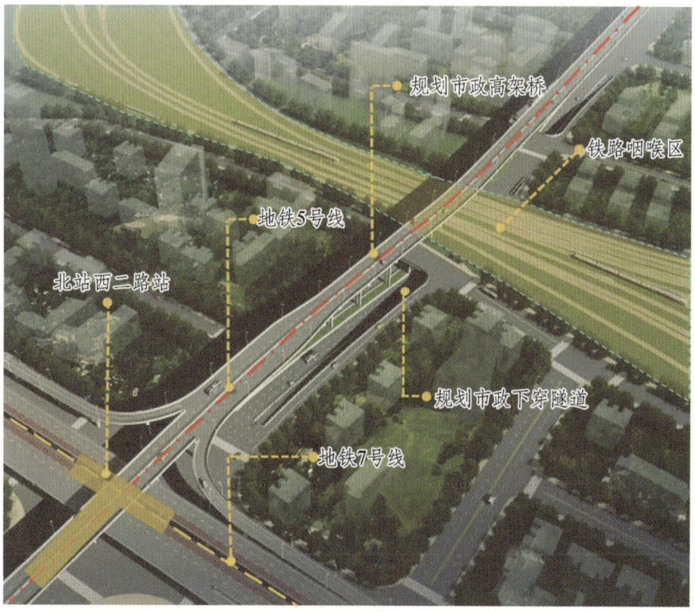

图9-5 铁路咽喉区鸟瞰图

综合采用“天窗期盾构分段掘进”“基于缓凝厚浆的同步

注浆及跟踪注浆”减小盾构施工产生的地层扰动及地层损失；利用“双层超长大管棚预支护”“既有人行下穿通道加固”削弱沉降的传播；通过“道床加强并与管片叠合等措施”预留了远期市政下穿框架实施条件，这些技术方案节省了工程投资，保证了工程顺利进行。

取得的突破、创新及成效：该项目为国内首次富水卵石土地层地铁隧道穿越铁路咽喉区复式交分道岔群，成功攻克了“长距离、大直径管棚精度控制”难题，并提出了“富水卵石土地层中基于缓凝厚浆的同步注浆及跟踪注浆的地层沉降控制”技术、解决了“富水卵石土地层盾构施工频繁停复机情况下地层稳定”问题，完善了高强度卵石土地层大管棚施工技术与富水卵石土地层盾构微扰动安全控制技术，形成了富水卵石土地层盾构隧道穿越既有线工程等重大风险源的微扰动施工成套技术，减少直接工程费投入超6000万，节省工期约3个月。

（5）6号线一二期

盾构区间近距离下穿运营1、2、3号线。成都地铁6号线一二期工程，线路北起于望丛祠站，南至观东路站，整体呈南北走向。线路全长约47.0公里，全线均为地下线，共设车站38座。6号线人民北路站、牛王庙站、前锋路站分别与已经运营的地铁1、2、3号线车站采用通道换乘，6号线区间分别垂直下穿1、2、3号线盾构区间。

人民北路站位于人民北路一段和一环路北二段的交叉路口处，1号线车站沿人民北路一段偏一环路南侧布置，6号线车站沿一环路北二段偏人民北路西侧布置，人民北路站1号线已于2010年通车运营，1号线施工时未预留条件，未对周边地层进行加固处理。6号线车站大里程端为盾构区间接收端，区间出车站后与1号线盾构区间正交并下穿。6号线区间拱顶埋深约18.84米，沿右线上方有一根砼DN800污水管，管底埋深约5米。6号线车站端头距离1号线盾构区间最近28米，区间隧道拱顶距离1号线盾构区间结构底最近为4.06米，位置关系如图9-6和图9-7所示。

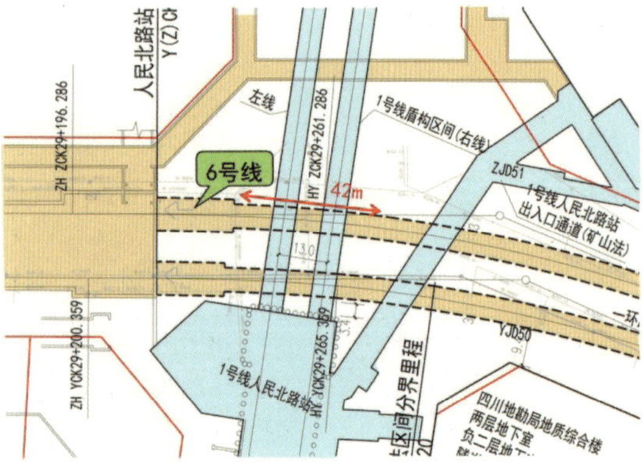

图9-6　下穿1号线平面关系图

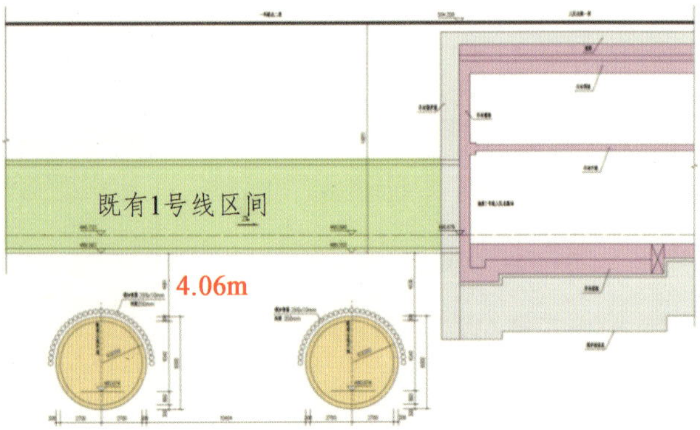

图9-7　下穿1号线断面关系图

根据计算结果，盾构下穿既有线，拱顶最大竖向位移为2.49毫米，既有线最大竖向位移1.82毫米，水平位移远小于竖向位移，故竖向沉降变形是隧道施工时主要控制对象。满足《城市轨道交通工程监测技术规范》（GB50911—2013）及《城市轨道交通结构安全保护技术规范》（CJJ-T 202—2013）要求的结构沉降控制值。

根据《城市轨道交通工程监测技术规范》（GB50911—2013）及《城市轨道交通结构安全保护技术规范》（CJJ-T 202—2013）的要求选用既有线结构沉降控制值，不均匀沉降限值仅4毫米，项目组细致分析了在成都砂卵石地层下穿既有线施工引起变形的原因，针对性地提出了有效设计方案，经过多次专家评审，最终通过了运营单位的审查。主要采用的技术措施有：

① 首次在成都地区采用盾构工法下穿既有线工程。

② 创造性地使用密网式管棚群超前支护措施，共设置四排管棚：上部采用两排Ø146*10毫米管棚，间距1米×1米布置，用于注浆加固夹土层；下两排采用Ø194*10毫米管棚，沿盾构断面拱顶环向布置，环向间距0.35米。管棚打设长度超出远端既有线外墙5米，最长打设长度32米。

③ 因盾构始发即下穿既有线，土压平衡始发时，需短距离建立土舱压力以保证下穿既有线的沉降控制，在盾构始发井内安装钢套筒，盾构安装在钢套筒内，然后在钢套筒内填充回填物，通过钢套筒这个密闭的空间提供平衡掌子面的水土压力。

④ 对盾构要求中盾具备注浆条件，以减少盾壳与刀盘间隙，中盾注浆采用非水泥材料的惰性浆液，既能填充间隙，又避免水泥浆凝固将盾体箍紧，如图9-8所示。

至2020年12月30日24:00最大沉降为8.9毫米，差异沉降1.89毫米，满足规范及运营单位控制值要求。

图9-8 盾构中盾注浆

二、装修管理

1. 概　述

为加快美丽宜居公园城市建设，依照《成都轨道交通文化建设总体规划》上位规划要求，在设计与施工管理上，通过以下三方面的管理举措，全面提升装修工程效果质量。

（1）在建设模式上，挖掘协同优势，将设计与施工整合招标，积极探索装修设计施工一体化的成都模式。

通过2020年开通的5条线路部分站点的装修设计施工一体化模式初探，积累了该模式管理背景下设计施工配合、方案审查、现场管控及设计变更等过程管理的得失，通过后续线路装修设计施工一体化招标条款的提升完善，为成都轨道后续线路装修模式创新、管理创效提供了有力保障。

（2）在方案设计上，秉持“功能性、整体性、文化性、艺术性”四性结合与“以客为尊、用心服务”的原则。

① 在专业协同设计上，以空间一体化为首要目的，将功能性、可实施性作为审查要点，加大装修专业与各机电系统专业的方案融合审查，在满足车站运营功能的前提下，不断整合优化各机电系统末端形式，确保整体风格协调统一。

② 在车站装修方案设计中，严格依照《成都轨道交通文化建设总体规划》对全线网车站文化资源的站点分级与文化定位，深入挖掘成都历史人文及地域文化；在站外附属设施方案设计中，建立附属周边50米范围的方案融合审查机制，确保附属方案设计与周边建筑、自然、环境的有效融合，积极彰显公园城市美学价值和人文价值。

③ 制定装修还原度考核细则，确保装修方案从概念设计直至项目施工完成，其装修最终现场效果与方案效果图的一致性，进而确保《成都轨道交通文化建设总体规划》在车站每一处工程细节的有效落地。

④ 不断提升车站服务标准，提供良好的乘客出行体验。如在站厅层非付费区及站台层同时设置公共卫生间，同步提升卫生间服务设施标准；全面考虑特殊人群需求，完善服务细节。如增设母婴室，考虑幼童使用的楼梯低层扶手和防止幼童攀爬的隔离栏杆等细节；通过发布装修标准化手册，完善各装修标准。如通过标准化施工图节点大样，明确各细节做法及无障碍设施的标准工艺等。从车站装修细节之处，随处可见成都轨道的关怀服务。

（3）在施工管理上，加强深化设计与材料管控，践行样板引路制度，总结装修施工质量卡控要点，建立问题库消缺机制，全面闭环管理。

2. 设计理念

成都地铁建设初期阶段，在车站公共区装修设计中，比如成都地铁1号线一期工程、2号线一期及东西延线工程时期主要采用“一站一景”的设计理念，发掘车站周边的重点文化元素并在车站装修方案中体现，各站点各有特点，材质、色彩、元素、风格等均有不同，工艺标准化程度较低，线路元素无统一性；初期的车站出地面附属建筑方案采用“一线一景”的设计手法，从外立面造型、材质、颜色、规模以及装饰元素等方面采用全线统一标准，仅有出入口的有盖和无盖的区分，未考虑周边环境对附属建筑体量进行控制，与周边环境融合性较差，导致个别车站附属建筑较为突兀；导向标识的设计在初期阶段也处于摸索阶段，导示性、风格性尚未形成统一，在通过成都地铁1号线一期工程后，开始探讨导向的统一性，设立企业的导向标准，并在后期施工中进行应用。

车站公共区装修在地铁3号线一期工程等线路后，开始引入“一线一景”的设计理念，根据车站周边文化元素的重要程度，将车站从文化层级上进行分类，对重点站通过特殊的艺术打造手法进行特殊设计，通过文化艺术品、空间文化植入等方式对空间进行重点打造，一般艺术站主要以标准化、功能性、舒适性为原则，通过共性区基本一致、车站个性区元素细微变化的方式进行设计，大大提升了线路的标准化程度，节省了施工、采购的时间，且线路的一致性更为突出，线路的风格作为线路的一个重要名片；出地面附属在延续原线路“一线一景”的原则下，对文化元素突出的点位进行特殊设计，与周边重要文化元素呼应；导向设计在第一版导则标准的基础上，根据乘客反馈、国家标准更新、运营反馈等进行多次修编，营造更多便利性，满足导向标识可识别性的要求。

在经过前期线路的探索后，车站设备区装修、车辆基地室内装修标准也通过《成都轨道交通车站设备区装修标准化手册》《成都轨道交通车辆基地装修标准化手册》《车站设备区重要管理用房设计标准》等企业标准进行了固化和不断提升，现已形成一套标准化极高、可实施性极好的设计标准，对设计、施工的便利性、高质量、缩短工期等有极大的促进作用，也为后期的运营维护使用等提供了极大的便利性。

3. 创新案例

2019年，集团公司委托专业单位完成《成都轨道交通文化建设总体规划》等文化指引导则，对车站公共区装修的文化、艺术设计提出了更高要求。在对全城、全线网文化要素进行全面分析的基础上，梳理出14类成都代表性历史文化，并对线路、各站点文化层级进行分类，提出明确的文化、艺术创作指引。在此规则的指引下，成都轨道交通对成都文化的宣传、打造将更加系统化，对成都文化的表现将进一步提升。文化艺术的打造手法主要有建筑造型打造、文化符号植入、文化艺术品等方式。

（1）建筑造型打造，主要通过高架站外立面造型，以及附属建筑造型等方式进行处理。如地铁2号线东延线的高架站外立面及雨棚造型，采用了具有蜀地特色的川西坡屋顶造型，体现成都地域特色；如3号线磨子桥站的出入口造型，采用了极有地域特色的灰墙、窗框等造型，风格上借鉴了中国园林的“借景”方式，使功能各异的建筑单体统一在整体的虚实围合关系之中，移步易景，凸显川西民居特点；大部分既有线路使用的弧形有盖出入口造型，与成都地铁LOGO文化进行呼应，凸显成都独有的地铁文化。

（2）文化符号植入，主要通过在吊顶、柱面、墙面及地面等处适当植入成都或车站周边特色文化元素。通过对成都本地以及站点周边文化方面的深入探究，选取有特色、有代表性、利于空间营造、具有美感的要素进行艺术加工，并与车站装修进行整体结合打造。如地铁5号线青羊宫站，选取周边青羊宫所代表道教的主要元素——阴阳八卦进行艺术加工，并在天花造型、艺术灯光以及地面装修材料的铺贴方式上进行展现，通过适度的阴阳鱼造型，结合高科技的LED技术，展现出天人一体、协调融合的道教文化氛围，极具视觉震撼性。

（3）文化艺术品，从地铁1号线南延线开始，对重点艺术站所采用的文化艺术主题在整体空间装修艺术打造的同时，通过独立艺术品打造对文化艺术主题进一步进行升华。如地铁5号线皇花园站，通过独立艺术品再现了历史上五代后蜀时期孟昶在城墙上遍植芙蓉的盛景，与车站整体空间的芙蓉花主题及色彩进行呼应，强化了车站主题的同时，对成都“芙蓉”文化基础起到了很好的宣传作用。

4. 装修成果

《成都轨道交通文化建设总体规划》获2019年度四川省优秀城乡规划设计奖一等奖；成都轨道交通18号线一二期工程装饰装修设计获2020美国IDA国际设计、2021美国A+Awards、2021美国MUSE Design Award 共三项国际设计大奖；成都地铁10号线一期工程装饰装修施工荣获2019—2020年度中国建筑工程装饰奖；成都地铁3号线二三期5个车站公共区装修工程荣获2019—2020年度中国建筑工程装饰奖；成都地铁7号线4个车站公共区装修工程荣获2017—2018年度中国建筑工程装饰奖；成都地铁7号线崔家店停车场OCC外幕墙工程荣获2017—2018年度中国建筑工程装饰奖；成都地铁3号线一期3个车站公共区装修工程荣获2016

成都建筑装饰工程“金蓉杯”奖（金奖）；成都地铁4号线二期8个车站荣获2017年度四川省建筑工程装饰奖；成都地铁10号线双流机场T2航站楼荣获2017年成都市金熊猫文创设计奖优秀奖。

三、系统联调

调试管理工作秉承着“科学组织，高效推进”的理念，一直以来调试目标明确、组织管理高效、沟通协调迅速，经过多年的调试工作经验积累，逐步建立了制度建设、调试架构、前置条件、现场组织、数据分析、考核消缺等全过程标准化管理体系，先后编制了《城市轨道交通综合联调组织与实践》《城市轨道交通工程设备安装调试作业指南》等调试指导教材，树立了调试管理的成都标准，如图9-9所示。

图9-9 调试指导教材

1. 调试准备

一是各机电专业完成设计联络后，建设单位组织接口规格书的讨论及签订，根据接口规格书既定的接口协议，由综合监控承包商牵头完成接口协议测试。二是根据招标文件、设计联络、施工图等进行调试方案编制，调试方案由总则、单机单系统、接口、全点位、换乘站、接入既有线、144小时连续系统试验、调试记录表格、固化调试人员通讯录等篇章组成。三是总承包单位组织调试方案专家评审，召开调试启动会并发布调试计划。

2. 调试过程

根据“内容不变、标准不降、程序优化”和“运营前置”的整体要求，将原有的调试流程“单机单系统-接口-全功能-运营平推-系统联调”优化调整为“单机单系统-接口-全点位-系统联调”，优化后减少了调试重复性环节。同时，按照“狠抓单机测试，细致接口调试、高效全点位测试、保驾综合联调”四步走的调试思路，组织设计单位、监理单位、施工单位、设备供应商成立联合调试小组，运营公司从全点位全面介入调试，进一步提升了运维人员实际操作和故障处理能力，高效推进调试工作。

3. 调试管控

一是严格按照既定的调试计划和调试方案进行现场调试工作。二是调试前由监理组织参加调试人员进行调试安全交底，未参加调试安全交底不得参与现场调试，监理全程旁站调试过程。三是严格落实公司调试管理奖惩条款，特别是调试弄虚作假、节点不兑现、调试人员不满足现场需要等突出问题。四是现场调试管理小组采取定期+不定期形式突击检查调试安全、进度、质量。五是定期组织召开调试例会，解决处理调试问题。六是制定甩项、未通过项的整改计划，保证每台设备完成调试。七是涉及后续如消防验收、专家试运营评审等专项验收的相关调试内容，在全点位和系统联调中着重进行演练和优化，保证验收时测试指标达到设计要求。

4. 调试成果

成都轨道交通工程从满足运营开通使用的角度出发，基于各系统正常运营、应急等不同工况进行全方位测试，覆盖各系统测试的所有项目。近年来，成都轨道交通工程调试一次性通过率均在98%以上，其中多条线路调试通过率达99%以上，调试质量和效率大幅提升，运维人员对设备操作和维护熟练程度也达到了新高度。

（1）调试组织方面

由原来的“单机-接口-全功能预测-全功能测试-平推-联调（抽测50%）”优化为“单机-接口-全点位预测-全点位测试-联调”（缩减为抽测20%），将全功能测试与平推结合，大大缩短了调试组织和时间，将原来2至3天的工作量压缩到1天完成，有效避免工作重复；并且全点位后，只需要对问题项进行整改，联调时抽测比例下降，重点对全点位测试的问题项进行复测，保证了联调的质量同时缩短了联调时间，提高效率。

（2）调试内容方面

相比以往线路轨行区移交标准逐渐提高，由最初的基本完成设备安装，到目前的部分设备具备投用功能，既保障了动车调试期间的安全性，也缩短了车站全点位测试的时间。

（3）调试准备方面

秉持调试促安装的理念，施工过程中强调调试前置重要性，各单位以调试计划倒排剩余施工，提前落实施工内容，满足调试的前置条件。

四、智慧城轨

《中国城市轨道交通智慧城轨发展纲要》的正式发布为智慧城轨建设描绘出了宏伟蓝图。成都轨道集团迅速编制《成都轨道集团智慧城轨发展纲要及行动计划》，地铁接触网悬挂状态智能巡检系统等多项新技术如雨后春笋般逐一登场，成都地铁在智慧城轨领域取得了一定的发展成效。

1. 智慧工地

成都轨道建设引入“智慧工地”这一工程全生命周期管理理念，实现项目建设管理智能化、信息化、规范化。“智慧工地系统”集成人员管理、视频监控、环境监测、起重吊装及非道路移动机械等功能。“智慧工地”可实现环境监测，工作人员通过系统，能对工地环境PM2.5、PM10、温度、噪声等进行监测。

“智能移动仓”是当前科技赋能、智慧生活、工作的一个缩影，如图9-10所示。四川师

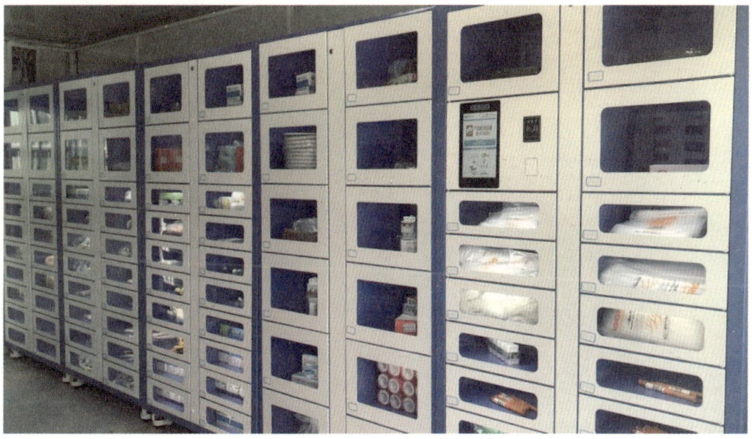

图9-10 智能移动仓

大TOD项目的“智能移动仓”集成了RFID智能货架、无人货柜、温湿度传感器、摄像头、物联网传感器等大量智能设备，可用于存储工地常用高频物料，工人拿着根据工种类型配置好的领用清单，即可“刷脸”打开仓库、领取物料，轻松实现“施工在哪里，仓就在哪里”。

2. 智慧维保

为有序推进智慧地铁建设，提升成都轨道交通运维管理水平，成都地铁在人民北路站开展地铁智慧维保试点工作。智慧维保试点项目包含了可视化机房智能巡检、机电设备状态远程诊断、无人值守变电所自动数据填报、道岔智能感知分析、消防渗漏监测及给排水汛情预警等功能，并接入既有信号、车辆、弓网、通信、水泵、轨道、土建等专业在线监测数据，形成了集约、统一的设备监测平台，进一步发挥生产大数据对设备全寿命周期管理的综合效用，提升维保精细化、智能化管理水平。同时通过换乘站综合监控系统的融合，实现了智慧开关站、视频全景巡站、车站管理辅助系统、LED智能调光等功能，充分利用了远程控制、视频传输的优势代替了人工现场作业，提升了车站管理能效。

成都轨道集团历时4年成功完成了大型检测设备“检测专列”的构建，并在6号线试点投入应用，为打造集中的智慧化维保体系奠定基础，如图9-11和图9-12所示。“检测专列”能同时搭载轨道几何检测系统、接触网检测系统、钢轨探伤系统等，实现多专业联合数据分析，有效提高检测结果可靠性与准确度。

图9-11　综合列检车

图9-12 综合检测车顶部搭载高清摄像头

此外，针对地铁检修工作线多、面广等特点，成都地铁加快推动智能轨道巡检机器人、接触网悬挂智能巡检系统、弓网智能检测系统等智能化检修成果产品转化，通过机器视觉与人工智能等前沿技术的应用，大大提高巡检工作效率。

3. 智慧车站

（1）乘客信息服务

为进一步提升乘客出行体验，成都地铁在孵化园站打造了首个智慧化服务试点站，此次打造主要在该站投用了智能导乘屏，多媒体站台屏等智慧化设备设施，乘客可通过投用的智慧化设备设施获取更多乘车信息，让地铁出行更加便捷化、智慧化。同时，还在该站试点推出了免接触移动消毒站，升级便民服务举措，为乘客提供智慧化安全化的出行服务。

智慧化服务试点站首先体现在智能导乘系统，该系统以计算机系统为核心，以车站电子导向显示屏为显示载体，集合了运营服务及结束时间、进出站引导、气温天气、站内设施、线网客流状态等多维度信息为一体的全新导向系统。相较于传统的灯箱显示导向牌，智能导乘系统新增了动态信息发布、信息切换显示、快捷导航、语音及触摸交互等功能，可实现车站信息状态实时感知、传递及获取，为乘客出行和车站管理提供了精细化、智慧化服务，预设信息发布，为乘客做好日常出行指引。车站工作人员可结合车站客流需求，在智能导乘系统上提前设置相关出行引导信息，并在指定时段进行自动发布，进一步为乘客做好日常出行指引，精准提高客运组织和乘客出行效率。临时信息发布，为乘客提供出行引导。如遇线网突发大客流，可通过智能导乘系统发布大客流提醒和乘车引导信息，增加乘客信息获取及时性和灵活度，为不同需求的乘客提供多元化出行引导服务，实现高效快捷出行。

除具备客流信息发布、显示、传播等功能以外，智能导乘系统还兼具站外天气气温、车站周边服务等生活类信息显示。此外，部分车站的街区图也具备乘客信息交互功能，乘客可在中部触屏区域通过手写、语音输入等方式进行站内外信息咨询、导航。

除了常态化信息显示以外，多媒体站台屏还能对列车实时位置、主题列车、车厢拥挤度、车厢内无障碍设施位置等信息进行实时展示。除此之外，还可与天府国际机场建立信息互通通道，获取实时航班动态，为站台候车的乘客提供多样化选乘服务。

（2）免接触移动消毒站

成都地铁严格落实常态化疫情防控措施，通过打牢企业主体责任、严格落实车站消杀工作、加强站车通风、建立联动应急机制等方式持续执行升级防疫举措，并在全线网373座车站创新推出智慧测温、智慧过闸，支持戴口罩刷脸无感乘车，采用智慧化手段全面提升通行效率、防疫效果，全力保障乘客出行安全，如图9-13所示。

图9-13 无接触移动消毒站

4. TOD智慧社区

成都轨道集团正加快推进23个TOD项目建设，营建TOD智慧生活社区被放在重要位置。在成都轨道集团启动实施的部分TOD保障性租赁住房项目设计方案中，智慧楼宇系统的引入让人眼前一亮。该系统的设计在增强安保级别的同时，也让市民以后回家“刷脸”就能进门。

第10章

建管成效

第1节　加速成网

自2005年12月28日，成都地铁1号线一期工程开工建设，到2010年开通试运营，再到2020年底13条轨道交通线路、558公里最高标准开通投运，成都地铁以最快速度、最高质量迈入大线网运营新时代。成都地铁建设从2005年到2020年走过了15个年头。15年的地铁建设，浓缩了这座城市的发展简史，成都从“车轮上的城市”，逐步转型成为“轨道上的城市”。

轨道交通加速成网，是现代综合交通体系发展史上的一个重要里程碑，同时也是成都实现由大城市向大都市转变，促进干线铁路、城际铁路、市域铁路、城市轨道交通“四网融合”的必然要求。2015年10月，成都市人民政府出台《城市轨道交通加速成网建设计划的实施意见》（成府发〔2015〕31号），第一次以政府文件的形式明确了轨道交通建设主要目标、各项前期工作的推进机制，并建立了市级轨道交通联席会制度来推动成都市的轨道交通建设。同年，成都开启了轨道交通“加速成网”建设计划，计划实施以来，全体轨道人争分夺秒、迎难而上、顽强拼搏，动员组织5万余名建设者，日夜奋战，最高峰580余个工点同时建设，170余台盾构同步掘进，平稳、优质、高效推进轨道交通建设。截至2020年底，成都轨道交通建设投资强度和在建规模连续五年居于全国前列，运营里程突飞猛进，并创造了施工难度最大、环境挑战最强等多项纪录，完美诠释了“成都速度”。

一、建设投资及在建规模

如图10-1所示，2016—2020年，成都轨道交通各年度完成建设投资依次为279.21亿元、475亿元、604.69亿元、623.56亿元、490亿元，各年度在建规模分别为394.8公里、405.5公里、347.5公里、468公里、459.1公里，这五年里，成都轨道交通无论是完成的建设投资额还是在建规模，均居于国内前三水平。

图10-1　2016—2020年成都轨道交通在建规模及完成建设投资

数据来源：成都市2016—2020统计年鉴、中国城市轨道交通协会2016—2020年统计和分析报告。

二、运营里程

根据中国城市轨道交通协会2012—2020年历年统计和分析报告中的统计数据，成都轨道交通历年的运营里程及国内排名如图10-2所示。从图中可以看出，自2015成都开启轨道交通“加速成网”建设计划以来，轨道交通运营里程突飞猛进。2020年12月18日，成都轨道交通6号线一二三期、8号线一期、9号线一期、17号线一期、18号线五条新线齐发，总运营里程达到558公里，实现了从“跟跑”到“领跑”的跨越。

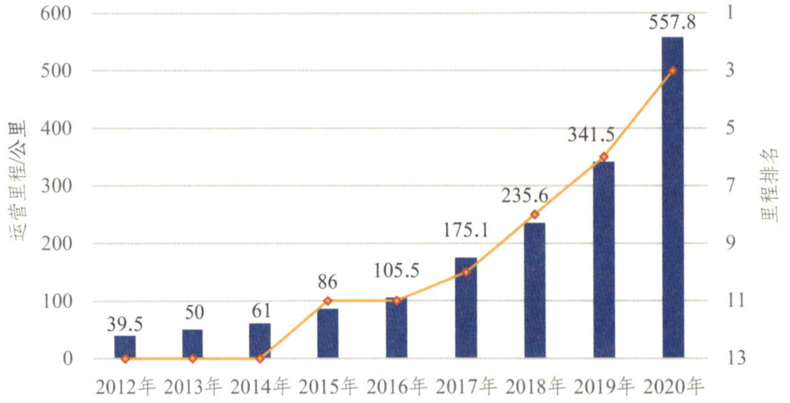

图10-2　2012—2020年成都轨道交通运营里程及国内排名

数据来源：中国城市轨道交通协会2012—2020年统计和分析报告。其中，成都轨道交通运营里程不含市域快轨，城市排名不含港澳台。

三、攻坚克难

成都地铁在建设过程中面临了施工、环境等各方面的困难和挑战。全体轨道人迎难而上、顽强拼搏，不断突破障碍，克服了一个个“不可能”，并创造了多项纪录，为轨道交通“加速成网”计划的顺利推进提供了坚实保障。

1. 打破“不宜修地铁”的结论

成都地质层是富水砂卵石地层，在20世纪90年代中期，成都申报轨道交通一期项目时，曾被认为不宜修建地铁。建设伊始，盾构机掘进速度仅50米/月。为此，成都地铁采用全球首例土压平衡盾构掘进及相关技术，在十余年的运用实践中，不断升级进化，并获多项国家专利，现平均效率相比开初时提高了4倍，掘进速度达200米/月。与此同时，成都地铁还建立了全国首个“盾构姿态实时监控系统”，安全指数进一步提升。

2. 2号线——拿下工程界的“奥斯卡”

成都2号线工程是贯穿中心和周边城区西北至东南方向的地铁主干线。该工程难点在于：地质条件复杂，东西穿越高富水砂卵石地层和膨胀性黏土及泥岩地层；施工战线长、多次近距离穿越城市老旧建筑群等；工程实施重大风险源多、安全管理风险高。针对该工程，成都地铁采取了一系列针对性技术措施：线路在施工中首创富水砂卵石地层施工期管片结构的内力分析方法与承压止水检验技术；创建了高富水砂卵石地层城市地铁盾构隧道施工综合技术；构建了城市特殊复杂环境下高富水砂卵石地层地铁盾构邻近建（构）筑物施工的安全保障技术。最终，2号线工程获得了工程界的“奥斯卡”、中国土木工程领域的最高奖项——詹天佑奖。

3. 5号线——穿越“无法逾越的区域”

2015年，成都5号线南北骨干线开工建设，其中赛云台站至北站西二路站区间盾构下穿火车北站两组复式交分道岔，与各个地铁、铁路形成“你中有我，我中有你”的态势，被称为“地铁无法逾越的区域”。当最终双线安全穿越咽喉区时，成都地铁创造了以下纪录：实现了国内首次盾构下穿运营铁路“零沉降”纪录；攻克了“复式交分道岔零沉降控制”施工的历史性难题；填补了中国地铁盾构穿越铁路咽喉区复式交分道岔群施工的空白。

4. 9号线——历时10天“9穿4”

成都9号线是中西部首条全自动运行线路，全国首条一次性以GoA4标准建成并开通的全自动运行线路，全国首条开放驾驶室的线路。9号线一期工程先后攻克196处重特大危险源，盾构8次下穿既有运营铁路，下穿河流12次，攻克了三线换乘站孵化园站这个难题（成都轨道交通建设史上建设难度和既有线改造体量最大的站点之一），实现了既有线安全运营与新线建设同步平稳推进。其中，培风站—成都西站区间与既有4号线隧底最小净距仅3.65米，建设者采用双排大管棚+地面深孔注浆进行保护，严控掘进参数、精密工序衔接、精心保驾护航，历时10天完成穿越，“9穿4”的成功为盾构近距离穿越地铁既有线隧道的管控积累了宝贵经验。

5. 10号线——“上天入地”穿机场

成都10号线为成都首条机场地铁专线，要实现地铁与机场的无缝衔接，就必须解决在不停航的情况下，下穿双流机场滑行跑道、停机坪。双流机场下的富水砂卵石地层特征十分显著，为“地下穿越”增加了新的难度。成都地铁采用的针对性技术措施包括：提前做好停机坪下盾构带压开仓换刀的预案，顺利完成带压开仓换刀任务，实现一次性不换刀掘进1088米的奇迹；利用BIM3D建模技术，类似于“乐高积木拆解法”，盾构机拆解为小单元块体运出，再进行刀片的检测、维修和更换，之后再运到地下进行组装。通过“带压开仓换刀+组了再拆+拆了再组”，10号线最终成功穿越停机坪。10号线二期工程创造了全国轨道交通建设史上第一次在富水砂卵石地层中长距离穿越“机场停机坪”与“滑行跑道”的地铁建设奇迹。

6. 18号线——穿越国内最长的高瓦斯隧道

成都18号线是唯一穿越龙泉山脉的地铁快线，是推动东进发展的头部动脉。但穿越龙泉山脉的龙泉山隧道共设2座斜井。龙泉山含油气构造，隧址区发育褶皱2条、断层2条，受浅层天然气影响普遍，稍有不慎就有可能引起爆炸。龙泉山隧道占全线长度的六分之一，安全风险高、施工难度大、工期要求紧、协调难度大，成为必须面对的难题。为此，成都地铁采用了全方位、高科技技术监查方式。为了保证施工安全，洞内施工人员随身携带便携式检测仪，进行实时监测；隧道内安装了自动检测感应器，能及时接受警戒信号从而通知洞内人员撤离；隧道内配有专业通风机、专业通风工程师，可稀释洞内的瓦斯含量。工法工艺创新也在同步进行，“进出口同步掘进”和“光面爆破”等作业方法极大提升了攻克隧道的效率，其中有3项获得了国家实用新型专利。最终，成都18号线在2020年9月如期开通。

7. 有序推动复工复产

2020年，在确保打好打赢疫情防控攻坚战的同时，成都地铁也在加快推进地铁建设项目在疫情防控期间的复工生产。当年，在建8线12个项目，在建工点共计382个，其中第三期建设规划项目5线7个项目，共计346个工点，涉及2万余名一线作业人员。为有序推进复工，成都地铁在人员、物资、管理三个方面做足保障的前提下，根据现场施工进度，按照“分标段，分工序，分步骤”的原则，合理安排劳务人员分批、有序、错峰返程返岗。另外，成都地铁还运用“智慧工地热成像体温筛查管控系统”，将热成像体温测量模块搭建在智慧工地实名制通道中，实现了工地进出人员无感精准检测体温、身份验证识别、在线实时监控和视频回溯查询等功能，筑牢了项目疫情防控第一道防线，进一步确保了项目复工生产工作有序推进。自2020年2月6日第一个工点取得《准予复工通知书》，成都轨道建设用短短的13天实现管理人员到位3733人、一线作业人员到位3426人，共计355个工点取得市住建局《准予复工通知书》，复工取证率达到93%。

第2节　安全护航

轨道交通建设属高难度、高风险工程，尤其是在城市建成区修建轨道交通，所面临的施工现场错综复杂。在轨道交通建设规模不断扩大的行业背景下，如何确保工程安全和公众社会环境安全，是轨道交通建设者们必须面对的问题。为了在保证工程安全和质量的前提下高效有序地推进施工，成都轨道交通建设为此布下了“五重保险”为安全护航。

一、外脑护航

考虑到轨道交通建设工作的重要性，成都地铁积极引入外脑，创新建立“成都轨道交通安全专家库”，充分发挥专家队伍对工程建设安全管理的决策咨询和智力支撑作用，为轨道交通建设安全和效率护航。“成都地铁安全专家库”依靠西南交通大学等科研院所组建，专业涵盖轨道、特种设备、供电、安全监督、建筑结构、机电安装、地下工程等。专家库为轨道交通建设工作提供智囊团和监督员。专家库的引入可以带来以下好处：

1. 能够提升危险源诊断和隐患诊治的专业度，实现专业的人做专业的事这一目标。

2. 能通过专题安全培训提升轨道交通建设管理人员和施工人员的安全管理水平。

3. 能够降低内部管理成本，减少产生安全风险的人为因素。专家来源广泛，可以跨区域工作、随机抽取，轨道交通建设过程中面临的是不确定的专家，难以实现精准攻关，将可能形成人为安全风险的因素从源头上予以铲除，违法违纪的成本大幅增加，能够很好地规避风险。

为了保证地铁建设的工程质量，还引入了第三方监测、检测及测量单位。例如，第三方测量确保全线建（构）筑物、设备、管线安装按设计准确就位，在线路上不产生因施工测量超差而引起修改线路设计从而降低行车运营标准；引入第三方对工程中所用原材料试验检测及专项试验检测，发现问题及时上报，杜绝“未检先用”现象发生，确保质量合格。

二、全过程管控护航

严格重大工程风险源清单化、动态化管理，形成了“严格审批、分级管控、充分论证、核对措施、安全验收、过程管控、信息反馈”的全过程管控机制，细化了对深基坑、盾构以及瓦斯等危大工程的管理。除此之外，为了夯实全过程管控的效果，成都地铁根据海因法则，2016年编制了《建设工程无后果违规、违章作业行为管理细则》，现场管理把无后果违章违规查处排在隐患排查治理前面，即使现场发现没有造成后果的违规和违章行为，也要受到处罚。通过定期巡查和不定期督查、夜访等形式对现场违规违章行为进行严肃处理，促使现场安全质量违规违章行为大大减少，事故发生率随之大大降低，管理水平不断提升。

三、施工护航

地铁建设规模大、参建单位多，为了更好地规范参建各方责任主体行为，成都地铁为加强盾构施工安全质量控制，成立了专业化管理部门，制定了《成都地铁盾构施工管理规定》，推行盾构管片拼装“实名制”，即谁拼装、谁负责，管片成型质量得到有效提升。根据《成都市实施安全生产“黑名单”管理制度的规定》，成都地铁出台《成都地铁安全生产“黑名单”管理实施细则》，分2个层级，除采取约谈整改、费用计取、评先评优、任务分配等手段进行管理和惩戒外，同时报请市安监局限制其行业准入。

四、制度护航

成都地铁在建设过程中从风险源识别、管控、验收、问责等多个方面规范和约束了各方建设管理行为，确保项目管理有章可循、有据可依。在此期间编制了《安全生产责任制》《项目测量管理办法》《重大危险源管理办法》《建设工程关键节点开工前安全条件验收细则》《建设工程综合考评管理办法》《安全、质量事故（事件）调查处理规则》《建设工程无后果违规、违章作业行为管理细则》《建设工程内部问责管理办法》《建设工程施工范围内建构筑物现状调查及鉴定实施细则》《建设工程监理考核办法》《富水砂卵石地层地铁区间隧道盾构法施工管理规程》《成都轨道交通建设工程盾构施工管理规定》等49项制度。除此之外，还制定了《成都轨道交通建设项目超深基坑降水和基坑支护安全技术指南》《盾构施工安全指南》《成都轨道交通建设项目大盾构（管片外径8.3米）安全技术指导书》《瓦斯隧道施工指南》《成都轨道交通工程路面沉降风险控制技术要求》等20余项工艺技术标准。通过以上制度和标准规范，保障了成都轨道交通建设全过程的安全。

五、科技护航

依靠科技创新和“四新”成果应用来保安全，推动“机械化换人、自动化减人”，通过机械化、自动化施工来降低高危作业的安全风险系数。

对进入隧道的机械设备进行电路电气改装。加装自动瓦斯检测和自动报警装置，设置瓦电闭锁系统，实现瓦斯或有害气体一旦预警设备立即自动断电。在轨道交通建设过程中采用区间人防隔断门智能监视报警系统以保证安全。

成都地铁建设采用安全风险监控系统，该系统采用目前最先进的网络传输、移动互联网、物联网、“Web GIS”及大数据等应用技术，用于解决多线建设过程中的集中管控难题，是地铁建设的风险管理平台。该系统的主要功能有盾构实时数据监控、视频监控、量测数据监控、移动客户端和安全风险综合管理等功能。其中，“盾构实时数据监控”模块将各线路的盾构施工进度、工况、推进速度、土压、注浆量、出土量等关键参数形成清单和图表，为安全风险分析提供可视化的工具；在盾构穿越重大风险源前和预警时，系统会自动发短信和推送信息给相关人员，实现了风险自动提醒和预警等功能。“量测数据监控”模块可以对地面和建筑物的变形进行分析监控及时预警；“视频监控”模块可以使参建各方相关人员通过互联网远程监控现场情况，及时制止违章作业和不规范施工，特别是通过防汛视频可以对地铁工地汛情进行远程实时监控。

第3节　文化名片

一、地铁1号线

西部博览城站

西部博览城站特点：借助桥面形成的曲线屋顶造型，采用木材与混凝土的完美搭配，结合自然采光与照明，营造开阔、现代、生态而有人文关怀的整体空间。

二、地铁5号线

1. 抚琴站

抚琴站特点：结合古建屋顶造型以及深邃的空间色彩，搭配《凤求凰》主题的LED艺术品展示墙，以浪漫手法演绎西汉时期卓文君与司马相如旷古绝今的美丽爱情故事。

2. 青羊宫站

青羊宫站特点：以LED灯形成阴阳八卦为空间整体基调，选用空灵、浪漫的表现手法，将道教的深邃、崇高以建筑的空间表现手法进行体现。

三、地铁6号线

1. 金府站

金府站特点：取材于紧邻的欢乐谷过山车等游乐设施的曲线造型，运用流光溢彩的色带表达欢快和动感的游乐气氛。

2. 建设北路站

建设北路站特点：以“时光穿梭”为概念，营造科技、未来的空间气质，通过深色的天花背景和线性格栅、灯具，形成明暗对比强烈的震撼的视觉感受，整个地铁站成为链接川蜀工业过去与未来的“时空虫洞”。

3. 秦皇寺站

秦皇寺站特点：以“科技创新·互联共享”为主题，将抽象的“互联网”、具象的“川西竹编”两种元素相融合，体现科技与传统的交织，传达出互联网共享与文化传承欣欣向荣的发展意向。

四、地铁8号线

1. 川大江安校区站

川大江安校区站特点：车站整体空间由书本的肌理而展开，强调一定的节奏感，片状光源承担主照明功能的同时，使空间更为灵动，赋予青春的气息。

2. 芳草街站

芳草街站特点：光影婆娑下的“玉林百态”，以清新淡雅的水彩画长卷的形式，展现以玉林为代表的成都安逸闲适、文艺生活场景，表达玉林真文艺、最成都。

五、地铁9号线

1. 簇桥站

簇桥站特点：空间设计以蚕桑丝织为出发点，通过现代的表现方式，表达蚕丝缠绕交错的画面，展现蜀锦文化艺术之美。

2. 锦城大道站

锦城大道站特点：提取锦城湖周边的树木，运用到柱子上进行一体化设计，柱子之间形成一条贯穿站厅的廊道，营造生态自然绿色的氛围，将成都的生态文化融入站点设计，体现成都人民休闲生活慢行的状态。

六、地铁17号线

1. 凤溪河站

凤溪河站特点：以水为引，打造出一个视野宽广、如大河之水顺流而下的诗意空间。

2. 机投桥站

机投桥站特点：以传统蜀锦织布机和传统建筑作为空间的创作起点，发扬传统工艺的工匠魅力，延续历史空间记忆。

七、地铁18号线

1. 孵化园站

孵化园站特点：以“科技创新”为设计主题，以“折线”三维元素将空间、灯具、综合末端一体化设计，细节精致，创造具有科技未来感、契合“创业天府”文化定位的艺术空间。

2. 锦城广场站

锦城广场站特点：以曲折的河道和环球中心的造型为基础，提取抽象的线条，组合成具象规则的图案，丰富多变的菱形犹如多彩而百变的成都。天、地、墙统一的元素，打造出一个完整立体的空间，突显出空间的整体性。

3. 天府新站

天府新站特点：天府新站附近为交通、科技、医疗中心，站点设计采用“城市万花筒”元素，融入整个空间，将打造成都天府新中心。

第4节 标准引领

建设公司积极开展标准化建设，在标准化建设方面取得了一系列成果。

一、规章向标准转化

成都轨道交通集团对地铁建设规章制度进行梳理，完成“规章体系”向“标准体系”转换，对标轨道交通建设国家标准，考虑轨道交通建设的全过程，制定了一系列标准，实现轨道交通建设标准全覆盖（见表10-1）。

表10-1 成都地铁建设标准

序号	企业技术标准名称	主办部门（单位）	颁布时间/年
1	《成都轨道交通混凝土管片修补技术规定（暂行）》	建设公司	2015
2	《成都轨道交通工程轨道系统通用参考图集（试行）》	建设公司	2016
3	《成都轨道交通主体结构临时孔快速封堵参考图集（试行）》	建设公司	2017
4	《成都轨道交通车站公共区装修标准化手册》	建设公司	2018
5	《成都轨道交通车辆基地装修标准化设计（修订）参考图集（试行）》	建设公司	2019
6	《成都轨道交通工程路面沉降风险控制技术要求（试行）》	建设公司	2020
7	《成都轨道交通建设项目大盾构（管片外径8.3米）安全技术指导书（试行）》	建设公司	2020
8	《成都轨道交通建设项目超深基坑降水和基坑支护安全技术指南（试行）》	建设公司	2020
9	《成都轨道交通工程地下工程防水质量控制技术指南（试行）》	建设公司	2020
10	《成都轨道交通品质提升及优化实施细则（试行）》	建设公司	2020
11	《成都轨道交通车站设备区装修标准化手册》	建设公司	2022
12	《成都轨道交通线网导向系统技术标准》	建设公司	2022
13	《成都轨道交通外径6米盾构管片参考图集（试行）》	规划与技术部	2017
14	《成都轨道交通工程快线设计、安装、调试指南》	规划与技术部	2019
15	《成都轨道交通车站卫生间、母婴室标准化设计（试行）》	规划与技术部	2019
16	《成都轨道交通车站重要管理用房装修及布置标准（试行）》	规划与技术部	2019
17	《成都轨道交通车站公共区和设备区标准化设计参考图集（试行）》	规划与技术部	2019

续 表

序号	企业技术标准名称	主办部门（单位）	颁布时间/年
18	《成都轨道交通车辆基地工艺设计手册（修订）（试行）》	规划与技术部	2019
19	《成都轨道交通车辆基地总图及单体建筑布置标准化设计参考图集（试行）》	规划与技术部	2019
20	《成都轨道交通杂散电流防护工程技术标准》	规划与技术部	2020
21	《成都轨道交通工程防洪防涝实施导则》	规划与技术部	2022

二、主编四川省行业标准，引领轨道企业发展

为确保四川省轨道交通行业有序、健康发展，成都轨道交通集团主编了《成都市地铁设计规范》《富水砂卵石地层地铁区间隧道盾构法施工技术标准》《成都轨道交通设计防火标准》《成都轨道交通设计防火标准》等四川省现行工程建设地方标准，引领四川省轨道交通行业高质量发展。

三、参编国家标准，助力行业发展

成都轨道交通集团积极参与《地铁振动源强测量规程》《城市轨道交通工程文件归档要求与档案分类规范》《城市轨道交通重载型自动扶梯和自动人行道技术要求》《城市轨道交通工程消防设计审查要点》等轨道交通国家标准的编写工作，体现成都轨道交通的自主创新成果，形成可复制、可推广的经验，为轨道交通行业发展提供助力。

第5节 荣誉展示

成都轨道建设管理公司先后获得四川省及成都市“五一劳动奖状”“工人先锋号”以及“成都市先进基层党组织”等多项荣誉称号，公司管理的项目先后获得“詹天佑奖”“国家优质工程金奖”“中国安装之星”“中国城轨协会科技进步二等奖”“省科技进步一等奖”“李冰奖”等数十项行业大奖，近40个项目被评为省、市优质示范工程。

一、建设公司获得奖项

建设公司获得的部分奖项见表10-2。

表10-2 建设公司获得的部分奖项一览

序号	获奖名称及类型	获奖级别	评选单位
1	“城市现代有轨电车系列道岔研究与开发项目”荣获“科学技术奖”	国家级	中国铁道科学研究院
2	“大型城市商业中心下穿隧道综合智能管理系统”荣获四川省科学技术三等奖	省级	四川省人民政府
3	“玻璃纤维（GFRP）筋在盾构端头井围护桩中的应用研究”荣获四川省科学技术进步奖	省级	四川省人民政府
4	荣获“四川省五一劳动奖状”	省级	四川省总工会
5	荣获“四川省重点工程劳动竞赛先进集体”	省级	四川省总工会
6	荣获“四川省城市市政建设先进集体”	省级	四川省建设厅
7	“地铁供电系统短路故障测距装置”荣获“新产品新技术”	省级	四川省经济和信息化厅
8	荣获“四川省重点工程劳动竞赛先进集体”	省级	四川省总工会
9	荣获“成都市抗震救灾先进基层党组织”	市级	中共成都市委
10	荣获“2010年度安全生产先进集体”	市级	成都市人民政府
11	荣获“成都市2011年安全生产先进集体”	市级	成都市人民政府
12	荣获“成都市2013年安全生产先进集体”	市级	成都市人民政府
13	荣获“成都市2015年安全生产先进集体”	市级	成都市人民政府
14	荣获“成都市畅通工程第一阶段建设先进单位”	市级	成都市人民政府
15	荣获“市委国资国企工委先进基层党组织”	市级	市国资委

续 表

序号	获奖名称及类型	获奖级别	评选单位
16	荣获成都市总工会"工人先锋号"	市级	成都市总工会
17	成都轨道新山建材有限公司 荣获"成都市五一劳动奖状"	市级	成都市总工会
18	荣获成都市重大工程重点项目"工人先锋号"	市级	成都市总工会
19	荣获"2020—2021年度成都市交通建设工会创新工作室"	市级	成都市交通建设工会
20	荣获成都市新冠肺炎疫情防控专项"工人先锋号"	市级	成都市总工会
21	荣获"复工复产青年突击队（第一批）"表扬	市级	共青团成都市委办公室
22	荣获"成都市应对疫情表现突出企业（第三批）"	市级	成都市新型冠状病毒肺炎疫情防控指挥部
23	荣获第二批"蓉城先锋党员示范单位"	市级	市委组织部办公室
24	荣获2014年"工人先锋号"	市级	成都市总工会

二、建设公司管理项目获得奖项

建设公司管理项目获得的部分奖项见表10-3。

表10-3　建设公司管理项目获得的部分奖项一览

序号	获奖名称及类型	标段及站点	获奖级别	评选单位
1	中国土木工程学会詹天佑奖	2号线	国家级	中国土木工程学会
2	国家优质工程金奖	7号线川师车辆段与综合基地工程 荣获国家优质工程金奖	国家级	中国施工企业管理协会
3	中国建筑工程装饰奖 （公共建筑装饰类）	7号线机电安装及装修8标车站公共区装修工程	国家级	中国建筑装饰协会
4	中国建筑工程装饰奖 （建筑幕墙类）	7号线机电安装及装修8标崔家店停车场OCC外幕墙工程	国家级	中国建筑装饰协会
5	中国安装工程优质奖 （中国安装之星）	10号线一期机电安装工程	国家级	中国安装协会
6	中国安装工程优质奖 （中国安装之星）	4号线二期机电安装工程	国家级	中国安装协会
7	2020第14届美国国际设计大奖	18号线一二期车站公共区装修	国家级	Farmani集团

续 表

序号	获奖名称及类型	标段及站点	获奖级别	评选单位
8	美国MUSE Design Award室内设计类别最高荣誉铂金奖	18号线一二期工程车站公共区装修方案	国家级	美国国际设计奖项协会（IAA）
9	北京市建筑（结构）长城杯金奖工程	6号线一二期郫筒车辆段工程荣获北京市建筑（结构）长城杯金奖工程	省级	北京市工程建设质量管理协会
10	四川省优质工程（天府杯银奖）	1号线一期工程供电系统工程获四川省优质工程（天府杯银奖）	省级	四川省住房和城乡建设厅
11	四川省优秀安装质量奖（蜀安杯）	7号线供电系统2标安装工程	省级	四川省建筑业协会
12	四川省优秀安装质量奖（蜀安杯）	4号线二期（C标）机电安装工程	省级	四川省建筑业协会
13	四川省优秀安装质量奖（蜀安杯）	4号线二期供电A标荣获蜀安杯	省级	四川省建筑业协会
14	四川省优秀安装质量奖（蜀安杯）	10号线二期系统3标荣获蜀安杯	省级	四川省建筑业协会
15	四川省安装工程优质奖（蜀安杯）	6号线一二期工程机电装修工程施工系统3标段	省级	四川省建筑业协会
16	四川省优秀安装质量奖（蜀安杯）	7号线通信工程荣获蜀安杯	省级	四川省建筑业协会
17	四川省优秀安装质量奖（蜀安杯）	3号线二三期机电5标荣获蜀安杯	省级	四川省建筑业协会
18	北京市安装工程优质奖	7号线机电安装及装修11标	省级	北京市建筑业联合会
19	北京市优质安装工程奖（机电）	10号线一期机电安装工程	省级	北京市建筑业联合会安装分会
20	2018首届“优路杯”全国BIM技术大赛荣获“铜奖”	10号线二期土建工程	省级	工业和信息化部
21	四川省建筑绿色施工示范工程	18号线合江车辆	省级	四川省建筑业协会
22	四川省优秀安装质量奖	有轨电车蓉2号线工点系统工程	省级	四川省建筑业协会
23	芙蓉杯	4号线二期工程光华公园站–涌泉站–凤凰大街站区间隧道荣获芙蓉杯	省级	成都市建委
24	成都市结构优质工程	3号线二三期土建4标龙桥路站	市级	成都市建委

续 表

序号	获奖名称及类型	标段及站点	获奖级别	评选单位
25	成都市结构优质工程	3号线二三期土建2标双流广场站	市级	成都市建委
26	成都市结构优质工程	3号线二三期土建11标石油大学站	市级	成都市建委
27	成都市结构优质工程	3号线二三期土建8标植物园站	市级	成都市建委
28	成都市结构优质工程	18号线土建3标兴隆站	市级	成都市建委
29	成都市结构优质工程	18号线一期土建4标天府新站	市级	成都市建委
30	成都市结构优质工程	18号线一期土建4标试车线	市级	成都市建委
31	成都市结构优质工程	1号线三期首期土建3标香山站	市级	成都市建委
32	成都市建委2018年第一批“优质示范工程”	5号线机电2标	市级	成都市建委
33	成都建筑装饰工程“金蓉杯”奖	4号线一期公共区装修G标	市级	成都市建筑装修协会
34	成都市市优质示范工程	17号线一期工程TJ05标、8号线一期工程土建1标盾构区间、6号线土建2标蜀新大道站	市级	成都市建委
35	成都市结构优质工程	17号线土建8标	市级	成都市建委
36	成都市优质工程	18号线机电B标兴隆站	市级	成都市建委
37	成都市优质结构工程	18号线孵化园站和锦城广场站	市级	成都市建委